BENT FREIWALD

WER DENKT, IST KLAR IM VORTEIL

BENT FREIWALD

WER DENKT, IST KLAR IM VORTEIL

WIE DU DEIN GEHIRN IM ALLTAG SMARTER NUTZT

Kiepenheuer & Witsch

MIX
Papier | Fördert gute Waldnutzung
FSC® C083411

1. Auflage 2025

Covergestaltung Miriam Bröckel
Covermotiv © Miriam Bröckel
Illustrationen Oliver Wetterauer
Gesetzt aus der Minion und Montserrat
Satz Buch-Werkstatt GmbH, Bad Aibling
Druck und Bindung CPI books GmbH, Leck
ISBN 978-3-462-00985-9

Kontaktadresse nach EU-Produktsicherheitsverordnung:
produktsicherheit@kiwi-verlag.de

Für Marie-Sophie, Ella, Clara und Léonie.
Eure Gehirne sind kleine Wunder.

INHALT

Ein paar Gedanken vorab

Manchmal kann ein einziges Buch das ganze Leben verändern. Okay, das klingt kitschig, und ich meine auch nicht das Buch, das du gerade in den Händen hältst. Aber bei mir war das so. Als ich in der elften Klasse war, musste ich ein Referat halten. Es sollte sechzig Minuten lang sein, eine komplette Klausur ersetzen, und ich durfte mir nicht nur das Fach aussuchen, in dem ich es halten würde, sondern sogar das Thema. So viel Freiheit war ich nicht gewohnt. Etwas verzweifelt diskutierte ich mit meinen Eltern darüber, welches Gebiet ich überhaupt so interessant finde, dass ich eine ganze Stunde darüber referieren wollte. Mein Kopf war voll von Basketball, in manchen Wochen trainierte ich siebenmal. Daneben war kaum Platz für andere Leidenschaften.

Das Referat durfte sich auch auf ein Buch beziehen, also durchforstete ich das Bücherregal meiner Eltern. Zwischen Krimis aus Schweden und Erzählungen über das Leben von Frauen im Dritten Reich zog ich ein dünnes rot-weißes Buch hervor. Darauf stand: *Medizin für die Bildung. Ein Weg aus der Krise.*

»Hast du das schon gelesen, Mama?«, rief ich aus dem Wohnzimmer. Sie verneinte. Ich schlug es auf, begann zu lesen, und nach zwanzig Seiten wusste ich, worüber ich mein Referat halten würde. Im Buch ging es um Erkenntnisse aus der Hirnforschung und über das schier unglaubliche Phänomen, dass kaum eine davon in den Schulen der Republik angekommen zu sein schien. Ich las das Buch, hielt das Referat – und brannte plötzlich nicht mehr nur für Basketball.

Danach habe ich große Teile meiner Jugend damit verbracht, mir von einem Mann im Rollkragenpullover in Videos das Gehirn erklären zu lassen. Es geht mir heute noch so: Immer, wenn jemand das Wort »Gehirn« sagt, höre ich seine Stimme: »Guten Abend, meine Damen und Herren. Es geht um IHR GEHIRN!« Der Autor des rot-weißen Buches und der Mann in den Videos war der Hirnforscher und Psychiater Manfred Spitzer. Er ist heute durchaus umstritten, weil er regelmäßig verkündet, dass Smartphones dumm, dick und dement machen, und einige diese Darstellung für etwas verkürzt halten. Aber unter anderem seinetwegen habe ich angefangen, Bücher über Neurowissenschaften und Psychologie zu lesen, bin nach Osnabrück gezogen, um Kognitionswissenschaften zu studieren, und habe in Riga erforscht, ob Letten die Farbe Grau anders wahrnehmen als Deutsche, weil sie von viel mehr tristen Fassaden umgeben sind als wir. Die Arbeit trug den Titel *Ten Shades of Grey,* und die Antwort war: Nein, tun sie wahrscheinlich nicht.

Vielleicht kannst du dir unter dem Wort Kognitionswissenschaft nicht sofort etwas vorstellen. »Kognitiv« beschreibt eigentlich nichts anderes als das, was in deinem Kopf passiert, wenn du denkst, erinnerst, planst, entscheidest, wahrnimmst, vergisst, sprichst oder dir etwas vorstellst. Also alles, was du täglich tust – auch wenn du glaubst, du würdest gerade nichts tun. Das Wort kommt vom lateinischen *cognoscere,* auf Deutsch: erkennen, erfahren, wissen. Und das passt auch ganz gut, denn die Kognitionswissenschaft versucht herauszufinden, wie genau das funktioniert: Wie kommt ein Gedanke zustande? Wie treffen wir Entscheidungen? Warum erinnern wir uns an Dinge, an die wir uns gar nicht erinnern wollen, aber vergessen, was wir heute unbedingt im Supermarkt einkaufen wollten? Ich fand das damals enorm spannend. Und so geht es mir bis heute.

Seit ich angefangen habe, mich mit dem menschlichen Gehirn zu beschäftigen, bin ich über einige erstaunliche Erkenntnisse gestolpert. Eine davon – vielleicht die wichtigste – hat der Neuropsychologe Donald O. Hebb 1949 in diesem immer wieder zitierten Satz zusammengefasst: »*Neurons that fire together wire together.*« Auf Deutsch übersetzt: »Neuronen, die gemeinsam feuern, vernetzen sich.«

Darunter kann man sich wenig vorstellen. Deshalb folgt hier das hilfreichste Bild, das ich kenne, um zu verstehen, wie das menschliche Gehirn funktioniert: Stell dir vor, du ziehst in eine neue Stadt und willst morgens mit dem Fahrrad zur Arbeit fahren. Am ersten Tag hast du keine Ahnung, welche Route am besten ist, also tippst du dein Ziel in die Navigations-App ein. Sie schlägt dir eine Strecke vor, aber es gibt viele Alternativen.

Beim ersten Mal fährst du noch langsam, hältst an jeder Kreuzung an und schaust, wo es langgeht. Ganz schön mühsam. Aber weil du jeden Tag die Strecke fährst, fällt es dir immer leichter. Nach ein paar Wochen brauchst du die Navi-App nicht mehr. Dein Gehirn hat die Route gespeichert, und du fährst sie automatisch. Gleichzeitig gibt es viele andere Straßen in der Stadt, die du nie nutzt. Weil dort kein Verkehr ist, wachsen sie langsam zu – es gibt keine klaren Fahrspuren mehr. (Okay, hier hakt das Bild etwas, aber ist ja auch nur ein Bild!) Wenn du plötzlich eine neue Strecke nehmen musst, fühlt es sich wieder an wie am ersten Tag: unsicher, langsam, ungewohnt, mühsam. Ohne App keine Chance.

Genauso funktioniert unser Gehirn: Die Stadt ist dein Gehirn mit seinen neuronalen Netzen, deine täglichen Fahrten mit dem Fahrrad sind die elektrischen Signale, und die Strecken, die du dir mit der Zeit einprägst, sind deine synaptischen Verbindungen. Wege, die du oft nutzt, werden zur festen Gewohnheit, und es fällt dir immer leichter, sie zu fahren. Ein Phänomen, das allgemein als *lernen* bekannt ist. Straßen, die du ignorierst, werden holprig oder verschwinden ganz. Ganz nach dem Motto: »*Use it or lose it.*« Benutze sie, oder verliere sie.

Aber Obacht: Wenn du jahrelang dieselbe Strecke fährst, fällt es schwer, irgendwann eine neue Route zu nehmen, selbst wenn sie kürzer wäre. So ist es auch mit unserem Gehirn. Es liebt eingespielte Gewohnheiten. Sie loszuwerden ist gar nicht so einfach.

Du wirst in diesem Buch einen kompletten Tag erleben. Er beginnt mitten in der Nacht, wenn du schläfst. Du wirst träumen, aufwachen, deinen Kaffee trinken, frühstücken, zur Arbeit gehen (ja: *gehen*) und bei der Arbeit in Meetings sitzen, die kein Brainstorming enthalten – denn dabei entstehen die schlechtesten Ideen. Nach der Arbeit wirst du Sport treiben, mit deinem besten Freund ein Feierabendbier trinken und dich an deine erste große Liebe erinnern. Zu Hause angekommen wirst du etwas länger am Handy hängen als dir lieb ist. Du wirst noch ein paar Seiten in einem Buch lesen und schließlich, nach einem ereignisreichen Tag, zufrieden einschlafen.

Und ich? Ich werde dir erklären, was während alldem in deinem Gehirn passiert. Dabei wirst du Dinge lernen, die dir im Alltag wirklich weiterhelfen: Wie du deine Träume steuern kannst, warum du dich im Großraumbüro nicht konzentrieren kannst, was wirklich dabei hilft, mehr Sport zu treiben, wie du es schaffst, weniger Zeit am Handy zu verbringen, was disziplinierte Menschen gemeinsam haben, warum du und deine Freunde über die gleichen Witze lachen, warum du einen Filmriss hast, wenn du zu viel trinkst, warum du schlechter schläfst, wenn du gestresst bist, und was du dagegen tun kannst.

All das habe ich natürlich nicht selbst erforscht. Ich habe mich nach meinem Studium entschieden, Journalist zu werden. Die Bücher und Studien über das Gehirn aber habe ich weitergelesen und daraus einen Newsletter und Podcast gemacht. Sie tragen beide den Titel »Das Leben des Brain«, auf ihnen basiert dieses Buch. Aber noch wichtiger: Nur dank der Arbeit der vielen Wissenschaftler und Wissenschaftlerinnen, die jeden Tag die ganz kleinen und die ganz großen Fragen zum menschlichen Gehirn erforschen, konnte ich dieses Buch überhaupt schreiben. Die Studien und Bücher, auf die ich mich beziehe, findest du alle im Quellenverzeichnis weiter hinten, geordnet nach den Kapiteln, in denen sie vorkommen.

Ich werde auf den folgenden Seiten viele Fachgebiete der Hirnforschung anschneiden. Über jedes einzelne dieser Gebiete könnte man ein eigenes Buch schreiben. Mich hat aber schon immer das große Ganze interessiert. Ich fand Forschung immer spannend, aber noch spannender fand ich die Frage, was man mit der Forschung denn nun anfangen könne. Wie können Erkenntnisse, die in teils ultrakomplexen wissenschaftlichen Set-ups gewonnen wurden, unseren Alltag beeinflussen? Genau darum geht es hier.

Eins ist dabei wichtig: Jedes Gehirn ist ein Einzelstück. Es gibt kleine, große, schnelle, verträumte und wendige Köpfe. Es gibt Gehirne, die Informationen filtern wie ein Flusensieb, und solche, die jede Kleinigkeit aufsaugen wie ein Schwamm. Wer sich heute ein bisschen mit Neurowissenschaft beschäftigt, stößt schnell auf Begriffe wie ADHS, Autismus, Hochsensibilität, Dyslexie – also auf all die Formen von sogenannter Neurodiversität, die zeigen, wie unterschiedlich Menschen die Welt wahrnehmen und verarbeiten.

Vielleicht fragst du dich: Wenn es dieses riesige Spektrum gibt, warum spreche ich in diesem Buch vom »Gehirn« und nicht von »den Gehirnen«? Ich setze hier einen anderen Fokus. In diesem Buch geht es nicht darum, neurologische Unterschiede zu kategorisieren. Hier und jetzt konzentriere ich mich auf das, was uns verbindet: darauf, wie erstaunlich formbar, lernfähig und anpassungsfreudig dieses kleine Wunderwerk in unserem Kopf ist.

Klar ist aber auch: Wissenschaft ist selten komplett eindeutig. Erkenntnisse lassen sich so oder so interpretieren. Damit man sich aber überhaupt fragen kann, was die Ergebnisse von Studien für den eigenen Alltag bedeuten, muss man sie erst mal verstehen. Deshalb wirst du in diesem Buch keinen Fachbegriff und keinen Vorgang finden, den ich nicht versuche, so einfach wie nur irgendwie möglich zu erklären. Zum Beispiel mit einem simplen Bild wie oben. Wenn du doch mal ein Wort nicht direkt verstehst, findest du es bestimmt im Glossar, ganz hinten im Buch.

Eine Lektion vorab: Lange wurden Phänomene wie Angst, Begehren oder Aufmerksamkeit einer bestimmten Hirnregion zugeordnet. Zum Beispiel: »Das ist die Amygdala, die ist für Angst zuständig!« So etwas werde ich nicht schreiben. Denn mittlerweile sind sich immer mehr Forschende einig, dass man einzelne Gehirnfunktionen nicht nur einer einzigen Region zuschreiben kann. Das ist so wie beim Fußball: Wenn ein Tor fällt, ist auch nie nur ein Spieler allein dafür verantwortlich. Außer in dem wirklich seltenen Fall, dass sich ein Spieler beim Abstoß vom Torwart den Ball abholt und durch alle Gegenspieler durchdribbelt bis zum Strafraum und den Ball versenkt. Im Gehirn holt sich keine Region den Ball beim Torwart ab, Denken ist Teamsport. Hier spielen die Areale zusammen, und zwar immer.

Im Laufe des Buches wirst du einige Gehirnregionen genauer kennenlernen, die auf den ersten Blick komplizierte Namen haben, wie beispielsweise »ventromedialer präfrontaler Kortex«. Uff. Wenn du den groben Aufbau des Gehirns kennst, verwirren dich diese Namen aber nicht mehr. Eine Darstellung des Gehirns und seiner verschiedenen Regionen findest du in den Innenklappen dieses Buches, dort kannst du jederzeit nachschauen.

Du kannst aber auch einfach deine Hand zur Hilfe nehmen, mit der kannst du nämlich auch den groben Aufbau des menschlichen Gehirns nachbauen. Dafür eine kurze Anleitung, die ich beim Psychiater Daniel J. Siegel in ähnlicher Form entdeckt habe: Hebe deine Hand mit der Innenfläche zu deinem Gesicht. Der oberste Teil des Unterarms ist dein Hirnstamm, der dein Überleben sichert. Er verbindet das Gehirn mit dem Rückenmark und steuert grundlegende Körperfunktionen wie Atmung und Herzschlag. Klappe jetzt deinen Daumen nach innen ein, sodass er genau in der Mitte deiner Handfläche liegt. Die Fingerkuppe vom Daumen ist dein limbisches System, es ist tief im Gehirn verankert und galt lange als Maschinenraum deiner Gefühle. Aber: Das limbische System ist kein eindeutig abgegrenzter Bereich, heute geht man davon aus, dass die dazugehörigen Regionen mit Arealen im ganzen Gehirn kommunizieren, um deine Gefühle zu erzeugen.

Klappe jetzt deine Finger nach vorn über deinen Daumen. Deine Finger bilden jetzt zusammen die Großhirnrinde, auch Kortex genannt. Sie besteht aus vier sogenannten Lappen, jeweils auf beiden Seiten des Gehirns: dem Frontallappen (direkt hinter deiner Stirn), dem Parietallappen (direkt hinter dem Frontallappen, oben auf deinem Kopf), dem Okzipitallappen (am unteren Hinterkopf, ganz hinten am Schädel) und dem Temporallappen (an der Seite des Gehirns, etwa auf Höhe deiner Ohren). Auf einer der Abbildungen in der Innenklappe dieses Buches kannst du sehen, wo sich die vier Lappen genau befinden.

Du müsstest jetzt mit deiner Hand eine Faust geformt haben. Dreh sie um und stell dir auf Höhe deines Handgelenks einen kleinen Tischtennisball vor, der hinten an deiner Faust klebt. Das ist dein Kleinhirn, so was wie die Sportabteilung des Gehirns, es hilft dir bei der Bewegungskoordination und beim Gleichgewicht.

Bei der Bezeichnung von Hirnregionen wird oftmals noch dazugesagt, welcher Teil einer Region gemeint ist. Wenn ich beispielsweise schreibe, dass bei einer bestimmten Handlung der »anteriore Parietallappen« aktiviert wird, ist der vordere Teil der Region gemeint. Wäre der hintere Teil aktiv, würde ich »posterior« statt »anterior« schreiben. Du musst dir diese Bezeichnungen nicht alle merken, hinten im Buch ist noch eine weitere Grafik, wo diese Himmelsrichtungen des Gehirns eingezeichnet sind.

Ich benutze auch manchmal die Formulierung, dass Nervenzellen oder Hirnregionen »feuern«. Der Ausdruck stammt aus der Neurophysiologie und ist metaphorisch gemeint. Eine Nervenzelle feuert, wenn sie ein sogenanntes Aktionspotenzial auslöst – also einen elektrischen Impuls, der entlang ihres Axons weitergeleitet wird. Ein Axon ist der lange, drahtartige Ausläufer einer Nervenzelle, der elektrische Signale aus dem Zellkörper hinausschickt, wie ein Datenkabel, das dem Gehirn sagt, wohin die nächste Idee funken soll. So ein Aktionspotenzial ist eine elektrochemische Entladung, die an eine »Explosion« erinnert. Daher das Bild des »Feuerns«.

Aber bevor es hier zu sehr nach Biologieunterricht klingt, kannst du deine Hand wieder senken (falls du das nicht eh schon getan hast) und jetzt kurz die Augen zumachen. Denn wie gesagt: Dein Tag beginnt heute mal mitten in der Nacht. Träum was Schönes!

3:00 UHR NACHTS

DU SCHLÄFST – UND BETRITTST EINE GANZ ANDERE WELT

Wie Hirnforscher das Träumen entdeckten

Es ist drei Uhr nachts, du liegst seit vier Stunden in deinem Bett, dein Körper ist schon lange zur Ruhe gekommen. Dein Brustkorb hebt und senkt sich in einem langsamen Rhythmus, du atmest durchschnittlich zwölf- bis sechzehnmal pro Minute – ein gleichmäßiges Hauchen, das dich durch die Nacht trägt. Deine Muskeln entspannen sich; wenn du dich bewegst, dann nur, weil du im Schlaf zuckst (oder kurz aufwachst und dich schlaftrunken umdrehst). Im Schlaf verändert sich dein Puls. Er wird ruhiger, wie eine Melodie, die von einem lebhaften Allegro zu einem sanften Adagio übergeht. So hat es mal ein Professor von mir beschrieben, ich kenne mich mit klassischer Musik leider nicht aus. Im Tiefschlaf erreicht dein Herzschlag seine ruhigste Phase, zwischen vierzig und sechzig Schlägen pro Minute, als ob dein Herz selbst eine Pause einlegen würde, um neue Kraft zu schöpfen. Der Rest deines

Körpers folgt diesem Rhythmus, aber was treibt eigentlich dein Gehirn gerade so?

Hätte ich dieses Buch hundert Jahre früher geschrieben, hätte es nicht mitten in der Nacht begonnen. Die Wissenschaft ging bis zur Mitte des 20. Jahrhunderts davon aus, dass nicht sonderlich viel im Gehirn passiert, wenn wir schlafen. Sie betrachtete den Schlaf hauptsächlich als passive Regenerationsphase für den Körper, in der das Gehirn weitgehend herunterfährt und brav abwartet, bis es am nächsten Morgen wieder loslegen darf. Dass wir träumen, wurde als eine Art Schluckauf des Gehirns betrachtet. Ein zufälliges und sinnloses Zucken der Nervenzellen, die nachts eigentlich gar nicht aktiv sein sollten. Wenn überhaupt. Einigen Kulturen waren Träume so wenig geheuer, dass sie sie als Übergang in eine andere, dunkle Welt jenseits unseres Bewusstseins betrachteten.

All das änderte sich erst, als der deutsche Psychiater und Neurologe Hans Berger 1924 die ersten Elektroenzephalogramme (EEG) entwickelt hatte. Die Erkenntnis dahinter: Die Milliarden Nervenzellen im Gehirn erzeugen elektrische Signale, wenn sie miteinander kommunizieren, und die kann man messen. Dafür befestigen Forschende kleine Metallplättchen, sogenannte Elektroden, mit Gel oder einer Paste auf der Kopfhaut. Sie messen die elektrischen Signale des Gehirns direkt durch die Haut. Die schwachen Signale werden verstärkt und dann als Wellen aufgezeichnet. Diese Wellen können unterschiedliche Frequenzen und Muster haben: sogenannte Alphawellen, wenn wir wach und entspannt sind, Betawellen, wenn wir aufmerksam und aktiv sind, und Deltawellen, wenn wir tief schlafen.

Das Gehirn ruht sich also keinesfalls aus. Es ist während unseres Schlafes hochaktiv. Dass Träume einem Muster folgen, wurde erst in den 1950er-Jahren erkannt. Maßgeblich beteiligt an diesem wissenschaftlichen Durchbruch waren damals die drei Amerikaner Eugene Aserinsky, Nathaniel Kleitman und William C. Dement von der University of Chicago. Aserinsky war zu jener Zeit Doktorand im Schlaflabor von Kleitman und sollte die Augenbewegung von Säuglingen im Schlaf beobachten. Er wusste nicht genau, wonach er suchte, starrte also auf schlafende Babys und fand das zunächst reichlich langweilig. Durch Zufall bemerkte er 1951, während er mit einem sogenannten Elektrookulogramm die Augenaktivität seines Sohnes und anderer Probanden im Schlaf überwachte, dass die Augen sich hinter den geschlossenen Lidern bewegten. Er beschrieb die Bewegungen als »schnell und ruckartig«. Sie traten periodisch auf und synchron mit Signalen im Gehirn – was darauf hindeutete, dass das Gehirn während des Schlafs sehr wohl aktiv ist.

Aserinskys Arbeit lieferte die Grundlage für das, was wir heute REM-Phasen nennen. REM steht für »Rapid Eye Movement«, also: sich schnell bewegende Augen. Mittlerweile weiß man, dass wir ungefähr alle neunzig Minuten den gesamten Schlafzyklus durchlaufen: Leichtschlaf, Tiefschlaf und schließlich den REM-Schlaf, in dem wir die meisten unserer Träume haben. In einer typischen Acht-Stunden-Nacht entfallen etwa zwanzig bis fünfundzwanzig Prozent der Gesamtschlafzeit auf den REM-Schlaf. Im Laufe der Nacht wird die REM-Phase dabei immer länger. Früh in der Nacht dauert sie vielleicht nur ein paar Minuten, gegen Morgen kann sie sich auf dreißig bis vierzig Minuten ausdehnen.

Bald nach dieser ersten Entdeckung schloss sich ein junger Medizinstudent dem Schlaflabor von Kleitman an, der bereits erwähnte William C. Dement. Er war der Erste, der gemeinsam mit Kleitman die Verbindung zwischen REM-Schlaf und Träumen systematisch untersuchte. Und zwar so: Tagsüber gingen die erwachsenen Versuchspersonen ihres Experiments ihrem Alltag nach, sie aßen normal, verzichteten aber auf Kaffee und Alkohol. Kurz vor ihrer normalen Schlafenszeit kamen sie dann ins Labor. Dort gingen sie in einem ruhigen, dunklen Zimmer ins Bett. Dement verwendete – wie schon Aserinsky in seinen Untersuchungen – ein EEG-Gerät, um die Gehirnströme zu messen, gleichzeitig befestigte auch er Elektroden um die Augen herum, um die elektrischen Signale zu messen, die durch Augenbewegungen entstehen.

Schon damals war eigentlich klar: Das Gehirn kann es sich nicht leisten, so viel Zeit mit zufälligem und sinnlosem Zucken zu verschwenden. Es musste einen Sinn haben. Nur welchen? Dement stellte fest, dass das Gehirn während der Phasen der Augenbewegung hochaktiv ist, was völlig im Widerspruch zu damaligen Annahmen stand. Nur, hingen diese Phasen auch mit unserer Fähigkeit zu träumen zusammen? Dieser hochkomplexen Forschungsfrage ging der Medizinstudent mit einer simplen Methode nach: Er weckte die Versuchspersonen einfach auf (zum Beispiel mit einer Glocke) und fragte sie: »Was ging Ihnen gerade durch den Kopf?« oder »Haben Sie gerade etwas erlebt oder gesehen?«. Wenn sie geträumt hatten, wurden sie gebeten, den Traum, den sie gerade gehabt hatten, zu beschreiben. Das Ergebnis: Die meisten Personen berichteten von lebhaften Träumen während der REM-Phasen. Weckte man die Personen in anderen Phasen des Schlafes, taten sie das deutlich seltener.

Dass unser Gehirn während des REM-Schlafs aktiv ist, kann skurrile Auswirkungen haben. Neulich habe ich geträumt, dass Jan Böhmermann und ich gute Freunde sind. In meinem Traum hingen wir bei mir zu Hause rum und spielten »Siedler von Catan«. Böhmermann war nicht lustig, sondern wütend, weil ich meinen Lehm nicht mit ihm tauschen wollte. (Sorry!)

Als ich aufgewacht bin, wusste ich sofort, dass ich nur geträumt hatte. Das ist aber nicht immer so. Vielleicht kamen dir Träume auch schon mal so real vor, dass du nach dem Aufwachen erst mal ein paar Minuten gebraucht hast, um zu verstehen: Ach so, das war nicht echt? Vielleicht wachst du manchmal auch völlig durchgeschwitzt auf, weil dich ein Albtraum aus dem Schlaf drückt. Und vielleicht gehörst du auch zu denen, die ihrem Partner oder ihrer Partnerin jeden Morgen ausführlich alle Details erzählen, die im Traum vorkamen.

All diese verschiedenen Träume haben eins gemeinsam: Sie entstehen im Gehirn. Und sie sind teils so bizarr, dass einer der führenden Forscher in diesem Fachgebiet sie mit einer Psychose vergleicht. Matthew P. Walker ist Professor für Neurowissenschaften und Psychologie an der University of California, Berkeley. Er ist Direktor des dortigen Schlaflabors und ehemaliger Professor für Psychiatrie an der Harvard University. Laut ihm sprechen fünf Gründe dafür, dass der Vergleich mit der Psychose ziemlich akkurat ist:

Wenn du träumst …

… siehst du Dinge, die nicht da sind. Du halluzinierst also.

… glaubst du Dinge, die nicht wahr sein können. Du hast also Wahnvorstellungen.

… vermischst du willkürlich Zeit, Ort und Menschen miteinander. Du bist also desorientiert.

… springen deine Emotionen wild hin und her. Etwas, das in der Psychiatrie »affektive Störung« genannt wird.

… wachst du morgens auf und erinnerst dich an das meiste davon nicht mehr.

Matthew P. Walker sagt: Wenn wir auch nur eine dieser Erfahrungen im wachen Zustand machen würden, müssten wir einen Arzt oder eine Ärztin aufsuchen. Machten wir diese Erfahrungen aber im Schlaf, seien sie völlig normal.

In den letzten zwei Jahrzehnten hat sich immer mehr Forschung damit beschäftigt, was genau während der REM-Phasen des Schlafes eigentlich im Gehirn passiert. Und auch damit, was die neuronalen Grundlagen unserer Träume sind. Der Hirnchirurg und Neurowissenschaftler Rahul Jandial schreibt in seinem Buch *Warum wir träumen:* »Die Neurowissenschaft zeigt, dass die Grenzen zwischen Schlaf und Wachen gar nicht so klar sind. Träume können helfen, ein Problem zu lösen, ein Musikinstrument, eine Sprache oder einen Tanzschritt zu erlernen, eine Sportart auszuüben, Hinweise auf unsere Gesundheit zu geben und Vorhersagen über die Zukunft zu treffen.« Mehr über Träume zu wissen kann uns also bei all diesen Dingen das Leben erleichtern.

Schauen wir uns deshalb drei Fragen mal genauer an: Erstens: Was genau passiert im Gehirn, wenn wir träumen? Zweitens: Wie entscheidet das Gehirn, wovon es träumt – und wovon nicht? Und drittens: Welchen Zweck haben Träume?

Was genau passiert im Gehirn, wenn wir träumen?

Wie in so vielen Fachgebieten der Hirnforschung spielen Magnetresonanztomografen eine große Rolle in der Erforschung von Träumen. Die Geräte kennst du wahrscheinlich: Man legt sich auf eine Liege und wird in eine Röhre geschoben. Dann donnert das Gerät laut los. Wenn es speziell darum geht, Gehirnaktivität in Echtzeit zu messen, verwendet man eine bestimmte Variante dieser Untersuchung, die funktionelle Magnetresonanztomografie (fMRT) genannt wird. Damit kann man messen, in welchen Regionen des Gehirns die Durchblutung zunimmt – ein indirektes Maß für neuronale Aktivität. Um das zu tun, erzeugt das Gerät ein sehr starkes Magnetfeld, das die Wasserstoffatome (in Wassermolekülen des Körpers) beeinflusst. Diese Atome richten sich wie winzige Kompassnadeln entlang des Magnetfeldes aus. Dann sendet das Gerät Radiowellenimpulse aus, die diese Wasserstoffatome kurzzeitig »umkippen«. Wenn der Impuls endet, richten sich die Atome wieder neu aus und geben dabei ein Signal ab. Das Gerät misst nun die Stärke und Position dieser Signale, um daraus ein Bild des Gehirns zu erstellen. Wichtig dabei: Die funktionelle Magnetresonanztomografie misst nicht direkt die elektrische Aktivität der

Nervenzellen, sondern die Veränderung des Sauerstoffgehalts im Blut in verschiedenen Gehirnregionen. Denn sauerstoffreiches und sauerstoffarmes Blut haben unterschiedliche magnetische Eigenschaften. Und wenn ein Bereich des Gehirns aktiver wird (zum Beispiel beim Denken, Sehen oder Erinnern), benötigt er mehr Sauerstoff. Sauerstoff wiederum wird über das Blut transportiert, und wenn man fMRT-Aufnahmen macht, kann man erkennen, wo mehr sauerstoffreiches Blut fließt. Aktive Regionen leuchten dann bunt auf.

Wenn man mich nachts in eine solche Röhre schieben würde, würde man sehen: Derzeit bin ich durchschnittlich für eine Stunde und 51 Minuten meines Schlafes in der REM-Phase und liege damit leicht über dem Durchschnitt. Das sagt zumindest meine Smartwatch, die ich auch in der Nacht trage. Wenn wir träumen, werden vier Regionen im Gehirn deutlich aktiver, als sie es vorher waren. Das erklärt, warum unsere Träume bizarr sind. Und auch, warum Jan Böhmermann in meinem Traum aufgetaucht ist.

Zunächst mal sind das temporo-okzipitale Areale, also Regionen, die an der Schnittstelle zwischen den Temporal- und Okzipitallappen liegen. Hier landen unter anderem die Signale, die durch deine Augen ins Gehirn gelangen. Diese Regionen sind deine innere VR-Brille, zusammen bilden sie den visuellen Kortex. Wenn du schläfst, sind deine Augen zu, du siehst nichts. Man könnte also davon ausgehen, dass in diesen Regionen Funkstille herrscht. Aber: Der visuelle Kortex zeigt während des REM-Schlafs eine erhöhte Aktivität. Das ergibt auch Sinn, schließlich kannst du deine Träume »sehen«. Sie bestehen aus Szenen, Bildern und Sequenzen. Die Aktivität in den visuell-räumlichen Regionen erklärt, warum unsere Träume so oft optisch ansprechend sind. Unsere Träume könnten schließlich auch jedes Mal in langweiligen grauen endlosen Weiten spielen. Tun sie aber nicht. Wir stapfen durch Sümpfe, Wälder und Wohnungen, unser visueller Kortex tobt sich geradezu aus.

Die zweite beim Träumen besonders aktive Region ist der Hippocampus, eine kleine, gebogene Struktur im Gehirn, die die Form eines Seepferdchens hat. Dieses Areal spielt eine große Rolle für unser Gedächtnis, auch für unser autobiografisches Gedächtnis, also für alle Erinnerungen, die uns selbst betreffen. Seine Aktivierung erklärt übrigens, warum Jan Böhmermann in einem meiner Träume aufgetaucht ist. Er ist Teil meines autobiografischen Gedächtnisses. Wir sind uns nämlich schon mal ganz kurz begegnet, als ich mit seiner Redaktion vom ZDF gemeinsam zu Waldorfschulen recherchiert habe.

Eine dritte beim Träumen besonders aktive Region ist der Motorkortex. Wo er sich im Gehirn befindet? Wenn du deinen Arm hebst und mit deinem Zeigefinger von oben auf deinen Kopf tippst, triffst du ziemlich genau die Stelle, an der er liegt. Während du schläfst, liegst du nur still da; man müsste eigentlich denken, dass der Motorkortex zur Ruhe kommt. Aber seine Nervenzellen sind aktiv, sobald du träumst. Das könnte darauf hindeuten, dass er möglicherweise Bewegungsabläufe intern »wiederholt« oder simuliert.

Und zuletzt kommen noch die Amygdala und der cinguläre Kortex dazu. Beide Regionen spielen eine große Rolle beim Entstehen und Bewerten von Emotionen.

Während diese vier Regionen (beziehungsweise Netzwerke) vor Aktivität nur so strotzen, gibt es ein Areal, das es sich gemütlich macht, wenn wir beginnen zu träumen: der dorsolaterale präfrontale Kortex. Er liegt seitlich an der Vorderseite des Gehirns, oberhalb der Augenhöhlen. Der präfrontale Kortex ist so was wie der CEO deines Gehirns. Er ist beteiligt am Planen und Organisieren von Handlungen und spielt eine große Rolle, wenn wir rationale Entscheidungen treffen, also zwischen verschiedenen Optionen abwägen. Er ist auch wichtig für unsere Selbstkontrolle. Und er hilft dabei, die Aufmerksamkeit zu fokussieren, irrelevante Reize auszublenden und sich auf eine Aufgabe zu konzentrieren. Wenn du jemandem den Vogel zeigst und dabei mit deinem Zeigefinger auf die Stirn tippst, sagst du ihm eigentlich: »Mit deinem präfrontalen Kortex stimmt doch wohl was nicht!«

Der präfrontale Kortex ist also für viele Eigenschaften, die uns Menschen ausmachen, ziemlich wichtig. Er wird uns in diesem Buch noch oft begegnen. Wenn wir träumen, reduziert sich seine Aktivität aber. Das könnte ein Grund dafür sein, warum wir so oft von Dingen träumen, die rational gesehen unmöglich sind. Ich habe mal davon geträumt, dass meine komplette Wohnung voller Schokopudding ist. Das ist zwar nicht unmöglich, aber zumindest sehr unwahrscheinlich. In manchen Träumen können wir fliegen, in anderen sprechen wir mit Tieren. Das geht vor allem deshalb, weil ein Teil unseres Gehirn-CEOs Pause macht.

Eben habe ich bereits erklärt, wie der Hippocampus dafür sorgt, dass in unseren Träumen die beste Freundin und Bekannte auftauchen. Warum aber sind mit der Amygdala und dem cingulären Kortex auch Regionen aktiv, die mit unseren Emotionen verbunden sind? Dazu kommen wir gleich, wenn wir uns damit beschäftigen, welchen Zweck Träume überhaupt haben. Zuvor schauen wir uns aber eine grundlegendere Frage an.

Wie entscheidet das Gehirn, wovon wir träumen – und wovon nicht?

Es gibt diesen Actionfilm von 2010, den ich mindestens schon fünfmal geguckt habe. Wahrscheinlich kennst du ihn, er heißt *Inception*. In diesem Film hat das US-Militär das sogenannte Traum-Sharing entwickelt, ein Verfahren, in dem Träume von nichts ahnenden Opfern beeinflusst werden können.

Der Protagonist Dominick Cobb (gespielt von Leonardo DiCaprio) hat sich darauf spezialisiert, während der Träume von anderen Menschen wertvolle Informationen aus ihrem Unterbewusstsein zu stehlen. Nach einem gescheiterten Auftrag soll Cobb noch einen Schritt weiter gehen. Er erhält die Aufgabe, eine *inception* durchzuführen: Er soll einen Gedanken in das Unterbewusstsein eines Opfers einpflanzen. Das ist alles Science-Fiction, klar. Aber manchmal sind wir der Fiktion näher, als wir denken.

Menschen träumen schon immer. Früher, also viel früher, nämlich im alten Ägypten, dachten die Menschen, dass Träume eine Form göttlicher Intervention seien – eine Botschaft des Himmels. Das war damals die Erklärung für alles, was man sich nicht anders erklären konnte. Später sorgte Sigmund Freud dafür, dass Träume nicht mehr Gott zugeschrieben wurden, sondern dem Unbewussten als Teil der Psyche. Er selbst entwickelte die Theorie, dass Träume Ausdruck unserer unbewussten Wünsche seien, dass diese verdrängten Wünsche aber vom Gehirn in eine Traumerzählung umgewandelt und verschleiert würden.

Freuds Theorie besagt, dass unsere verdrängten Wünsche beim Träumen einen Zensor in unserem Gehirn passierten und dann auf der anderen Seite als für den Träumenden unerkennbare Erfahrungen wieder herauskämen. Er glaubte, dass er die Funktionsweise des Zensors verstand, die verdeckten Träume entschlüsseln konnte und somit etwas über seine Patientinnen und Patienten wusste, das ihnen helfen würde. Das klingt alles recht spannend, Freud lag aber grandios daneben – oder auch nicht. Jedenfalls war seine Theorie unwissenschaftlich; sie hatte keinerlei Thesen, die man objektiv überprüfen hätte können. Und das ist für eine wissenschaftliche Theorie durchaus verpflichtend.

Die Frage, wovon wir träumen, beschäftigt die Menschheit zwar schon seit der Antike, aber die systematische wissenschaftliche Untersuchung begann relativ spät. Die moderne Hirnforschung geht erst seit einigen Jahrzehnten der Frage nach, wovon und warum wir träumen. Und es kamen schon viele Theorien dabei heraus. Die beiden amerikanischen Psychiater und Neurowissenschaftler J. Allan Hobson und Robert McCarley stellten 1977 erstmals die These auf, dass nicht etwa Gott oder unser Unterbewusstsein Träume entstehen lassen, sondern unser Gehirn. Sie argumentierten, dass Träume durch zufällige neuronale Aktivität im Hirnstamm entstünden, die dann vom Kortex (also von der Großhirnrinde) interpretiert werde. Ihre Idee nannten sie die »Aktivierungs-Synthese-Theorie«. Nervenzellen würden demnach ohne wirklichen Sinn aktiviert, und der Kortex mache daraus eine Geschichte, die mehr oder weniger sinnvoll erscheint.

Eine andere Theorie war und ist noch verbreiteter, die sogenannte Kontinuitätshypothese des Träumens. Demnach sind Träume eine Wiederholung unserer Erfahrungen aus dem Wachleben und unserer vergangenen Erinnerungen: Wir träumen einfach von allem, was wir tagsüber so erleben. Träume sind also eine Art Spielfilm mit uns in der Hauptrolle.

Der amerikanische Psychiater Robert Stickgold untersuchte genau diese These. Dafür ließ er Versuchspersonen Traumberichte erstellen, schaute sich die Berichte an und verglich sie mit dem, was diese Menschen tagsüber wirklich erlebt hatten. Das Ergebnis: 65 Prozent der Berichte griffen zwar bestimmte Aspekte des Wachzustands auf, aber tatsächliche Wiederholungen von Erfahrungen, die die Menschen während des Tages machten, gab es nur in ein bis zwei Prozent der Träume. Weitere Untersuchungen zeigen: Selbst, wenn Orte und Personen aus unserem Wachzustand in unseren Träumen auftauchen, scheinen wir unsere Handlungen im Schlaf nicht noch mal genauso abzuspielen. Unser Gehirn scheint sie vielmehr miteinander zu kombinieren, um so ganz neue Szenen entstehen zu lassen. Plötzlich jonglieren wir unseren Mathelehrer durch die Luft oder lassen uns von unserer Katze im Basketball schlagen.

Wir scheinen also in unseren Träumen nicht einfach den Film noch mal abzuspielen, den wir tagsüber »aufgenommen« haben.

Was man aber herausgefunden hat: Vor allem starke Emotionen – egal, ob Freude, Angst oder Wut – scheinen ein VIP-Ticket ins Traumland zu besitzen. Studien zeigen, dass Erlebnisse mit hohem emotionalem Gehalt eine deutlich höhere Wahrscheinlichkeit haben, in unseren Träumen aufzutauchen, als neutrale Alltagssituationen. Das spricht dagegen, dass Träume von zufälligen und sinnlosen Aktivierungen der Nervenzellen ausgelöst werden. Ich finde das auch deshalb interessant, weil wir Menschen dazu neigen, unsere Emotionen zu unterdrücken, wenn sie unangenehm sind. Wenn wir im Traum dann beispielsweise eifersüchtig sind, könnte das darauf hindeuten, dass wir auch tagsüber, im echten Leben, eifersüchtig waren – auch, wenn wir uns das vielleicht nicht eingestehen wollten. Man könnte sagen: Der emotionale Subtext des Tages wird nachts weiter- oder nachverhandelt, nur eben auf der sicheren Bühne unseres inneren Theaters.

Aber kann die Hirnforschung noch einen Schritt weiter gehen? Könnte man herausfinden, wovon jemand träumt, indem man die Aktivitäten seines Gehirns während des Träumens aufzeichnet? Das wäre der erste Schritt in Richtung *inception.* Kann man die Inhalte von Träumen etwa lesen?

Nun, man kann. Die Idee, Träume zu lesen, basiert auf der grundsätzlichen Annahme, dass alles, was wir erleben (auch im Traum), sich in bestimmten Aktivitätsmustern im Gehirn niederschlägt. Genau das macht sich die sogenannte dekodierende Neurobildgebung zunutze. Der wohl bekannteste Versuch in dieser Richtung stammt aus Japan: Neurowissenschaftler um Yukiyasu Kamitani in Kyoto haben 2013 ein Experiment durchgeführt, das einen kleinen Meilenstein markiert hat. Sie ließen drei Studienteilnehmer im MRT-Scanner schlafen, unterbrachen sie regelmäßig während der Einschlafphase – also noch im frühen Stadium des Träumens – und fragten sie sofort, was sie gerade geträumt hatten.

Dank eines Algorithmus, der zuvor mit Tausenden Bildbeispielen trainiert wurde, wussten die Forscher, welche Hirnregionen aktiviert werden, wenn Menschen zum Beispiel ein Auto sehen oder einen Garten. Diese Daten wiederum konnten sie vergleichen mit den MRT-Traumdaten aus ihrem Experiment. So konnten sie die Daten tatsächlich mit bestimmten Trauminhalten in Verbindung bringen. Das heißt, wenn die Probanden im Traum einen Baum »sahen«, dann leuchteten im visuellen Kortex ähnliche Regionen auf wie beim echten Blick in den Park. Deshalb konnten sie aus den Gehirndaten herauslesen, wovon die Versuchspersonen geträumt hatten. Und sie lagen deutlich öfter richtig, als dass es nur Zufall gewesen sein konnte. Natürlich war das keine präzise Traumanalyse à la »Du hast Jan Böhmermann getroffen und dich beim ›Siedler‹-Spielen mit ihm gestritten«, aber es zeigt: Der Weg zum Lesen von Träumen ist bereitet.

Wieso Träume eine kleine Therapie sein können

Du müsstest jetzt eine erste Idee davon haben, warum Träume sind, wie sie sind, und was unsere Träume aufgreifen und was nicht. Eine entscheidende Frage fehlt aber noch: Welchen Zweck haben Träume überhaupt? Haben sie einen Sinn? Helfen sie uns bei irgendwas?

Und wie! Der Schlaf an sich ist enorm wichtig für unser Gedächtnis. Gerade in den Tiefschlafphasen stärken wir unsere Erinnerungen. Während des Tiefschlafs werden neue Informationen vom Hippocampus tief im Inneren des Gehirns in die Großhirnrinde übertragen und dort konsolidiert (so bilden sich Langzeiterinnerungen). Zur Erinnerung: Die Großhirnrinde entsprach bei dem Modell mit deiner Hand deinen Fingern, die du über deinen Daumen gelegt hast. Konsolidierung, das ist das

Fachwort für einen wichtigen Übergang: Aus einem langsamen, bewussten und anstrengenden Prozess wird ein schneller, unbewusster, automatischer. Das kann man im Gehirn sehen. Bei Kindern, die lesen lernen, sind dort Regionen aktiviert, die später kaum noch eine Rolle spielen: visuelle Areale, um die Buchstaben zu erkennen, Areale im Temporallappen sowie Regionen im präfrontalen Kortex, also jener Hirnregion, die für bewusste Entscheidungen essenziell ist. Aber wenn du diese Zeilen liest, dann ist das für dein Gehirn – glücklicherweise – nicht mehr so anstrengend wie noch in der zweiten oder dritten Klasse.

Die Veränderung im Verarbeiten (von bewusst zu unbewusst) gilt für alle Arten des Lernens, egal, ob wir lesen lernen, Klavier spielen oder rechnen. Am Anfang der Grundschule ist jede mathematische Operation aufwendig für uns. 2 + 9 ist eine Aufgabe, bei der wir uns richtig anstrengen müssen: Wir zählen 3, 4, 5, 6, 7, 8, vielleicht nehmen wir dabei die Finger zu Hilfe. Aber je öfter wir das machen, desto automatischer wird dieser Prozess. Hier wird auch klar, warum Konsolidierung so wichtig ist: Wer in der elften Klasse bei der Kurvendiskussion immer noch drei Minuten braucht, um 2 + 9 zu rechnen, kommt kein Stück voran. Konsolidierung sorgt dafür, dass die Gehirnressourcen, die wir haben, sparsam eingesetzt werden können.

Wie das Gehirn das schafft, zeigen Experimente an Ratten. Wenn du einem kleinen grauen Nager beim Herumwuseln zuschaust, denkst du vielleicht nicht sofort: Aha, so funktioniert mein Gehirn! Trotzdem ist genau das die Hoffnung hinter Tausenden von Experimenten, die im Laufe der Jahrhunderte gemacht wurden. Mäuse und Ratten teilen mit uns erstaunlich viele biologische Grundlagen: die gleichen Neurotransmitter, die gleichen Grundschaltpläne für Lernen, Angst, Belohnung. Ihre kleinen Gehirne sind einfachere Modelle dessen, was bei uns vielschichtiger, verknoteter und manchmal widersprüchlicher abläuft.

Aber es gibt eine andere Seite: Mäuse und Ratten sind keine kleinen Menschen. Sie denken nicht in Begriffen wie »Traum«

oder »Buch«. Sie führen, soweit man weiß, keine inneren Monologe, und ihre Welt endet dort, wo ihre Pfoten aufhören. Zwischen einem Reflex in einem Käfig und einem Gefühl in einem Kopf, der über sich selbst nachdenken kann, liegt ein riesiger Unterschied. Man sollte die Erkenntnisse aus Tierversuchen also auf keinen Fall überinterpretieren. Und irgendwann – das sagen auch viele Forschende – sollte es sie sowieso nicht mehr geben, den Tieren zuliebe. Die menschliche Hirnforschung ist auf dem Weg dahin: Durch Zellmodelle, künstliche Intelligenz und virtuelle Simulationen kann man heute Abläufe im Gehirn erforschen, für deren Erforschung man früher Mäuse und Ratten benutzt hat.

Ich halte es mit diesen Tierversuchen so: Man sollte sie nicht mehr machen, sie haben Forschende aber schon oft in die richtige Richtung gestupst. Deshalb lohnt sich ein Blick auf die Ergebnisse. Genauso war es auch bei der Frage, wie das Gehirn im Schlaf Informationen festigt. Im Hippocampus gibt es nämlich sogenannte Ortszellen. Das sind Nervenzellen, die ganz bestimmte Positionen im Raum kodieren. Lässt man eine Ratte durch einen Flur laufen, feuern einige dieser Zellen exakt dann, wenn das Tier vorne im Flur steht. Andere springen an, wenn es sich in der Mitte befindet. Und wieder andere feuern erst, wenn es das hintere Ende erreicht. Jeder Ort entlang des Weges hat seine eigene Zelle. Hier hat sich im Laufe der Jahre gezeigt, dass man diese Erkenntnisse wunderbar auf den Menschen übertragen konnte: Denn genauso entsteht in deinem Kopf eine Art neuronales GPS, das dir sagt, wo du dich befindest, ohne dass du bewusst darüber nachdenkst. Jede dieser Ortszellen ist wie eine neuronale Stecknadel auf der inneren Landkarte des Gehirns.

Zurück zu den Ratten: Wenn man die Aktivität der Ortszellen misst und ein Computerprogramm damit füttert, kann das Programm dir sagen, wo sich die Ratte aufgehalten hat – allein durch die Daten der Nervenzellen.

Wenn Forscherinnen und Forscher Ratten durch Flure laufen lassen und die Aktivität dieser Ortszellen messen, sehen sie, dass diese Nervenzellen bei Ratten auch während des Schlafs aktiv sind, und zwar in derselben Reihenfolge wie tagsüber im Flur. Einen Unterschied gibt es aber: die Geschwindigkeit. Die Abfolge der Aktivierung ist im Schlaf ungefähr zwanzigmal so schnell wie am Tag. Im Schlaf simuliert das Gehirn die Strecke des Tages, aber in Highspeed. Und natürlich haben Forscherinnen und Forscher auch hier den Test mit dekodierender Neurobildgebung gemacht: Sie konnten genau sagen, wo die Ratte sich am Vortag aufgehalten hat, indem sie die Aktivität der Nervenzellen während des Schlafes gemessen haben.

Die Wissenschaft geht davon aus, dass es beim Menschen ähnliche Muster gibt. Durch diese Reaktivierung im Schlaf könnten wir am Tag zuvor Erlebtes Hunderte Male wieder im Gehirn ablaufen lassen und Erlebnisse so in unserem Gedächtnis abspeichern. Dieses Abspeichern könnte einer der Hauptgründe dafür sein, warum wir schlafen. Wichtig ist aber: Diese Simulation in Highspeed passiert vor allem in Schlafphasen, in denen wir nicht träumen. Wir bekämen davon also sowieso nichts mit.

In den letzten Jahren hat man aber herausgefunden, dass das Gehirn beim Träumen noch einen Schritt weiter geht. Während wir träumen, in der REM-Phase, scheint es die neuen Erinnerungen mit alten zu vermischen. Es bildet neue Verbindungen zwischen ihnen, eine Art Mixtape unseres Lebens. Das scheint eine wichtige Grundlage für etwas zu sein, von dem wir alle gern noch mehr hätten: Kreativität.

Welche Auswirkungen hat das? Schauen wir uns dafür eine Studie an, die über mehrere Tage ging. Hier sollten Versuchspersonen komplexe Aufgaben lösen. Was die Probanden nicht wussten: Es gab einen Shortcut, einen einfachen Rechenschritt, mit dem man die Rechenzeit deutlich reduzieren konnte und direkt zum selben Ergebnis kam. Bevor die Versuchspersonen ins Bett gingen, hatten nur wenige von ihnen diesen Shortcut entdeckt. Nach dem Schlaf hatte sich die Zahl derjenigen, denen er in den Sinn gekommen war, aber verdoppelt! Diejenigen, denen der Schlaf verweigert wurde, hatten so ein Aha-Erlebnis nie. Und: Die Ergebnisse blieben stabil, egal, wann die Teilnehmenden die Aufgaben bewältigen sollten. Wenn man ihnen tagsüber deutlich mehr Zeit gab, änderte das nichts. An der zusätzlichen Zeit alleine kann es also nicht gelegen haben. Es lag am Schlaf. Aber lag es auch an den Träumen? Wahrscheinlich schon.

Denn auch der Traumforscher Matthew P. Walker und sein Team haben Versuchspersonen mitten in der Nacht aufgeweckt. Manche holten sie direkt aus ihrer REM-Schlafphase, also aus ihren Träumen, zurück in die Realität. Andere haben sie in anderen Schlafphasen aufgeweckt. Anschließend gaben sie den Testpersonen Aufgaben, bei denen sie verschiedene Probleme lösen sollten. Das Ergebnis: Diejenigen, die direkt aus ihren Träumen gerissen wurden, schnitten bei den anschließenden Aufgaben mehr als dreißig Prozent besser ab. Und nicht nur das; es änderte sich auch die Art und Weise, wie die Probleme angegangen wurden. Statt etablierte Lösungswege auszuprobieren, ließen sich die Teilnehmenden, die aus ihren Träumen gerissen wurden, auf neue, noch nicht erprobte (manche würden sagen: geniale) Lösungswege ein. Matthew P. Walker sagt in seinem Podcast: »Für mich klingt das, als sei [Träumen] die biologische Basis von Kreativität.«

Es scheint für die Kreativität aber nicht nur wichtig zu sein, dass man träumt, sondern auch, wovon. Wenn Menschen aus einem extrem schweren Labyrinth herausfinden sollen, haben ihre Träume einen Einfluss darauf, wie gut sie darin sind. Diejenigen, die während eines kurzen Schlafes von dem Labyrinth geträumt hatten, waren anschließend im Schnitt zehnmal besser als diejenigen, die nicht schliefen oder nicht von dem Labyrinth geträumt hatten.

Wir halten fest: Träumen macht uns kreativ und lässt uns Probleme besser lösen. Aber Träume können auch etwas leisten, mit dem du sicher nicht rechnest. Wir bleiben noch kurz bei Matthew P. Walker. Er nennt Träume oftmals auch eine »emotionale erste Hilfe«. Was meint er damit?

Um diese Frage zu beantworten, ist eine Erkenntnis wichtig: In unserem Gedächtnis speichern wir nie nur ein Geschehen so ab, wie es passiert ist, sondern immer auch, welche Emotionen wir dabei durchlebt haben. Wenn wir uns zum Beispiel daran erinnern, dass unsere Freundin oder unser Ehemann uns vor einer Woche verlassen hat, speichert unser Gedächtnis nicht nur die Szene ab, in der sie beziehungsweise er uns ihren Entschluss mitgeteilt hat (»Es reicht! Ich kann das nicht mehr! Ich mache Schluss!« Koffer gepackt, Tür knallen gelassen. Abgang), sondern auch, wie wir uns dabei fühlen (schrecklich). Später fangen wir dann oftmals allein durch die Erinnerung wieder an zu weinen. Erinnern wir uns ein Jahr später an dieselbe Szene, sieht das schon ganz anders aus. Die Zeit heilt schließlich alle Wunden. Aber was, wenn es nicht die Zeit an sich ist, die dahintersteckt. Sondern Träume?

Klingt nach einer schönen Hypothese. Hypothesen wollen aber getestet werden. Gut, dass es Rosalind Cartwright gab, in gewissen Kreisen auch als »Queen of Dreams« bekannt. Bis sie 2021 im Alter von 98 Jahren in Chicago starb, war sie eine der Pionierinnen in der Schlaf- und Traumforschung. In ihren Studien untersuchte sie unter anderem die Träume von Menschen, die aufgrund einer schwierigen emotionalen Situation – zum Beispiel aufgrund einer Trennung – in eine Depression gerutscht waren. Dafür ließ sie Patientinnen und Patienten aufschreiben, wovon sie geträumt hatten. Wenig überraschend träumten nahezu alle Versuchspersonen. Aber nur einige von ihnen träumten auch von dem Ereignis, das sie emotional so belastet hat. Dann machte Cartwright etwas Smartes: Sie wartete nach der ersten Studienphase ein Jahr ab und ließ die Menschen wiederkommen. Sie wollte wissen, welche von ihnen ihre Depressionen und Ängste überwinden konnten und welche weiterhin litten. Und sie fand ein erstaunliches Muster: Die Testpersonen, die von ihren emotionalen Belastungen (also zum Beispiel von ihrer Trennung) geträumt hatten, konnten die Depression hinter sich lassen. Träume fungierten als eine Art nächtliche Therapie, so nennt Matthew P. Walker das. Nur ohne die langen Wartezeiten. Wie schafft das Gehirn das?

Während des REM-Schlafs – also in jener Schlafphase, in der wir am intensivsten träumen – scheint unser Gehirn emotionale Erinnerungen auf eine bestimmte Weise zu entladen. Das Ereignis ist zwar weiterhin abgespeichert, aber wenn wir uns daran erinnern, wird unsere Wut oder unsere Trauer nicht jedes Mal mit abgerufen. Die Erinnerung bleibt, aber der Schmerz lässt nach. So wird aus dem schmerzhaften Streit vielleicht irgendwann eine Szene, an die man zurückdenken kann, ohne wieder in Tränen auszubrechen. Um beim Beispiel von eben zu bleiben: Irgendwann erinnern wir uns zwar noch daran, dass unsere Freundin oder unser Ehemann uns während eines lauten Streits verlassen hat (der Koffer, die knallende Tür, der Abgang), der emotionale Schock und die Trauer, die uns dabei eingenommen haben, sind aber nicht mehr unmittelbarer Teil der Erinnerung.

Dieser Mechanismus wurde in den vergangenen Jahren immer wieder bestätigt. Und man kann dem Gehirn regelrecht ansehen, wie es die Emotionen aus seinen Erinnerungen löscht. Es konnte sogar gezeigt werden, dass schon die erste Nacht nach einem emotionalen Ereignis einen Unterschied machen kann. Dafür hat man Versuchspersonen mit einem Set emotionaler und neutraler Bilder konfrontiert. Die eine Hälfte der Gruppe durfte in der Nacht nach dem Betrachten schlafen, die andere blieb wach. Danach gab es einen ersten Test nach drei Tagen und eine zweite, unangekündigte Testsitzung sechs Monate später. Dabei wurden alle Teilnehmenden erneut in den Scanner gelegt und sollten sich an die Bilder erinnern. Die Forschenden interessierte hierbei besonders, welche Gehirnareale bei der Erinnerung aktiv waren und ob es Unterschiede zwischen der Schlaf- und der Wachgruppe gab. Das Ergebnis: Die Gruppe, die nach dem ersten Betrachten der Bilder schlafen durfte, zeigte beim Erinnern sechs Monate später bei den emotionalen Bildern eine stärkere Aktivierung im medialen präfrontalen Kortex – also in einem Bereich, der aktiv ist, wenn es um das Bewerten, Regulieren und Einordnen von emotionalen Informationen geht. Gleichzeitig war die Amygdala, die als Zentrum für emotionale Erregung gilt, bei dieser Gruppe stärker aktiv im Vergleich zur Wachgruppe. Das klingt erst mal kontraintuitiv. Es zeigte sich aber auch, dass auch die Verbindung zwischen der Amygdala und dem medialen präfrontalen Kortex bei der Schlafgruppe stärker war. Die Forschenden interpretieren das so: Schlafen bedeutet nicht unbedingt, dass die emotionale Erregung (im Sinne akuten Stresses oder Angst) der Erinnerung abnimmt, sondern dass die Erinnerung anders und potenziell effizienter im Gehirn verarbeitet und gespeichert wird.

Der REM-Schlaf scheint emotionale Erinnerungen also nicht nur zu stabilisieren, sondern auch umzubauen: Er verschiebt sie von eher emotionalen Schaltkreisen (Amygdala) hin zu rationaleren Strukturen (präfrontaler Kortex), die besser in der Lage sind, diese Erinnerungen nüchtern zu bewerten, zu relativieren und einzuordnen.

Im Umkehrschluss könnten diese Ergebnisse aber auch bedeuten: Wer nicht von seinen emotional aufwühlenden Erlebnissen träumt, kommt nicht in den Genuss dieser nächtlichen Therapie. Du kannst aber versuchen, deine Träume in die richtige Richtung zu lenken. Notiere dir dafür vor dem Schlafengehen belastende Gedanken oder Ereignisse. Das hilft, diese Themen ins Bewusstsein zu rücken, und könnte die Wahrscheinlichkeit erhöhen, dass sie im Traum auftauchen. Du kannst dir die belastende Situation auch vor dem Schlafen noch mal in Erinnerung rufen und aktiv darüber nachdenken, wie du sie lösen könntest. Diese mentale Vorbereitung kann die Inhalte deiner Träume beeinflussen. Eine Garantie dafür gibt es aber nicht. Träume werden immer noch zum Großteil von unbewussten Vorgängen gesteuert. Außerdem können diese Versuche auch dazu führen, dass du schlechter schläfst. Und sich vor dem Schlafen erst mal in ein Gedankenkarussell aus belastenden Situationen zu setzen ist nicht immer die beste Idee.

Warum hast du Albträume?

Wo wir gerade bei emotionalen Schocks sind. Warum inszeniert unser Gehirn eigentlich mitten in der Nacht düstere Minidramen, die uns schweißgebadet aufwachen lassen? Diese Frage haben sich Menschen schon immer gestellt, weil sie schon immer schlecht geträumt haben. Es gibt also wieder sehr alte Theorien dazu, was das Ganze soll. Im Mittelalter zum Beispiel dachte man in Europa, dass Albträume von dämonischen Wesen verursacht würden. Der Begriff Albtraum selbst stammt vom Wort »Alb« – in der nordischen Mythologie ein nachtaktiver Kobold, der sich auf die Brust von Schlafenden setzte und ihnen das Leben schwer machte. Diese Vorstellung war weit verbreitet: Man glaubte, der Alb verursache nicht nur schwere Träume, sondern auch die lähmende Angst, das Gefühl des Erstickens oder das Erwachen mit Herzrasen.

Was für normale Träume gilt, gilt aber auch für Albträume: Sie sind kein fieser Trick eines Kobolds, sondern Produkt bestimmter Abläufe im Gehirn. Und fast noch wichtiger: Alle Menschen haben sie. Egal, wie alt sie sind, wie sie sich ernähren oder was für Gewohnheiten sie haben.

Laut dem Traumforscher Rahul Jandial gibt es Muster von Albträumen, die sich auf der ganzen Welt und über die Jahrhunderte hinweg wiederholen: Oftmals geht es um Versagen und Hilflosigkeit, körperliche Aggression, Unfälle, Verfolgung, Gesundheitsprobleme oder Tod. Albträume zeichnen sich durch lange, lebhafte, beängstigende Erlebnisse aus, die uns immer wieder aufwecken. Meistens ist unser Leben bedroht oder unsere Gesundheit. Manchmal aber auch unser Selbstwertgefühl. Wenn andere sich in einer Gruppe über uns lustig machen oder wir immer wieder von unseren Freunden abgelehnt werden, kann das auch ein Albtraum sein. Und wir? Spüren die Angst, die Wut, unsere Trauer. Unsere Atmung wird schnell und unregelmäßig, unsere Herzfrequenz steigt in die Höhe, und wir fangen an zu schwitzen. Warum all das? Um das zu verstehen, muss man sich das Gehirn als etwas vorstellen, das nicht nur denkt, sondern ständig emotional sortiert. Und manchmal heißt das: Es inszeniert Angst, um Kontrolle zu gewinnen.

Der vielleicht bekannteste Erklärungsansatz für Albträume stammt vom finnischen Bewusstseinsforscher Antti Revonsuo. Seine sogenannte Bedrohungssimulationstheorie (im Original »Threat Simulation Theory«) besagt, dass Albträume eine Art Trainingsmethode des Gehirns sind – ein mentales Kampfsportstudio für Gefahrensituationen. Träume, in denen wir verfolgt, bedroht oder verletzt werden, sollen uns helfen, in der echten Welt besser mit Bedrohungen umzugehen. Es ist, als würde das Gehirn nachts ein Worst-Case-Szenario durchspielen, damit wir tagsüber besser reagieren können.

Revonsuo schreibt: »In der Umwelt der Vorfahren war das menschliche Leben kurz und voller Bedrohungen. Jeder Verhaltensvorteil im Umgang mit hochgefährlichen Ereignissen hätte die Wahrscheinlichkeit des Fortpflanzungserfolgs erhöht.« Dieser Traummechanismus, der bedrohliche Wachereignisse nimmt und sie immer wieder in verschiedenen Kombinationen nachts simuliert, sei für die Entwicklung des Menschen enorm wertvoll gewesen. Denn so konnte er üben, wie man Gefahren vermeidet, schreibt Revonsuo. Wie gesagt: Das Gehirn inszeniert Angst, um Kontrolle zu gewinnen.

Dass alle Menschen Albträume haben, deutet schon darauf hin, dass sie irgendeine Funktion haben. Auch Rahul Jandial schreibt in seinem Buch *Warum wir träumen:* »Wenn man bedenkt, wie viel Zeit wir in sie investieren, haben Albträume irgendwie ihr Recht auf Existenz über Generationen von evolutionärem Druck hinweg verdient. Ich glaube, dass sie wegen ihres Nutzens überlebt haben.«

Es gibt aber auch Menschen in der Forschung, die Albträume etwas kritischer sehen. Ross Levin und Tore Nielsen zum Beispiel. Der amerikanische Psychologe und der kanadische Psychiater sagen: Ja, normale Träume helfen uns, emotionale Erfahrungen zu verarbeiten, und sind so etwas wie ein nächtlicher Reset. Albträume hingegen entstehen dann, wenn dieses System aus dem Gleichgewicht gerät. Zu viel emotionaler Stress trifft auf ein Gehirn, das zu empfindlich auf negative Gefühle reagiert. Das Ergebnis ist ein Traum, der uns nicht dabei hilft, etwas zu verarbeiten, sondern uns überwältigt.

Die gute Nachricht: Die meisten Albträume hinterlassen keine bleibenden Spuren. Weder in unserem Körper, der auf Hochtouren kommt, noch in unserem Gehirn. Wiederkehrende Albträume infolge von traumatischen Erlebnissen meine ich hier explizit nicht. Ich meine die mehr oder weniger normalen Albträume, die in der Psychotherapie nicht als Störung gelten würden.

Selbst Kindern, die nachts manchmal aufwachen und tränenüberströmt ins Bett der Eltern kriechen, merkt man die nächtlichen Turbulenzen meistens nicht an. Für sie sind Träume emotionale Spielfelder, auf denen sie ihr Selbst erkunden – und das ist keine poetische Übertreibung. Bei Kindern könnte hinter Albträumen nämlich noch etwas anderes stecken. Einer der weltweit führenden Forscher auf diesem Gebiet ist der deutsche Traumpsychologe Michael Schredl vom Zentralinstitut für Seelische Gesundheit in Mannheim. Seine Langzeitstudien zeigen, dass Albträume im Kindesalter nicht nur häufig vorkommen, sondern dass Kinder oftmals über viele Jahre hinweg mit ihnen zu kämpfen haben. Diese Erkenntnis ist wichtig: Denn je chronischer Albträume auftreten, desto stärker sind auch die emotionalen Symptome, die damit einhergehen; zum Beispiel Angststörungen oder emotionale Dysregulation. Das heißt im Klartext: Kinder, die regelmäßig Albträume haben, kämpfen auch tagsüber mit intensiveren Gefühlen. Aber diese Auseinandersetzung mit dem eigenen Innenleben – ob sie einem gefällt oder nicht – ist ein zutiefst identitätsbildender Prozess.

Schredl plädiert dafür, Albträume nicht nur als Symptom, sondern als eigenständige psychische Größe ernst zu nehmen, weil sie häufig nicht diagnostiziert oder behandelt werden, obwohl sie eng mit psychischem Wohlbefinden verknüpft sind. Kinder, die ihre Albträume verstehen und verarbeiten können – zum Beispiel durch Erzählungen, Zeichnungen oder Gespräche mit Erwachsenen –, entwickeln ein stärkeres Gefühl dafür, dass ihre Innenwelt bedeutungsvoll ist. Das ist im Grunde die Grundlage dafür zu erkennen, dass es so etwas wie ein Selbst gibt. Kinder verstehen: Ich bin jemand, der etwas fühlt, und diese Gefühle sind real und erzählbar. Da Kinder dieses Selbst erst ausbilden müssen, ist es nur logisch, dass sie ungefähr fünfmal so oft Albträume haben wie Erwachsene. Sie könnten dabei helfen, ein Selbstbewusstsein zu entwickeln.

Dabei träumen wir nicht von Beginn an. Babys zum Beispiel träumen noch nicht. Träumen ist etwas, das wir uns in der Kindheit aneignen, wie andere Fähigkeiten auch: das erste Wort sprechen, den ersten Schritt machen, Fahrrad fahren oder rodeln. Erst, wenn Kinder durch die Entwicklung ihrer visuell-räumlichen Fähigkeiten in der Lage sind, die Welt um sie herum dreidimensional wahrzunehmen, beginnen sie zu träumen. Nicht früher als im Alter von fünf Jahren kommen in ihren Träumen auch Figuren mit eigenem Charakter vor. Sie lernen in der echten Welt, dass andere Menschen auch einen eigenen Willen haben können. Und das überträgt sich in ihre Träume.

Was du gegen Albträume tun kannst

Nun bist du sehr wahrscheinlich kein Kind mehr. Für dich könnte diese Erkenntnis deshalb wichtiger sein: Wenn du einen Albtraum hattest, bist du in der Regel am nächsten Tag psychisch instabiler als nach Nächten, in denen du gar nicht geträumt hast oder entspannte Träume hattest. Dieser Zusammenhang scheint in beide Richtungen zu bestehen: Krankenschwestern etwa haben nach einem stressigen Tag mehr Albträume und nach Albträumen stressigere Tage. Es gibt also eine Stress-Traum-Schleife, in der sich Tagesbelastung und Albträume gegenseitig verstärken können. Gerade bei Menschen mit sehr anstrengenden Berufen – wie Pflegekräften – kann daraus ein chronischer Teufelskreis werden, der zu nachhaltiger emotionaler Erschöpfung führt.

Es gibt aber Möglichkeiten, wie du das verhindern kannst. Dazu gehört nicht, den Schlaf einfach ganz zu vermeiden. Auch, wenn es tatsächlich Patientinnen und Patienten gibt, die genau so versuchen, ihren Albträumen zu entkommen. Die Logik dahinter ist simpel: Wer nicht schläft, kann auch nicht träumen. Das kann die Albträume allerdings sogar verschlimmern. Denn Schlafentzug bringt unseren Tag-Nacht-Rhythmus durcheinander und kann sich so auch negativ auf unsere Träume auswirken. Bereits eine Nacht Schlafentzug kann die Glukoseaufnahme im präfrontalen Kortex um bis zu sechs Prozent verringern und seine Aktivität somit bremsen. Dadurch könnte es uns schwerer fallen, die Realität vom Albtraum zu unterscheiden.

Auf Schlaf zu verzichten kann also nicht die Lösung sein. Bei Menschen, die langfristig unter Albträumen leiden, kann eine spezielle Form der Verhaltenstherapie helfen, die sogenannte Imagery Rehearsal Therapy, eine Therapie also, bei der es um bildhaftes Überschreiben von Albträumen geht. Die Methode wurde speziell für die Behandlung von Albträumen entwickelt. Dabei wählt der Patient oder die Patientin einen spezifischen belastenden Albtraum aus, den er oder sie behandeln möchte. Dieser wird detailliert beschrieben, einschließlich aller Bilder, Gefühle und Ereignisse. Dann wird der Patient oder die Patientin angeleitet, eine neue, positivere Version des Traums zu entwickeln. Dabei kann die Geschichte leicht verändert oder komplett umgeschrieben werden. Das Ziel ist es, die Kontrolle über den Traum zurückzugewinnen und belastende Elemente durch neutrale oder positive Bilder zu ersetzen.

Das funktioniert in etwa so wie der Kampf gegen die Irrwichte im dritten Harry-Potter-Buch. Bei der ersten Unterrichtsstunde mit Professor Remus Lupin sollen Harry und die anderen Kinder lernen, wie man einen Irrwicht bekämpft. Irrwichte sind so fies wie Albträume: Sie nehmen die Gestalt von etwas ein, vor dem man sich fürchtet. Professor Lupin führt den Riddikulus-Zauber ein, mit dem man den Irrwicht in etwas Lächerliches verwandeln kann. Der Trick ist, dass die Kinder sich vorstellen, wie die Darstellung ihrer Angst in etwas Komisches oder Harmloses verwandelt wird. Für Neville Longbottom, einen Pechvogel, der im finalen Harry-Potter-Teil zum Helden wird, nimmt der Irrwicht das Aussehen von Professor Snape an, des geheimnisvollen und etwas undurchsichtigen Lehrers für Zaubertränke. Neville hat große Angst vor ihm. Er wendet den Riddikulus-Zauber an, und der Irrwicht-Snape trägt plötzlich die Kleidung seiner Großmutter, inklusive eines fedrigen Huts und einer Handtasche.

So funktioniert auch die Imagery Rehearsal Therapy. Wer zum Beispiel wiederkehrend davon träumt, verfolgt zu werden, könnte mit dieser Methode den Verfolger in einen hilfreichen Polizisten umwandeln, der einem nur das Zwei-Euro-Stück wiedergeben möchte, das einem eben aus der Tasche gefallen ist. Dabei laut »Riddikulus« zu rufen wird sicher nicht schaden.

Die meisten Menschen haben aber nicht so starke oder wiederkehrende Albträume, dass sie eine Therapie machen müssen. Es gibt noch andere Methoden für zu Hause. Eine Idee könnte beispielsweise sein, vor dem Einschlafen eine Art Absichtserklärung abzugeben, die man auch tatsächlich ausspricht. Abends im Bett also zum Beispiel einfach mal laut sagen: »Ich möchte vom Italienurlaub träumen!« Und wenn du schon weißt, in welches Haus es in Italien gehen wird, umso besser! Du kannst das Bild ausdrucken, vor dem Schlafen anschauen und es vielleicht sogar auf den Nachttisch legen. Träumen ist ein visueller Prozess, solche Bilder und Absichtserklärungen könnten deshalb die Wahrscheinlichkeit erhöhen, dass du tatsächlich von Italien träumst. Und jeder Italientraum mehr ist ein Albtraum weniger.

Da Stress und Angst während des Tages das Risiko erhöhen, dass man nachts Albträume hat, ist es immer sinnvoll, den Stress und die Angst während des Tages zu reduzieren. Heißt zum Beispiel: weniger arbeiten, andere um Hilfe bitten. Auch Rituale wie Meditationen, Yoga oder Achtsamkeit können dabei helfen, seltener Albträume zu haben. Denn diese Methoden wirken wie emotionale Muskeltrainings. Wer lernt, tagsüber bewusster mit seinen Gefühlen umzugehen, gibt dem Gehirn weniger Grund, die Gefühlswelt nachts noch mal evaluieren zu wollen.

Vielleicht erinnerst du dich an den Anfang dieses Kapitels, wo ich beschrieben habe, dass Träume erst seit vergleichsweise Kurzem dem Gehirn zugeschrieben werden. Dass die Rolle des Gehirns immer deutlicher wird, kann auch Trost spenden. Denn wenn Albträume im Gehirn entstehen und das Gehirn plastisch ist, sich also permanent anpassen und verändern kann, heißt das auch, dass wir aktiv etwas dafür tun können, sie seltener zu haben. Doch Meditation, Yoga oder gutes Zureden werden nicht hundert Prozent der Albträume verhindern. Richtig gut wäre es, wenn man innerhalb des Traums noch die Notbremse ziehen könnte. Wenn man nicht nur Prävention betreiben, sondern noch während des Träumens selbst beeinflussen könnte, wie der Traum weitergeht. Das ist in der Tat möglich.

Wie du deine Träume steuern kannst

War dir während des Träumens schon mal bewusst, dass du gerade träumst? Ich muss leider sagen: Mir ist das erst einmal passiert, und zwar ausgerechnet in den Monaten, in denen ich an diesem Buch geschrieben habe. In meinem Traum stand ich am Fenster meiner neuen Hamburger Wohnung und blickte auf die Stadt, aber auch in den Abgrund, denn ich wohne im vierten Stock. Ich habe eine leichte Form von Höhenangst, aber plötzlich wusste ich: Ich träume das gerade! Das hat mich total entspannt. Ich hörte im Traum auf, nach unten auf die Straße zu gucken, und ging vom Fenster weg. Einfach so. Ich erinnere mich nicht daran, zuvor jemals luzid geträumt zu haben. Das ist der Fachbegriff. Luzide Träume werden auch Klarträume genannt, denn: Wer luzid träumt, dem ist klar, dass er träumt, während er träumt.

Oftmals geht die Vorstellung darüber, was luzides Träumen ausmacht, aber noch weiter: Es geht nicht nur darum, sich des Träumens bewusst zu sein, sondern auch steuern zu können, wovon man träumt und wie man sich im Traum verhält. Das klingt schon wieder nach *inception,* ich weiß. Historisch gesehen war luzides Träumen in der Forschung auch lange verpönt. Man konnte sich schlichtweg nicht vorstellen, dass man etwas Bizarres wie Träume aktiv beeinflussen kann. Außerdem dachte man lange, dass Träume zu subjektiv seien, um sie wissenschaftlich untersuchen zu können. Dass das geht, haben wir schon gesehen. Und die Methoden wurden noch besser. Forschende kamen auf ziemlich smarte Studien-Set-ups, um nachzuweisen, dass es sehr wohl möglich ist, luzid zu träumen.

Vor einigen Jahren schaffte es ein Forschungsteam vom Max-Planck-Institut für Psychiatrie in München, viele Skeptiker umzustimmen. Ihre Versuchspersonen waren alle selbst davon überzeugt, luzid träumen zu können. Man schob sie – natürlich – in eine MRT-Röhre, zunächst als sie wach waren. Sie sollten, während sie da lagen, erst ihre linke Hand ballen und dann ihre rechte. Und das sollten sie immer wiederholen. Die Wissenschaftler machten währenddessen Aufnahmen vom Gehirn und konnten so die Regionen bestimmen, die während des Ballens der beiden Hände aktiv waren. Dazu gehörte natürlich der Motorkortex, der Bereich im Gehirn, der eine entscheidende Rolle dabei spielt, dass wir uns gezielt bewegen können. Er ist von der Planung einer Bewegung (»Ich schieße gleich den Freistoß oben rechts ins Tor!«) bis zu ihrer Umsetzung beteiligt. Auch konnte man gut zuordnen, welche Nervenzellen im Gehirn die Hände repräsentieren. Das heißt, welche Nervenzellen immer dann aktiv sind, wenn man die Hände bewegt oder wenn man eine Berührung auf der Hand spürt. Mittlerweile weiß man, dass jede Körperregion ein eigenes kleines Areal im Gehirn hat, das ihr zugeordnet ist. Würdest du noch heute einer Hirn-OP unterzogen werden, könnte man während der OP herausfinden, welches Areal im Gehirn deine Hände repräsentiert. Man könnte genau dort mit einer Sonde kleine elektrische Impulse geben, und du würdest ein Kribbeln in den Händen spüren.

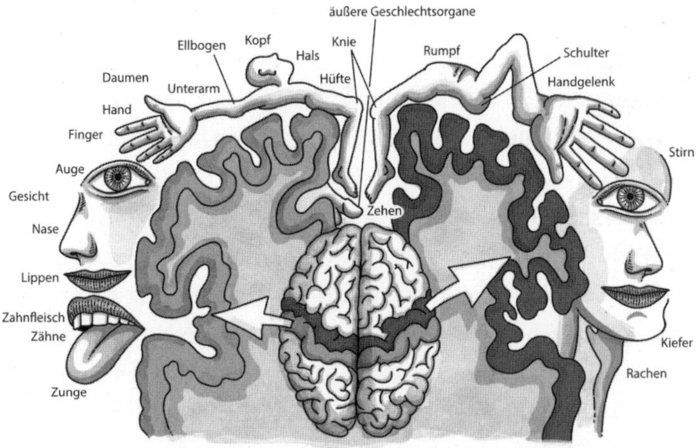

Der Homunculus besteht aus dem sensorischen Kortex (linker Pfeil) und dem motorischen Kortex (rechter Pfeil). Der eine empfängt Signale aus dem Körper (links abgebildet), der andere sendet Signale zum Körper (rechts abgebildet).

Die schematische Darstellung dieser Aufteilung im Gehirn nennt man Homunculus. Eigentlich bezeichnet dieses Wort einen künstlich geschaffenen (kleinen) Menschen. Der Homunculus der Hirnforschung besteht aber aus einer Darstellung des Gehirns, dessen Regionen Körperteile zugeordnet sind. Diese Darstellung ist zweigeteilt: Es gibt einen sensorischen Homunculus, wo alles ankommt, was du spürst, und einen motorischen Homunculus, wo das Gehirn aktive Bewegungen steuert. Du kannst es auf der vorangehenden Grafik sehen. Das Interessante: Es ist nicht etwa so, dass große Körperteile (zum Beispiel der Rücken) im Gehirn auch zwangsläufig von größeren Regionen und damit von mehr Nervenzellen repräsentiert werden. Die Hände können extrem präzise und differenzierte Bewegungen ausführen, zum Beispiel schreiben oder Klavier spielen. Dafür benötigt das Gehirn viele Nervenzellen und ein großes Gebiet im Motorkortex. Die Hände sind auch mit vielen sensorischen Rezeptoren ausgestattet, die Berührung, Schmerz, Temperatur und Vibration wahrnehmen. Deshalb nehmen die Hände auf dem sensorischen Homunculus ebenfalls ein großes Areal ein.

Der Rücken hingegen ist eher Grobmotoriker. Deshalb funktioniert auch der sogenannte Blindspot-Test, der bei Kindern besonders beliebt ist. Man legt zwei oder mehr Finger sanft und gleichzeitig auf verschiedene Punkte am Rücken der Testperson. Die Person soll angeben, wie viele Berührungspunkte sie wahrnimmt. Meistens spürt sie nur einen. Das liegt daran, dass der Rücken nur über wenige Nervenzellen verfügt, was dazu führt, dass du relativ schlecht darin bist zu bestimmen, wo auf der Haut du berührt, gedrückt oder gepiekst wirst. Deswegen ist dem Rücken auf dem sensorischen Homunculus auch nur ein kleines Areal mit wenigen Nervenzellen zugewiesen.

Zurück zum Experiment: Die Testpersonen lagen im Labor oder im Magnetresonanztomografen, um im Schlaf und Traum gemessen zu werden; die Messungen im wachen Zustand mit tatsächlich ausgeführten Handbewegungen fanden in einer separaten Sitzung am Morgen nach dem Aufwachen statt.

Eine Besonderheit des Schlafes ist nun, dass wir währenddessen paralysiert sind. Wir können uns in den meisten Fällen nicht bewegen, und das ist auch absolut notwendig, um uns während unserer lebhaften Träume zu schützen. Eine Ausnahme gibt es aber: die sogenannten extraokularen Muskeln, die sich außerhalb des Auges befinden. Sie steuern die Bewegungen des Augapfels und des oberen Augenlids. Und diese sind aktiv, wenn wir träumen, wie wir gesehen haben. Die Wissenschaftler machten sich das zunutze, denn durch die Bewegung der Augen hatten die Versuchspersonen eine Form der Kommunikation, die sie während des Träumens nutzen konnten.

Die Forscher und die Teilnehmenden vereinbarten nun Zeichen miteinander. Wenn die Testpersonen zum Beispiel mit ihren Augen Bewegungen in der Reihenfolge links-rechts-links-rechts machten, war das das Zeichen dafür, dass sie nun bewusst, also luzide, träumen. Mit diesen Augenbewegungen konnten die Teilnehmenden auch signalisieren, wenn sie ihre linke oder rechte Hand im Traum ballen. Und das ist wichtig: nur im Traum. Denn durch die Paralyse bewegten sich die Hände nicht in der Realität. Auf den Gehirnscans sahen die Wissenschaftler aber, dass im Traum dieselben Hirnregionen des Motorkortex aktiv waren wie im wachen Zustand, als die Testpersonen ihre Hände tatsächlich bewegten.

Die Testpersonen träumten also, waren sich bewusst, dass sie träumten, ballten im Traum ihre Hände und kommunizierten gleichzeitig mit den Wissenschaftlern, indem sie ihre Augenmuskeln benutzten (die sich dann auch für die Wissenschaftler sichtbar bewegten).

Ich fasse das mal zusammen, weil bahnbrechende Erkenntnisse manchmal unauffällig daherkommen: Nachdem Forscherinnen und Forscher jahrzehntelang dachten, dass luzides Träumen nicht Gegenstand seriöser Forschung sein könnte, haben die Wissenschaftler in diesem Experiment gezeigt, dass luzide Träumer nicht nur wissen, dass sie träumen, sondern auch beeinflussen können, was sie träumen, während sie träumen. Sie konnten im Traum absichtlich ihre Hände ballen, wenn sie das sollten.

Aber wie ist das möglich?

Zur Erinnerung: Wenn wir träumen, feuern die Nervenzellen bestimmter Hirnregionen besonders stark: der visuellen Regionen, des Motorkortex, des Hippocampus und der Amygdala. Und eine Hirnregion wird praktisch ausgeknipst: der präfrontale Kortex, die vielleicht wichtigste Region, die mit Bewusstsein, rationalem Handeln und Entscheiden in Verbindung gebracht wird. Das Besondere bei luziden Träumenden könnte nun sein, dass, wenn Träumer sich bewusst darüber sind, dass sie träumen, genau diese Regionen im präfrontalen Kortex plötzlich wieder aktiv sind. Einige in der Forschung gehen davon aus, dass genau diese Aktivität dafür sorgt, dass man die Träume bewusst steuern kann.

Wenn Träume uns kreativer machen und uns bei der emotionalen Verarbeitung helfen, ist es natürlich sehr verlockend, selbst entscheiden zu können, was man träumt. Gibt es Methoden, die einem dabei helfen können, zum luziden Träumer zu werden? Die gibt es. Ich habe drei Hilfestellungen gefunden, die nicht von unseriösen Ratgebern stammen, sondern von genau den Wissenschaftlerinnen und Wissenschaftlern, die luzides Träumen erforschen.

Vorher aber ein Disclaimer: Die Hilfestellungen versprechen keine Erfolgsgarantie. Es gibt wissenschaftliche Untersuchungen, die darauf hindeuten, dass sie funktionieren. Aber sie sind noch lange nicht so gut erforscht, dass man eine hundertprozentige Aussicht hätte, dass es mit dem luziden Träumen klappt.

Das erste Verfahren heißt »Wake Back To Bed«-Methode, übersetzt in etwa: »Aufwachen und zurück ins Bett«-Methode.

Dabei gehst du zunächst wie gewohnt schlafen, stellst dir dann aber einen Wecker nach viereinhalb bis sechs Stunden Schlaf. Du wachst auf, bleibst etwa zwanzig bis sechzig Minuten wach und gehst dann wieder schlafen. Die Methode macht sich zunutze, dass die REM-Phasen spät in der Nacht (beziehungsweise früh am Morgen) deutlich länger sind als zu Beginn der Nacht. Die Idee ist, dass du so den Schlafdruck kurzzeitig unterbrichst, aber der Körper insgesamt schlafbereit bleibt. Nach dem Wiedereinschlafen geht der Körper schnell wieder in den REM-Modus, weil die Tiefschlafschuld bereits beglichen ist. Dadurch ist die nächste Schlafphase besonders REM-lastig, also länger, stabiler und leichter zugänglich für luzides Träumen.

Diesen Rhythmus kannst du dann mit einer weiteren Methode verbinden, sie heißt »MILD«. Das steht für *mnemonic induction of lucid dreams,* also in etwa »gedächtnisgestützte Auslösung luzider Träume«. Die Idee: Wenn dich der Wecker fünf Stunden nach dem Einschlafen weckt, versuchst du, dir vor dem erneuten Einschlafen immer wieder zu sagen, dass du träumen wirst. Und zwar indem du diesen Satz wiederholst: »Das nächste Mal, wenn ich träume, werde ich mich daran erinnern, dass ich träume.« Dabei solltest du dir auch vorstellen, dass du einen luziden Traum hast. Forschende in Australien haben herausgefunden, dass man mit dieser Methode seine Erfolgsaussicht auf luzides Träumen um 172 Prozent steigern kann. Entscheidend ist auch, wie konsequent man die Methode anwendet.

Die dritte Methode ist die »Reality Check«-Methode. Dabei testest du tagsüber immer wieder, ob du wach bist oder nicht. Das geht zum Beispiel so: Du schaust tagsüber immer wieder die Innenfläche deiner Hand an, dann schaust du weg und dann wieder auf die Innenfläche. Wenn du wach bist, siehst du die Linien auf der Hand immer so, wie sie in der Realität sind. Im Traum schafft es das Gehirn nicht, so ein komplexes Muster zweimal hintereinander gleich aussehen zu lassen. Wenn du diese Routine tagsüber etablierst, steigt die Wahrscheinlichkeit, dass du ihr auch im Traum nachgehst. Wenn du also auf deine Hand blickst und kein exaktes Muster erkennen kannst, kann dir klar sein: Ich träume.

Ein anderer Tipp aus der gleichen Richtung: immer wieder ganz bewusst versuchen, einen Text zu lesen. Tagsüber schaust du auf die Buchseite und kannst direkt loslesen. Wenn da aber kein schlüssiger Text steht oder du die Buchstaben nicht erkennen kannst, ist es durchaus wahrscheinlich, dass du gerade träumst.

In der australischen Studie waren Reality Checks allein nicht sehr effektiv, aber sie verstärkten den Effekt anderer Methoden deutlich, besonders in Kombination mit MILD. Sie funktionieren also am besten als Katalysator, wenn du sie mit mentaler Vorbereitung und einer geschickten Schlafunterbrechung (»Wake Back To Bed«) kombinierst.

Dass dieses Buch mit einem Kapitel übers Träumen beginnt, ist natürlich kein Zufall. Ich hätte es auch ganz ans Ende stellen können. Aber Träume deuten an, zu was unser Gehirn in der Lage ist und welche wundersamen Dinge in unserem Kopf passieren, noch bevor der Tag überhaupt so richtig beginnt. Das soll er jetzt aber. Genug geschlafen! Genug geträumt! Draußen wartet ein ganzer Tag auf dich.

6:30 UHR MORGENS

DU STARTEST IN DEN TAG

Wie dein Gehirn aufwacht

Es ist sechs Uhr dreißig. Sechs. Uhr. Dreißig. Normalerweise stehst du nicht so früh auf. Aber heute hast du keine Wahl. Da wir noch viel erleben wollen an diesem Tag, kannst du nicht einfach die Hälfte verschlafen. Die Träume der Nacht haben sich beruhigt, und dein Gehirn arbeitet schon auf Hochtouren daran, dich aufzuwecken. In ihm sitzt eine winzige Struktur namens *Nucleus suprachiasmaticus* (abgekürzt als SCN). Den Namen musst du dir nicht merken, aber seine Funktion: Er arbeitet nämlich wie ein eingebauter Zeitmanager. Der SCN befindet sich im Hypothalamus – also etwa in der Mitte des Gehirns, knapp über dem Hirnstamm –, der das wichtigste Steuerzentrum des vegetativen Nervensystems ist. Der Hypothalamus kümmert sich unter anderem hauptberuflich darum, dass dir weder zu kalt ist noch zu warm, er reguliert deinen Blutdruck, sorgt dafür, dass du hungrig und durstig bist, und verwaltet auch deinen 24-Stunden-Zyklus von Schlaf und Wachsein, den sogenannten zirkadianen Rhythmus.

Wenn der erste Lichtstrahl durch das Fenster fällt, fährt der SCN seine Arbeit hoch. Licht unterdrückt die Produktion von Melatonin, dem »Schlafhormon«, und aktiviert stattdessen Systeme, die Wachheit fördern. Der SCN wird sogar dann aktiver, wenn du die Augen noch geschlossen hast, sobald helles Licht durch die Lider fällt. Er schickt Signale an andere Gehirnregionen, um dich langsam aufzuwecken. Ein bisschen so wie eine Chefin, die morgens als Erste in die Firma kommt, das Licht einschaltet und alle anderen zur Arbeit ruft. Kurz bevor du aufwachst, sendet der Hypothalamus Signale an die Nebenniere, damit sie beginnt, Cortisol auszuschütten. Vielleicht kennst du Cortisol nur als Stresshormon, es ist aber entscheidend dafür, deinen Kreislauf und deine Energie in Gang zu bringen. Dieses Hormon erhöht den Blutzucker, beschleunigt deinen Herzschlag und versorgt dein Gehirn mit Energie. Um beim Beispiel der Chefin zu bleiben: Das ist ein bisschen so, als würde deine Chefin dir schon mal einen Espresso zubereiten und ihn dir reichen, sobald du das Büro betrittst. Während Cortisol arbeitet, schaltet sich eine andere wichtige Substanz ein: Orexin. Dieser Botenstoff, der in den Zellkörpern der Nervenzellen im Hypothalamus selbst produziert wird, sorgt unter anderem dafür, dass dein Gehirn wach bleibt. Orexin weckt andere Wachheitsförderer wie Acetylcholin und Noradrenalin auf, die die elektrische Aktivität im Gehirn verstärken und dich aufmerksam machen. Orexin ist also wie der Abteilungsleiter, der die Teams von Elektrikern (Acetylcholin) und Sicherheitsleuten (Noradrenalin) losschickt, um die Fabrik vollständig hochzufahren.

Während diese Mechanismen dich wach machen, wird gleichzeitig das Schlafsystem heruntergefahren. In erster Linie, indem die Menge an Adenosin zurückgeht. Das ist ein Neuromodulator, ein chemischer Botenstoff, der das Gehirn nicht wie ein Lichtschalter, sondern eher wie ein Dimmer regelt. Er verändert, wie stark Nervenzellen generell auf Signale reagieren. Während des Tages sammelt sich Adenosin an, um dich müde zu machen.

Der Rückgang von Adenosin gibt deinem Gehirn wiederum das Signal, dass es Zeit ist, aktiv zu werden. Der Botenstoff ist wie die Kollegin von der Nachtschicht, der du noch gerade so morgens begegnest. Sie macht jetzt Feierabend (bleibt aber im Gebäude, ganz verschwindet sie nicht), und andere übernehmen die Tagesschicht.

Wieso die Außenwelt für dein Gehirn wie ein Puzzle ist

Wenn die ersten Sonnenstrahlen auf deine Augen treffen, bringen sie Photonen mit sich. Diese Photonen sind winzige Energiepakete, die in Wellenlängen organisiert sind. Unterschiedliche Wellenlängen bestimmen die Farbe des Lichts – beispielsweise kurzwelliges blaues Licht oder langwelliges rotes Licht. Das Licht durchquert zuerst die Hornhaut und die Linse deines Auges. Dabei wird es gebrochen und fokussiert, sodass es auf der Netzhaut, einer lichtempfindlichen Zellschicht im hinteren Teil des Auges, auftrifft. Die Netzhaut funktioniert wie ein Film in einer alten Kamera, der das Licht aufnimmt. Das Besondere: Das Bild, das auf deiner Netzhaut entsteht, steht erst mal auf dem Kopf. Dein Gehirn dreht das Bild erst später um.

Die Netzhaut enthält zwei Haupttypen von lichtempfindlichen Zellen beziehungsweise Fotorezeptoren. Der erste Typ sind sogenannte Stäbchenzellen. Sie reagieren auf die Lichtintensität und helfen dir, Formen und Bewegungen bei wenig Licht zu sehen. Sie sind aber farbenblind. Gut also, dass es noch die sogenannten Zapfenzellen gibt. Sie sind für Farben verantwortlich und arbeiten am besten bei Tageslicht. Wenn Lichtwellen auf diese Fotorezeptoren treffen, lösen sie eine chemische Reaktion aus. Erst wird ein lichtempfindliches Protein aktiviert: In den Stäbchenzellen ist das Rhodopsin, bei den Zapfen je nach

Typ eines von drei Photopsinen – für kurzwelliges, mittelwelliges oder langwelliges Licht. Dies startet eine Reihe chemischer Reaktionen, die Licht in elektrische Signale umwandeln.

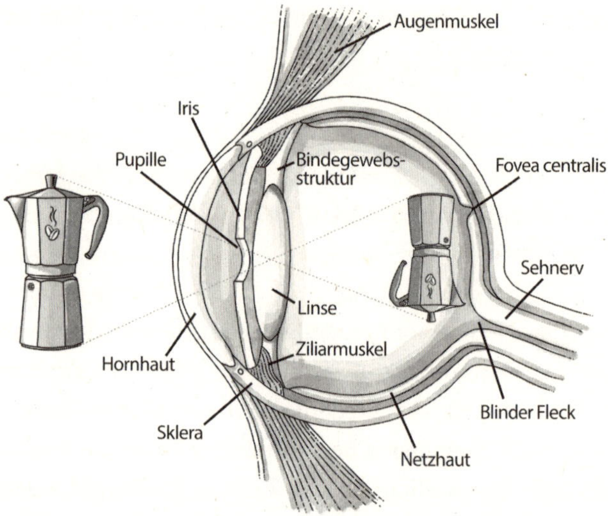

Auf der Netzhaut steht die Außenwelt erst mal auf dem Kopf. Und seitenverkehrt ist sie auch noch! Denn die Lichtstrahlen werden durch die Linse des Auges gebrochen und dabei seitenverkehrt auf die Linse projiziert – wie bei einer Lochkamera.

Du kannst dir die Fotorezeptoren wie biologische Solarzellen vorstellen, die aus Licht elektrochemische Signale machen. Die Signale von den Fotorezeptoren werden an nachgeschaltete Nervenzellen, die sogenannten Bipolarzellen und anschließend an die Ganglienzellen, weitergeleitet. Diese bündeln die Informationen und bereiten die Signale zu Kontrasten, Farben oder Bewegungen für die Weiterleitung ans Gehirn vor. Je nachdem, welche Ganglienzellen aktiviert werden, kann das Gehirn daraus schließen, welche Farbe die Gardinen haben, auf die dein erster Blick des Morgens fällt.

Das elektrische Signal erreicht vom Auge aus deinen Thalamus, ein Areal ziemlich genau in der Mitte des Gehirns, über dem Hirnstamm. Der Thalamus ist so etwas wie das Postamt deines Gehirns. Er entscheidet, welche Informationen zur Verarbeitung weitergeleitet werden. Ein spezifischer Teil des Thalamus, der seitliche Kniehöcker, ist wie eine Umschaltstation, die visuelle Signale direkt an den primären visuellen Kortex weiterleitet. Falls du dich fragst, wo der ist: Einmal die Hand heben und dir gegen den Hinterkopf hauen. Ziemlich genau dort unter der Schädeldecke befindet sich der primäre visuelle Kortex. Dort angekommen wird das Signal in verschiedene Aspekte zerlegt: Der visuelle Kortex erkennt Linien, Ecken und Konturen und analysiert die Geschwindigkeit und die Richtung sich bewegender Objekte. Er zerlegt diese Informationen in weiteren Arealen und setzt sie dann zu einem zusammenhängenden Bild zusammen. Dein Gehirn ist an dieser Stelle ein echter Puzzlemeister, der die einzelnen Teile des Bildes zusammenfügt, um die Szene vor dir zu erklären. Das alles macht es in einer rasenden Geschwindigkeit, du bekommst nicht mal mit, dass dein Gehirn die einzelnen Aspekte der Szenerie vor dir zusammenbauen muss.

Warum du deiner Wahrnehmung nicht trauen solltest

Du hast eben schon gesehen, dass dein Gehirn dir im Schlaf ganz schöne Streiche spielen kann. Du siehst Dinge, die nicht real sind, kannst fliegen, vermischst Zeit und Orte miteinander. Ein richtiges Chaos. Gut, dass du dich, sobald du wach bist, auf dein Gehirn verlassen kannst. Die Traumwelt und die Realität unterscheiden sich schließlich. Was du siehst, hörst, fühlst, ist real und wahr – oder?

Ich könnte jetzt so tun, als wäre das die ganze Wahrheit. Als würden die Wellenlängen in elektrisch-chemische Signale umgewandelt, die Signale weitergeleitet, die Objekte und Menschen erkannt, und schon nehmen wir die Welt so wahr, wie sie ist.

Juhu! Wir sehen, was ist. Wir sagen, was ist. Das stimmt aber nicht. Denn aus den Signalen, die im Gehirn ankommen, entsteht keine objektive Wahrheit. Das Gehirn interpretiert die Signale. Und dabei kann eine ganze Menge schiefgehen.

Schau dir dafür folgendes Bild mal an. Es basiert auf der sogenannten Schachbrettillusion des amerikanischen Wissenschaftlers Edward H. Adelson. Achte mal auf die Felder A und B:

Feld A ist deutlich dunkler als Feld B, oder? Nun, sie haben exakt die gleiche Farbe. Wenn du jetzt noch mal auf das Bild schaust, wirst du denken: niemals! Feld A ist viel dunkler als Feld B! Wenn man die beiden Felder aber losgelöst von ihrer direkten Umgebung betrachtet, sieht man das auch. Zu diesem Zweck habe ich eine kleine Schablone über das Bild gelegt.

Ich habe die Farben auf dem zweiten Bild nicht verändert. Sogar wenn man die Illusion aufgedeckt hat, bleibt man von der optischen Täuschung nicht verschont. Wenn du wieder auf das erste Bild schaust, sehen die Grautöne der Felder wieder verschieden aus. Aber sie haben wirklich den gleichen Ton. Es ist zum Verrücktwerden. Wenn dein Gehirn schmerzempfindlich wäre, würde es jetzt wehtun.

Solche optischen Verzerrungen haben auch mit unseren Erinnerungen zu tun. Wir haben abgespeichert, dass Gegenstände Schatten werfen. Deshalb kommt uns das Grau von Feld B auf der Tischdecke auch heller vor als das Grau von Feld A – es liegt im Schatten der Vase und unser Gehirn gleicht die Lichtverhältnisse automatisch aus. Die Signale, die ihren Weg ins Gehirn finden, sind eigentlich gleich. Aber unser Gehirn interpretiert sie wegen der Umstände anders. Illusionen und unterschiedliche Interpretationen wie diese zeigen etwas Wichtiges: Wie wir die Außenwelt wahrnehmen, hat weniger mit unserer Außenwelt zu tun als damit, was in unserem Gehirn passiert.

Das kann zu richtigen Streits führen. Vielleicht erinnerst du dich noch an das berühmte blau-weiße Kleid (auch bekannt als #TheDress), das im Februar 2015 viral ging. Es wurde innerhalb weniger Stunden zu einer globalen optischen Illusion, die das Internet spaltete: Ist das Kleid blau-schwarz oder weiß-gold? Das Phänomen ist eine Farbwahrnehmungstäuschung, ausgelöst durch unklare Lichtverhältnisse auf dem Foto. Die Gehirne derjenigen, die das Bild betrachteten, mussten entscheiden, ob sie das Kleid als im Schatten oder als im direkten Licht hängend interpretieren. Wer glaubte, das Kleid sei im Schatten, kompensierte das blaue Licht und sah es weiß-gold. Wer dachte, es sei direkt beleuchtet, kompensierte warmes Licht und sah es blau-schwarz. Wer das Kleid anschaute, war sich enorm sicher (man konnte es doch schließlich *sehen*), welche Farbe es hatte. Die beiden Seiten hatten oftmals nur wenig Verständnis füreinander.

Ich finde das auf der einen Seite erschreckend: Wir verlassen uns jeden Tag, dass wir darauf vertrauen können, was wir sehen und hören. Andererseits nimmt die Erkenntnis, dass wir unsere Welt immer nur interpretiert wahrnehmen, das Feuer aus hitzigen Diskussionen. Wenn wir schon bei Farben dieselben Wellenlängen unterschiedlich wahrnehmen, wie soll es dann erst sein, wenn wir uns im Freundeskreis über Migrationspolitik streiten, wenn wir durch unsere Mimik und Gestik miteinander kommunizieren oder wenn wir Studien und Statistiken lesen müssen? Eben. Im Grunde geht es uns in vielen gesellschaftlichen Streits wie mit dem Kleid: Wir interpretieren dieselbe Welt, dieselben Daten, dieselben Wellenlängen komplett unterschiedlich.

Der Kontext ist aber nicht nur beim Sehen wichtig. Eigentlich interpretieren wir alle Informationen, die im Gehirn landen, je nach Zusammenhang unterschiedlich. Und das kann durchaus folgenreich sein. Lies dir mal kurz den folgenden Absatz durch.

In ihm steckt nämlich eine der mächtigsten Lektionen, die es über die Macht vom Kontext gibt, diesmal am Beispiel von Sprache:

> »Die Kriminalitätsbestie verwüstet zunehmend die Stadt Addison. Die Kriminalitätsrate der einst friedvollen Stadt ist über die letzten Jahre stetig gestiegen. Heute gibt es Kriminalität in allen Wohngegenden. Im Jahr 2004 wurden noch 46.177 Verbrechen gemeldet, im Jahr 2007 waren es bereits 55.000. Der Anstieg von Gewaltverbrechen ist besonders beunruhigend. Im Jahr 2004 gab es 330 Morde in der Stadt, im Jahr 2007 waren es über 500.«

Die arme Stadt Addison. Jetzt habe ich zwei Fragen an dich: Was muss die Stadt Addison deiner Meinung nach tun, um die Kriminalität zu verringern? Und welcher Teil des Berichts oben hat deine Entscheidung, was Addison tun sollte, am meisten beeinflusst? 485 US-amerikanischen Studierenden wurden in einem Experiment diese Fragen gestellt. Der Hälfte wurde zuvor allerdings ein anderer Text vorgelegt. Kein grundlegend anderer. Eigentlich wurde nur ein Wort ausgetauscht. Statt um eine »Kriminalitätsbestie« ging es im Text der anderen Hälfte um ein »Kriminalitätsvirus«. Die Antworten auf die beiden anschließenden Fragen unterschieden sich allerdings sehr, und zwar abhängig davon, welche Metapher im Text für Kriminalität benutzt wurde. Während die Virus-Gruppe vor allem auf Prävention und soziale Reformen setzen wollte, entschied sich die Raubtier-Gruppe meistens für härteren Vollzug, bessere Polizeiarbeit und neue Gefängnisse. Und damit nicht genug. Als die Forschenden die Versuchspersonen fragten, warum sie sich so entschieden hätten, antworteten fast alle: natürlich wegen der Statistiken im Text! Die Statistiken waren in beiden Texten allerdings gleich. Nur drei Prozent der Teilnehmenden verwiesen auf die benutzte Metapher als Einfluss auf ihre Entscheidung.

Was war da los? Das Experiment wurde durchgeführt von zwei Psycholog:innen an der University of Stanford: Paul H. Thibodeau und Lera Boroditsky. Beide forschen seit Jahren dazu, wie Sprache unser Denken und unsere Entscheidungsfindung beeinflusst. Vor allem dazu, welche Rolle Metaphern dabei spielen. Ich habe meine Bachelorarbeit zu diesem Thema geschrieben und mir dabei die Sprachbilder der AfD angeschaut. Du kennst sie: »Flüchtlingswellen«, »Schmarotzer«, »Parasiten«. Wenn wir Menschen, die in größter Not zu uns kommen, als Parasiten bezeichnen, überträgt unser Gehirn die Eigenschaften, die wir Parasiten zuschreiben, auf diese Menschen. Parasiten schädigen ihren Wirt durch Energieraub, sie leben auf Kosten des Wirts, manipulieren ihn. Die AfD wollte von Anfang an, dass wir glauben, all das würde auf Geflüchtete zutreffen. Die Recherche für die Bachelorarbeit war widerlich, denn sie zeigte, dass die AfD ihre Sprache bewusst gegen Menschengruppen einsetzt, während die anderen Parteien nur ratlos danebenstehen und ab und zu ihren Unmut kundtun. Durch diese Arbeit habe ich gelernt, wie mächtig Sprache ist.

Thibodeau und Boroditsky erklären die Ergebnisse ihrer oben erwähnten Studie so: Bestien sind wilde Tiere, vor denen wir uns fürchten, sie greifen uns an, sind bösartig und müssen gestoppt werden, sonst ist unser Leben in Gefahr. Mit Bestien geht man nicht vorsichtig um. Da hilft nur hartes Durchgreifen. Wenn Kriminalität als Bestie beschrieben wird, werden all die Vorstellungen in unserem Gehirn aktiviert, die wir mit Bestien verbinden. Und weil diese Vorstellungen aktiviert sind, übertragen wir sie auf das Kriminalitätsproblem in Addison. Wir fordern härteren Vollzug und neue Gefängnisse. Wir müssen der Bestie standhalten!

Viren hingegen aktivieren andere Vorstellungen in unserem Kopf. Wichtig: Die Studie wurde Jahre vor der Corona-Pandemie durchgeführt. Viren sind ein Gesundheitsproblem, Viren rennen nicht bösartig auf uns zu und wollen uns auch nicht zerfleischen. Entsprechend anders denken diejenigen, die das

Kriminalitätsvirus bekämpfen wollen, auch über die passenden Maßnahmen: Prävention und soziale Arbeit scheinen ihnen die Mittel der Wahl zu sein.

Unsere Wahrnehmung ist also nicht nur verzerrt, wenn es um optische Illusionen geht – sie ist praktisch *immer* verzehrt. Die Art und Weise, wie wir etwas wahrnehmen, hängt maßgeblich vom Kontext ab. Nicht nur von dem der Außenwelt, sondern vor allem auch von unserem eigenen Kontext: unseren Erfahrungen und Erinnerungen, unseren Ängsten, Wünschen und Träumen. Noch mal, weil es wichtig ist: Wie wir die Welt wahrnehmen, hat weniger mit der Welt da draußen zu tun als mit dem, was in unserem Gehirn passiert. Wenn du das weißt, bist du bestens gewappnet dafür, dich der Welt außerhalb deines Bettes zu widmen. Und genau das wirst du jetzt tun.

Macht Kaffee abhängig?

Nachdem dir die ersten Sonnenstrahlen aus dem Bett geholfen haben, stehst du auf. Du reckst deine Arme und schüttelst die Nacht aus deinem Körper. Du ziehst dir eine Jogginghose an, einen warmen Pulli und schlurfst aus dem Schlafzimmer. Wohin trägst du deinen müden Körper morgens als Erstes? Wahrscheinlich auf die Toilette. Wenn es dir aber wie Millionen von Menschen in Deutschland und Milliarden Menschen auf der ganzen Welt geht, läufst du danach Richtung Küche zur Kaffeemaschine, zur French Press oder zum Espressokocher. Mehr als 100.000 Tonnen Koffein werden jedes Jahr auf der Welt konsumiert. Laut einem Video der Wissenschaftsplattform TED entspricht das dem Gewicht von vierzehn Eiffeltürmen. Wer auch immer mit dieser Größenangabe etwas anfangen kann. Wir nehmen Koffein größtenteils in Kaffee und Tee zu uns, es steckt aber auch in Limonaden, Schokolade und Medikamenten wie Paracetamol oder Grippostad. Koffein macht uns wacher, lebhafter und fokussierter. Das ist besonders hilfreich, wenn man gerade um 6.30 Uhr aufstehen musste. Der Kaffee am Morgen (und am Nachmittag) kann aber auch unseren Blutdruck erhöhen, uns unruhig machen und rastlos. Das kann sich unangenehm anfühlen.

Manchmal erwische ich mich bei dem Wunsch, komplett auf Kaffee zu verzichten. Ausprobiert habe ich das noch nie, alle paar Monate lasse ich ihn höchstens krankheitsbedingt mal weg. Aber sobald ich wieder schmecken kann, überkommt mich morgens der Appetit auf eine heiße Tasse Kaffee. Kein Wunder, Kaffee ist die weltweit am meisten konsumierte Droge. Ja: Droge. Denn Koffein beeinflusst unser zentrales Nervensystem. Fast drei Viertel der Menschen in Deutschland trinken regelmäßig Kaffee, die Hälfte von ihnen jeden Tag. Dazu kommen Schwarz- und Grünteeliebhaber und diejenigen, die das, wonach Energydrinks schmecken, für so etwas wie lecker halten. Unsere Gesellschaft ist koffeiniert, durch und durch.

Wer aufhört, Kaffee zu trinken, spürt das sofort. Das weiß man unter anderem dank der Arbeit des US-amerikanischen Psychopharmakologen Roland Griffiths, der an der Johns Hopkins University School of Medicine Neurowissenschaften, Psychiatrie und Verhaltenswissenschaften lehrte. In einer seiner bekanntesten Übersichtsarbeiten wertete er gemeinsam mit der Neurologin Laura Juliano von der American University in Washington siebenundfünfzig Studien zum Kaffeekonsum und -entzug aus. Bei Übersichtsarbeiten führen die Forschenden nicht selbst ein Experiment durch, sondern schauen sich die besten Experimente an, die zu einer bestimmten Forschungsfrage gemacht wurden, um allgemeine Aussagen treffen zu können. Wenn sie die Ergebnisse aus verschiedenen Studien dann auch noch statistisch zusammenführen und neu auswerten, spricht man von einer »Metaanalyse«. Davon werden dir noch einige im Buch begegnen.

Griffiths und Juliano fanden in ihrer Übersichtsarbeit unter anderem heraus, dass Entzugserscheinungen auch bei denen auftreten können, die gar nicht so viel Koffein zu sich nehmen. Schon wer eine halbe Tasse Kaffee täglich trinkt, kann demnach unter Kopfschmerzen, Müdigkeit, und Konzentrationsschwierigkeiten leiden, wenn er oder sie komplett damit aufhört. Ein weiteres mögliches Symptom: dysphorische Stimmung, was nichts anderes bedeutet, als dass man enorm schlecht drauf ist. Auch dank Roland Griffiths wurde die Diagnose Koffeinentzug mittlerweile in den offiziellen Leitfaden für psychische Störungen in den USA aufgenommen.

Macht Kaffee also abhängig? Je nachdem, wie man Abhängigkeit definiert. Ein wichtiges Argument dagegen: Koffein aktiviert nicht das Belohnungssystem im Gehirn. Das sorgt bei süchtig machenden Substanzen dafür, dass wir irgendwann nicht aufhören können, sie zu konsumieren. Alkohol zum Beispiel, dazu kommen wir aber später, beim Feierabendbier. Bevor du panisch den Kaffee aus deinem Mund spuckst, eine gute Nachricht: Du musst dich nicht schlecht fühlen, wenn du ständig Kaffee trinkst. Es gibt keine wissenschaftlichen Beweise dafür, dass Kaffee oder Koffein in normalen Dosen Menschen schaden. Meine Kollegin Theresa Bäuerlein, die wie ich beim Onlinemagazin *Krautreporter* arbeitet, hat mal versucht, komplett auf Kaffee zu verzichten. Sie schreibt: »Koffein macht nicht in der gleichen Weise abhängig oder ist auch nur annähernd so zerstörerisch wie Alkohol oder Nikotin. Man muss als gesunder Mensch mehrere Hundert Tassen Espresso trinken, damit Koffein gefährlich wird. Macht kein Mensch.« Stimmt.

Wie Kaffee dich wach macht

Wie eben schon beschrieben, hat unser Gefühl, wie wach oder müde wir sind, maßgeblich mit einem chemischen Stoff namens Adenosin zu tun. Wenn dein Körper Energie braucht – und das tut er ständig –, greift er auf ein Molekül zurück, das so etwas wie die Universalwährung des Lebens ist: ATP, Adenosintriphosphat. Jedes Mal, wenn du dich bewegst, denkst oder nur atmest, wird ATP in deinen Zellen gespalten. Dabei entsteht unter anderem Adenosin.

Im Laufe des Tages reichert sich Adenosin im Gehirn an, vor allem im sogenannten basalen Vorderhirn, einem Bereich, der eng mit der Schlafregulation verknüpft ist. Je länger du wach bleibst, desto mehr Adenosin sammelt sich dort an. Das Molekül wirkt wie ein biochemisches Bremspedal: Es dockt an spezifische Rezeptoren der Nervenzellen an und verlangsamt deren Aktivität. Die Folge? Du wirst langsam träge und unkonzentriert: müde eben.

Erst wenn du schläfst (und vor allem im Tiefschlaf), baut dein Gehirn Adenosin ab und entlastet die neuronalen Systeme wieder. Und sobald du aufwachst, startet der Kreislauf von vorn: ATP wird gespalten, Adenosin fällt an, die Schlafschuld wächst wieder an.

Jetzt kommt der Kaffee-Clou: Das Koffein in deinem Kaffee ist in seiner Struktur dem Adenosin sehr ähnlich. Du trinkst den Kaffee, das Koffein gelangt in deinen Blutkreislauf und dann ins Gehirn. Weil es dem Adenosin so ähnlich ist, kann es sich dort ebenfalls auf die Rezeptoren setzen, auf die sich eigentlich Adenosin setzen würde. Weggegangen, Platz vergangen. Adenosin kann sich nicht mehr an diese Rezeptoren andocken, was bedeutet, dass seine beruhigende und müde machende Wirkung vermindert wird. Ein wichtiger Unterschied ist, dass Koffein nicht die komplett gleiche biochemische Kettenreaktion auslöst, die Adenosin gerne in Gang setzen würde. Du wirst also nicht immer müder. Koffein macht dich nicht direkt wacher, aber es erzeugt den Eindruck von Wachheit, indem es einen zentralen Bremseffekt im Gehirn blockiert.

Außer du hörst plötzlich damit auf, Kaffee zu trinken. Das kann, wie Roland Griffiths gezeigt hat, zu Entzugserscheinungen führen. Wenn du jeden Tag Kaffee trinkst und die Adenosin-Rezeptoren ständig besetzt sind, passt sich dein Gehirn nämlich an und bildet neue Rezeptoren. So kann Adenosin, auch wenn du Koffein zu dir nimmst, weiterhin seine Aufgabe erfüllen und dich im Laufe des Tages müde machen. Das heißt auch: Um den gleichen Effekt zu erzielen, brauchst du irgendwann mehr Koffein. Da reicht nicht mehr eine kleine Tasse am Morgen, plötzlich trinkst du vier große Becher bereits im Laufe des Vormittags. (Grüße an meinen Vater, der so als Schulleiter durch den Alltag koffeinierte.)

Koffein wirkt sich aber nicht nur auf den Adenosin-Spiegel aus. Es stimuliert auch die Produktion von Adrenalin. Davon hast du sicher schon mal gehört, das »Kampf-oder-Flucht-Hormon«, das deinen ganzen Körper kribbeln lässt, kurz bevor du in eine Achterbahn steigst. Adrenalin erhöht deine Herzfrequenz, deinen Blutdruck und öffnet deine Atemwege. Und nicht nur das. In einigen Nervenzellen sind die Adenosin-Rezeptoren mit den Rezeptoren des Moleküls Dopamin verbunden. Kennst du sicherlich auch. Lange wurde Dopamin als Glückshormon bezeichnet. Mittlerweile weiß man, dass es Dopamin eher darum geht, uns zu signalisieren, dass wir mehr von etwas Bestimmtem haben sollten. Zum Beispiel mehr Eiscreme. Oder mehr Küsse von dieser einen Person (zu beidem später mehr). Wenn Adenosin nun an einem dieser doppelten Rezeptoren andockt, erschwert es dem Dopamin, sich an seinem eigenen Platz niederzulassen. Wie auf einem Doppelsitz im Bus, wenn sich ein Mann mal wieder so breitbeinig hinsetzt, dass du leider stehen musst. Das macht es Dopamin unmöglich, deine Stimmung zu heben. Wenn Koffein aber den Platz von Adenosin einnimmt, wird Dopamin nicht verdrängt. Koffein setzt sich ohne die breiten Beine höflich auf seine Hälfte des Doppelsitzes, und Dopamin pflanzt sich genüsslich daneben. Das wirkt sich positiv auf deine Stimmung aus. Im Gehirn wie im Bus.

Tatsächlich gibt es eine Dosis, ab der Koffein tödlich ist. Die vier Becher pro Vormittag von meinem Vater reichen da aber noch lange nicht. Die tödliche Dosis liegt bei etwa 150 mg Koffein pro Kilogramm Körpergewicht. Wenn du also zum Beispiel siebzig Kilogramm wiegst, bräuchtest du hochgerechnet 14.000 mg Koffein, um eine Überdosis zu erleiden und hopszugehen. Wie viele Tassen das sind? Eine starke Tasse Kaffee enthält etwa 150 mg Koffein. Das heißt, eine Tasse pro Kilogramm Gewicht wäre eine gefährliche Schwelle. Um im Beispiel zu bleiben: Das wären siebzig Tassen. Mit der entscheidenden Einschränkung, dass du die Tassen alle auf einmal trinken müsstest, was sehr unrealistisch ist. Dein Magen kann so viel Flüssigkeit auf einmal gar nicht aufnehmen. Wahrscheinlich würdest du dich noch beim Trinken übergeben. Man kann Koffein allerdings auch in Tablettenform zu sich nehmen. Wenn man davon zu viele schluckt, kann es deutlich schneller zu einer Überdosis kommen.

Koffein hat übrigens eine Halbwertszeit von etwa sechs Stunden. Wenn du also eine Tasse Kaffee mit etwa 150 mg Koffein trinkst, sind nach sechs Stunden nur noch 75 mg Koffein in deinem Körper, der Effekt halbiert sich. Weitere sechs Stunden später sind es nur noch 37,5 mg. Das merkst du natürlich, greifst nach einer weiteren Tasse, und der Spaß geht wieder von vorne los. Das heißt aber auch, dass Adenosin noch später wieder mit voller Kraft einsteigen kann, um dich müde zu machen. Je später am Tag du den Kaffee oder Energydrink trinkst, desto später wirst du auch müde. Das wusstest du natürlich schon – aber jetzt weißt du auch, warum das so ist.

8:00 UHR

DEIN GEHIRN WILL FRÜHSTÜCKEN – ABER WAS?

Woher weiß dein Gehirn, dass du hungrig bist?

Der erste Kaffee des Morgens hat sich gut angefühlt, der Tag ist bisher freundlich zu dir. Aber nun knurrt dein Magen. Bevor du zur Arbeit gehst, musst du noch frühstücken. Aber was? Ich selbst habe schon alle möglichen Frühstücksroutinen durchprobiert. Als Kind startete ich mit einem Toast in den Tag, meistens mit Nutella oder Käse. Später wechselte ich zu Schwarzbrot und ließ Nutella weg. Dann las ich irgendwo, dass es nicht gesund sei, so viel Brot zu essen. Man bekäme davon eine Weizenwampe, hieß es, und, oh mein Gott, ich wollte auf keinen Fall eine Weizenwampe haben. Das in Weizen und verwandten Getreidesorten enthaltene Gluten solle man sowieso nur in Maßen genießen, las ich.

Während des Studiums war Hafer dann voll im Trend. Ich machte mir morgens Haferbrei mit Hafermilch, schnitt mir Äpfel hinein und mischte Zimt und ein paar Nüsse hinzu. An dieses

Frühstück hielt ich mich jahrelang. Bis ich das Buch *Der Glukose-Trick* der französischen Biochemikerin Jessie Inchauspé las. Vielleicht bist du auf Instagram schon mal über sie gestolpert, ihr Account *glucosegoddess* hat dort über fünf Millionen Follower. Sie sagt: Unser Essverhalten sorge dafür, dass unser Blutzuckerspiegel ständig schlagartig ansteigt. Das sei ungesund, drücke auf die Stimmung, mache uns dicker und sorge vor allem dafür, dass wir noch mehr Appetit hätten und deshalb oftmals mehr äßen, als wir eigentlich müssten. Und die schlechte Nachricht für mich: Viel heftiger als mit Haferflocken und Hafermilch könne man seinen Blutzuckerspiegel morgens gar nicht in die Höhe treiben. Denn, ja, Haferbrei (oder Porridge) ist lecker, warm, gesund – aber auch ein echter Kohlenhydratlieferant. Sobald ich meinen Haferbrei gegessen hatte, passierte deshalb Folgendes: Die Stärke im Hafer wurde von Enzymen in Glukose zerlegt. Diese Glukose wanderte dann in mein Blut, was meinen Blutzuckerspiegel ansteigen ließ. Hafermilch enthält ebenfalls Kohlenhydrate (meist in Form von zugesetztem Zucker oder natürlicher Stärke aus Hafer). Selbst ungesüßte Hafermilch bringt eine Portion Zucker mit, und der summiert sich mit dem Zucker aus dem Haferbrei. Der schnelle Anstieg und darauffolgende Abfall meines Blutzuckers führten dazu, dass ich mich eine Stunde später schlapp, hungrig und unkonzentriert fühlte.

Uff. Seitdem esse ich morgens Paprika, Gurke und Karotten mit Hummus. Klingt trostlos, aber erstaunlicherweise schmeckt es mir sehr gut, und mir geht es dadurch sogar besser. Mein Magen fühlt sich nicht so voll an, ich habe mehr Energie und mittags keinen Heißhunger mehr, der mich zur nächsten Dönerbude treibt. Dieses Buch ist kein Ernährungsratgeber (und ich sowieso nicht). Aber wie du merkst, beschäftige ich mich immer wieder damit, was ich esse und wie viel. Seit circa sechs Jahren wiege ich immer ein bisschen mehr, als ich eigentlich will. Das nervt.

Niemand will zu viel essen. Und schon gar nicht will man sich jahrelang überessen und am Ende ein hohes Risiko für Diabetes oder Herzkrankheiten haben. Laut Robert-Koch-Institut sind nach Selbstangaben in Deutschland 47 Prozent der Frauen und 61 Prozent der Männer von Übergewicht betroffen. Neunzehn Prozent der Erwachsenen weisen eine Adipositas auf, eine chronische Krankheit, die definiert ist als eine über das Normalmaß hinausgehende Vermehrung des Körperfetts. Die Zahl der Menschen mit Übergewicht soll sich seit 1980 in 73 Ländern mehr als verdoppelt haben. Besonders die Menschen in der westlichen Welt wiegen immer mehr. In der Ernährungswissenschaft spricht man sogar von einer Epidemie. Wichtig dabei: Derzeit wird die Grenze zwischen »ein paar Kilos mehr« und Adipositas mithilfe des Body-Mass-Index (BMI) gezogen – mit einem Maß, das das Körpergewicht in Relation zur Körpergröße setzt. Daran gibt es aber immer wieder Kritik, denn wie gesund oder krank jemand ist, gibt der BMI nicht an. Medizinerinnen und Mediziner haben deshalb vorgeschlagen, neben dem BMI auch Daten zum Körperfett (wie den Taillenumfang) oder direkte Fettmessungen einzubeziehen. Weil diese Berechnungen umstritten – und übrigens auch kulturell geprägt – sind, finde ich aus Sicht der Hirnforschung eine andere Perspektive viel spannender. Nicht etwa die Frage, ob jemand über oder unterhalb einer BMI-Grenze liegt, sondern ob jemand mehr oder weniger wiegt, als er oder sie gerne würde.

Okay, denkst du jetzt vielleicht, aber was hat das alles mit meinem Gehirn zu tun? Viel mehr, als ich lange dachte. In einem Dänemark-Urlaub habe ich nichts ahnend das Buch *The Hungry Brain* des US-amerikanischen Neurowissenschaftlers Stephan J. Guyenet gelesen. Er sagt: Unser Appetit und unsere Entscheidungen, was wir essen, werden von uralten, instinktiven Gehirnschaltkreisen in die Irre geführt, die den Regeln eines Überlebensspiels folgen, das nicht mehr existiert. Liegt der Ursprung für die Übergewichtsepidemie also etwa im Gehirn? Ich begann, mich damit zu beschäftigen, welche Rolle das Gehirn eigentlich dabei spielt, wenn wir uns ungesund ernähren – oder gesund.

Warum stehen wir so sehr auf Zucker und Fett? Warum haben wir manchmal große Lust auf einen Burger oder eine Pizza, aber selten genauso viel Appetit auf Brokkoli oder Kichererbsen?

Den uralten Schaltkreisen im Gehirn sei es egal, wie man im nächsten Sommer im Badeanzug oder in der Badehose aussehe, schreibt Guyenet. Ihnen gehe es darum, unser Überleben zu sichern. Das Problem (nur mit Blick auf diese Instinkte): Unser Leben muss heutzutage gar nicht mehr so oft gesichert werden. Das Gute: Wenn du die Instinkte kennst, kannst du sie auch an dir selbst beobachten. Und so, falls du willst, ganz bewusst dein Essverhalten anpassen. Schauen wir uns also kurz genauer an, wo das Gehirn beim Essen überall involviert ist.

Fangen wir damit an: Woher weiß dein Gehirn, dass du hungrig bist? Diese Frage kann man natürlich auch andersherum stellen: Woher weiß dein Gehirn, dass du satt bist? Die Antwort ist erst simpel, dann wird sie komplexer.

Wenn wir etwas essen, dehnt sich unser Magen aus. Um den Magen herum befinden sich Nervenzellen, und wenn sich der Magen ausdehnt, bekommen diese Nervenzellen das mit. Jetzt müssen sie nur noch dem Gehirn Bescheid sagen. Und das tun sie über den Vagusnerv, einen der längsten Nerven im menschlichen Körper. Er verläuft vom Hirnstamm aus durch den Hals und Brustkorb bis tief in den Bauchraum hinein und sorgt so für eine effektive Kommunikation zwischen Gehirn und Organen wie Herz, Leber und Lunge. Über den Vagusnerv erreichen die Signale aus dem Magen den Hirnstamm. Du erinnerst dich: Das ist der Teil des Gehirns, der sicherstellt, dass die wichtigsten Funktionen wie Atmung und Herzschlag laufen, auch wenn du nicht drüber nachdenkst. Der Hirnstamm signalisiert wiederum anderen Regionen im Gehirn: Es reicht jetzt, das war genug Essen! Und wir spüren keinen Hunger mehr.

Das ist aber nur die halbe Wahrheit. Wenn wir Wasser trinken, dehnt sich unser Magen schließlich auch aus, aber langfristig satt macht uns das sicher nicht. Entscheidend ist nicht nur, wie viel wir im Magen haben, sondern auch, was. Und da wird es komplexer. Wenn unser Magen die Nahrung verarbeitet, gibt er sie nach und nach in den Dünndarm ab. Hier erkennen spezialisierte Zellen in der Darmschleimhaut den Nährstoffgehalt der Nahrung, zum Beispiel den Anteil an Kohlenhydraten, Fett und Eiweiß. Diese Nährstoffsignale werden ebenfalls ans Gehirn weitergeleitet, wieder an den Hirnstamm. Die Signale transportieren nicht nur Informationen über die Menge, sondern auch über die Qualität von dem, was du gerade gegessen hast. Das dauert allerdings ein paar Minuten. Wenn du sehr schnell isst, schaffst du es möglicherweise, große Mengen Nahrung aufzunehmen, bevor diese Signale richtig greifen.

Dein Körper meldet dann erst Sättigung, wenn du längst zu viel gegessen hast. Wenn du langsamer isst, kommen die ersten Sättigungshormone während der Mahlzeit an und können schon früh Einfluss nehmen: Dein Essverhalten wird sanfter gebremst, bevor du dich überisst.

Jahrzehntelang galt der Hypothalamus als das zentrale Steuerungszentrum für Hunger und Sättigung – und das zu Recht. Heute weiß man: Er spielt eine Schlüsselrolle, aber ist nicht allein. Inzwischen rückt auch immer mehr der Hirnstamm in den Fokus, genauer gesagt der *Nucleus tractus solitarii* (NTS). Er ist verbunden mit dem Vagusnerv, dem langen Nerv, der entlang vieler Organe verläuft und so unter anderem Informationen aus dem Verdauungssystem ans Gehirn weiterleiten kann. Zum Beispiel darüber, wie stark der Magen gedehnt ist oder welche Nährstoffe ankommen. Diese Infos leitet der NTS an höhere Hirnregionen wie den Hypothalamus weiter. Erst das Zusammenspiel dieser Hirnareale erzeugt das Gefühl von Sättigung – und das komplett unterbewusst. Was bei dir ankommt, ist schlicht: »Ich bin satt« (oder eben: »Ich habe noch Hunger«). Und wenn die Nährstoffsignale ausbleiben oder zu schwach sind, heißt es: Nachschub!

Harvey Grill, ein Neurowissenschaftler an der University of Pennsylvania, untersucht den Hirnstamm seit über vierzig Jahren. Er hat es schon 1978 geschafft, die Gehirne von Ratten so zu manipulieren, dass praktisch alle Hirnregionen vorübergehend ausgeschaltet waren. Also: alle, bis auf den Hirnstamm. Dieser war weiterhin aktiv. So konnte Grill herausfinden, wofür der Hirnstamm zuständig ist. Der Forscher führte mit diesen Ratten Experimente durch. Und fand heraus: Was Essen angeht, verhalten sich die Ratten völlig normal. Grill und sein Kollege Ralph Norgren beobachteten, dass die Ratten trotz des Verlustes höherer Hirnstrukturen noch fähig waren, Lebensmittel, die ihnen schmeckten, weiter zu essen und Lebensmittel, die sie nicht mochten, liegen zu lassen. Die Forscher testeten auch, ob die Ratten auf Sättigungssignale reagierten, indem sie wiederholte Nahrungsgaben mit Geschmacksstoffen durchführten. Und tatsächlich: Sie hörten bei Mahlzeiten auf zu essen, wenn sie satt waren. Und sie waren weniger hungrig, wenn sie schon einen Snack bekommen hatten.

Wie hungrig du bist und wie schnell du satt bist, hat einen großen Einfluss darauf, wie viel du isst und damit auf deine Gesamtkalorienaufnahme und darauf, ob du im Laufe der Zeit Kilos zulegst oder nicht. Dies hängt zum Teil davon ab, ob und wie der Hirnstamm im Zusammenspiel mit dem Hypothalamus ein Sättigungsgefühl erzeugt, damit du das Interesse am Essen verlierst. Und spätestens hier müsstest du kritisch einhaken: So richtig gut scheint das nicht zu funktionieren, wenn immer mehr Menschen immer dicker werden. Und das stimmt.

Dein Gehirn ist beim Thema Essen nämlich alles andere als neutral. Es ist nicht nur ein Beobachter deiner Nahrung. Es dirigiert deinen Speiseplan, und manchmal sabotiert er ihn auch. Und all das beginnt im Hypothalamus. Wie eben gesehen, ist er so etwas wie die Schaltzentrale für dein inneres Gleichgewicht vieler Empfindungen: Er ist involviert beim Schlaf, bei

Hunger, Durst, der Körpertemperatur, unseren Hormonen und beim Energieverbrauch. Klingt nach viel Arbeit für so ein kleines Stück Hirn. Und das ist es auch.

Innerhalb des Hypothalamus gibt es spezialisierte Zellgruppen, die auf Hormone aus deinem Körper reagieren. Dazu gehören unter anderem Leptin und Insulin. Das sind beides Hormone, die von Fettgewebe beziehungsweise der Bauchspeicheldrüse ausgeschüttet werden und deinem Gehirn sagen: Es ist genug Energie im Haus! In einem speziellen Teil des Hypothalamus, im sogenannten *Nucleus arcuatus,* trifft diese Info auf Nervenzellen, die entgegengesetzte Botschaften aussenden: Die einen hemmen Appetit, die anderen regen ihn an.

Wenn du eine Diät machst, also plötzlich deutlich weniger Kalorien zu dir nimmst, als du es normalerweise tust, sind diese Nervenzellen erst mal verwirrt. Denn mit jedem verlorenen Kilo sinkt auch dein Leptinspiegel, und dem Hypothalamus fällt auf: »Wir verlieren Reserven!« Der Energiemanager in deinem Kopf interpretiert das nicht als: »Super, du hast ein Diätziel erreicht«, sondern als Gefahr. Denn zu wenig Energie zur Verfügung zu haben ist das Letzte, was der Hypothalamus tolerieren würde. Was dann passiert, ist eine doppelte Umstellung: Erstens werden die appetitanregenden Nervenzellen im *Nucleus arcuatus* aktiver, zweitens reagiert dein Körper weniger empfindlich auf die Sättigungssignale. Das Ergebnis: Du fühlst dich schneller hungrig und beim Essen weniger schnell satt, selbst wenn du schon genug gegessen hast.

Der Hypothalamus ist aber nicht nur passiver Empfänger von Hormoninfos, sondern auch ein Rechensystem, das Kalorienzufuhr, Energiespeicher und -verbrauch gegeneinander abwägt. Und wenn du durch eine Diät signifikant an Fettmasse verloren hast, würde der Hypothalamus diesen Verlust gerne wieder ausgleichen. Notfalls mit Dauerhunger und einem Energieverbrauch, der sich schleichend nach unten schraubt. Dann kommt es genau zu dem, vor dem sich alle Menschen, die eine Diät machen, fürchten: dem Jo-Jo-Effekt. Heißt: Direkt nach der Diät nimmst du mindestens wieder so viele Kilos zu, wie du zuvor abgenommen hast.

Studien zeigen, dass bei Menschen mit Adipositas die appetitregulierenden Schaltkreise im Hypothalamus anders reagieren. Leptin ist zwar reichlich vorhanden, aber es wirkt nicht mehr so, wie es sollte – ein Phänomen, das man Leptinresistenz nennt. Trotz voller Fettdepots bleibt das Signal, dass der Energiespeicher voll ist, aus. Man bleibt hungrig und ist motiviert, weiterzuessen. Das könnte erklären, warum Menschen mit Adipositas nach einer Mahlzeit manchmal ein verringertes Sättigungsgefühl wahrnehmen: Ihr Hypothalamus reagiert nicht mehr angemessen auf die Hormonsignale.

Aber was genau läuft da eigentlich schief? Warum entscheiden wir uns so oft für den Burger oder die Pizza, wenn wir doch wissen, dass beides ungesund ist? Die Antwort hat auch damit zu tun, wie wir Entscheidungen treffen, auch unabhängig vom Essen.

Wie dein Gehirn entscheidet, was du tust

Denk mal kurz darüber nach, wie viele Entscheidungen du allein in den letzten zwei Stunden getroffen hast. Vielleicht hast du dich entschieden, einen Tee zu kochen. Aber wann genau? Warum nicht eine Minute früher oder eine Minute später? Warum genau diese Sorte und nicht etwa eine ganz andere? Warum hast du den Tee in die blaue Tasse gegossen und nicht in die rote? Warum hast du dich auf den Sessel gesetzt und nicht auf das Sofa? Warum hast du zu diesem Buch hier gegriffen und nicht zum 35. Thriller von Sebastian Fitzek, in dem am Ende alles ganz anders kommt, als man dachte. Das wäre doch sicherlich auch spannend.

Dein Gehirn ist jeden Tag, jede Stunde, jede Minute und manchmal jede Sekunde vor Entscheidungen gestellt. Dein Gehirn bekommt ständig konkurrierende Signale aus unterschiedlichen Hirnregionen: Hunger, Müdigkeit, Neugier, Angst, Lust, Langeweile. Und aus diesem Chaos muss es – am besten schnell und zuverlässig – den nächsten Schritt auswählen.

Dieses Dilemma nennt sich »Entscheidungsproblem« und ist an sich seit Jahrzehnten bekannt. Es basiert auf einer supersimplen Erkenntnis: Du kannst nicht alles gleichzeitig machen. Auch wenn wir in der heutigen Zeit oftmals so tun, als wäre das möglich. Dein Gehirn muss entscheiden, welchem Gedanken beziehungsweise welchem Impuls es folgt – und welchem nicht. In der Fachsprache nennt man das *action selection.*

Seit einigen Jahren weiß man, dass man nicht über Entscheidungen sprechen kann, ohne auch die sogenannten Basalganglien zu erwähnen: eine tief im Gehirn liegende Schaltzentrale, die wie ein interner Sicherheitsdienst funktioniert. Ihre Aufgabe? Aus den unzähligen Handlungsvorschlägen, die dein Gehirn permanent produziert, die sinnvollste Option herausfiltern und den Rest abwürgen. Früher dachte man, die Basalganglien seien vor allem für Bewegungen zuständig. Heute weiß man: Sie sind auch beim Entscheiden und Planen beteiligt. Forschende fanden heraus, dass Teile der Basalganglien sowohl als ein inneres Gaspedal als auch als eine Bremse wirken können, je nachdem, ob man lieber schnell oder lieber sicher entscheiden will. In Momenten voller Unsicherheit bleibt das Gehirn länger vorsichtig, um Fehler zu vermeiden.

Die Basalganglien sind für dieses Auswahlverfahren wie gemacht. Etwas vereinfacht trifft unser Gehirn Entscheidungen nach diesem Muster: Verschiedene Regionen flüstern den Basalganglien Vorschläge ins Ohr: »Hol dir was zu essen!«, »Bleib sitzen!«, »Du solltest dich jetzt bewegen!«. Die Basalganglien sagen zu diesen Impulsen standardmäßig immer erst mal: »Nein! Kommt gar nicht infrage!« Sie arbeiten nach dem Prinzip der Enthemmung. In ihrem Ruhezustand hemmen sie alle potenziellen motorischen Programme, die dein Körper einleiten könnte. Wenn jedoch ein bestimmtes Signal stark genug ist, wird diese Hemmung aufgehoben, sodass die entsprechende Handlung ausgeführt werden kann. Wie gesagt: Wir können ja nicht alles gleichzeitig machen. Dafür ist eine Region in den Basalganglien namens Striatum besonders wichtig. Sie ist so etwas wie die Haupteingangsstation der Basalganglien, empfängt die Vorschläge aus den vielen verschiedenen Teilen des Gehirns und wählt das Verhalten aus, das in diesem Moment den größten Nutzen verspricht.

Dieser Nutzen muss dir aber nicht immer bewusst sein. Der Neurowissenschaftler Rafal Bogacz von der University of Oxford hat herausgefunden, dass die Basalganglien dabei nach einer Art innerer Wahrscheinlichkeitsrechnung arbeiten. Wenn du zum Beispiel zwischen »Chips essen« oder »Wasser trinken« schwankst, gewichten deine Basalganglien, wie viel Sinn und Belohnung in beiden Möglichkeiten steckt. Ganz ähnlich wie bei einem statistischen Test. Das Striatum entscheidet nach einem unbewussten Erfahrungswert: Was hat in der Vergangenheit funktioniert? Was hat sich gelohnt? Je öfter sich ein Verhalten bewährt, desto stärker wird das zugehörige Signal. So entstehen Gewohnheiten. Diese Optimierungslogik erklärt auch, warum sich bestimmte Impulse trotz Stresses, Müdigkeit oder Ablenkung immer wieder durchsetzen.

Je öfter du dich für eine bestimmte Handlung entscheidest, desto wahrscheinlicher wird es, dass du sie wiederholst. Die Basalganglien speichern Handlungsmuster. Und das nicht nur als Bewegungsprogramm, sondern auch als sogenannte motivationale Routinen. Deshalb spricht man in der Psychologie auch von »Verhaltensbahnen« – einmal angelegt, sind sie wie neuronale Trampelpfade schwer wieder loszuwerden.

Je nach Situation scheint das Gehirn unterschiedliche Teile des Striatums zu benutzen. Wenn du eine neue Situation bewusst abwägst – etwa einen unbekannten Weg nach Hause –, ist der dorsomediale Teil des Striatums aktiv. Das ist der Bereich, der bei bewussten Entscheidungen mit dem präfrontalen Kortex zusammenarbeitet. Wenn du aber einfach wie immer an derselben Pizzeria abbiegst, übernimmt der dorsolaterale Teil. Der steuert gewohnheitsmäßige Abläufe.

Diese beiden Systeme, das zielgerichtete und das gewohnheitsbasierte, arbeiten parallel. Und sie konkurrieren manchmal direkt miteinander. Auch wenn du Gewicht verlieren möchtest. Dein präfrontaler Kortex weiß von deinem Plan, er hat das Ziel »abnehmen« verinnerlicht. Aber dein dorsolaterales Striatum kennt noch deine Gewohnheit: Jeden Abend nach dem Abendessen gibt es eine Handvoll Chips. Und weil diese Handlung tief im motorischen Gedächtnis verankert ist, setzt sie sich oft gegen deinen bewussten Willen durch.

All das zeigt: Der präfrontale Kortex ist keineswegs der alleinige Boss im Gehirn, wie man lange dachte. Es handelt sich eher um eine Partnerschaft: Informationen laufen vom präfrontalen Kortex zu den Basalganglien (und in andere Regionen) und wieder zurück. Ein Teil des präfrontalen Kortex hilft zum Beispiel den Basalganglien dabei, Belohnungen einzuschätzen, Erfahrungen zu vergleichen und langfristige Ziele zu berücksichtigen. Er kann sogar das Verhalten anderer Menschen simulieren, um Entscheidungen besser abzustimmen.

Dabei sind unsere Entscheidungen nicht starr. Das Gehirn passt den Entscheidungsstil an die Situation an. Manchmal brauchen wir schnelle Entscheidungen (zum Beispiel bei Gefahr), manchmal lieber sichere (zum Beispiel beim Bewerbungsgespräch). In stressigen Situationen neigt das Gehirn dazu, lieber schnell als genau zu entscheiden. Das erklärt auch, warum Menschen unter Druck oder Stress oft auf Gewohnheiten zurückfallen. Es ist schlicht effizienter, das zu tun, was man immer tut, wenn keine Zeit für komplexe Abwägungen bleibt.

Aber nicht nur die Geschwindigkeit, auch unsere Emotionen beeinflussen den Entscheidungsprozess. Regionen wie die

Amygdala und der cinguläre Kortex, die beide eine wichtige Rolle beim Erleben und Verarbeiten unserer Emotionen spielen, senden ebenfalls Signale an das Striatum. Wut, Angst, Lust – all das verändert die Gewichtung der eingehenden Handlungsvorschläge. Deine Entscheidungen sind also das Ergebnis eines komplexen Zusammenspiels aus Gewohnheiten, Zielen, Emotionen und Reizen. Oft weißt du gar nicht, warum du etwas tust, weil die Auswahl schon längst im Hintergrund und unbewusst gefallen ist. Du wirst dir der Entscheidung erst bewusst, nachdem dein Gehirn sie getroffen hat.

Zurück zum Essen: Menschen, die ihr Essverhalten ändern wollen, es aber nicht schaffen (egal, ob sie gerne zu- oder abnehmen würden), bekommen oft eine einfache Aufforderung zu hören: »Du musst einfach weniger/mehr essen!« Unbewusste Vorgänge zu verändern ist aber niemals *einfach.* Und vieles haben wir selbst nicht in der Hand. Wenn zum Beispiel in deinem Hypothalamus etwas schiefläuft, signalisiert das Gehirn eventuell zu spät, dass du satt bist. Die Regionen, die dem Striatum mitteilen, dass du hungrig bist, senden dann immer noch die stärksten Signale, und du entscheidest dich folglich dafür, noch eine Portion mehr zu essen. Aber was genau kann in so einem Hypothalamus überhaupt schieflaufen?

Wie eine kleine Hirnregion dein Sättigungsgefühl verfälschen kann

Die Hirnforschung weiß heute: Bei einigen Menschen, die mehr wiegen, als sie wollen, arbeitet der Hypothalamus nicht mehr so, wie er soll, weil das Gehirn chronisch gereizt ist. Genauer gesagt: entzündet. Im Fachjargon spricht man von einer hypothalamischen Inflammation. Das ist eine Art unterschwelliger

Dauerstress im Gehirn, ausgelöst vor allem durch fett- und zuckerreiche Ernährung. Entzündung klingt erst mal nach heißer Stirn, roter Haut oder Fieber. Aber im Gehirn sieht das anders aus. Die Entzündung bleibt meist unbemerkt, aber sie verändert, wie der Hypothalamus arbeitet.

Bereits wenige Stunden nach einer Mahlzeit mit viel gesättigtem Fett, zum Beispiel einem Cheeseburger mit Pommes und Mayo, verändern sich im Hypothalamus bestimmte Zellen. Es sind nicht die Neuronen, also die Zellen, die Informationen verarbeiten, sondern ihre Helfer: die Gliazellen. Genauer gesagt: Astrozyten und Mikroglia. Normalerweise unterstützen Mikroglia das Nervensystem, versorgen es mit Nährstoffen und räumen Abfallstoffe auf. Sie bekämpfen an vorderster Front Krankheitserreger und gehören zum zellulären Immunsystem. Auch indem sie die Blut-Hirn-Schranke schützen. Diese kontrolliert streng, welche Stoffe aus dem Blut überhaupt ins empfindliche Hirngewebe dürfen.

Die Gliazellen sorgen also dafür, dass der Laden läuft. Nach einer fettreichen Mahlzeit aber verhalten sie sich plötzlich anders. Die Astrozyten schwellen leicht an, ein Zeichen dafür, dass sie in Alarmbereitschaft sind. Sie schütten sogenannte Zytokine aus, kleine chemische Botenstoffe, die dem Immunsystem signalisieren: »Hier stimmt was nicht.« Das ist prinzipiell sinnvoll als eine Art Frühwarnsystem. Doch diese Alarmsignale rufen auch die Mikroglia auf den Plan. Auch sie verändern ihre Form und Funktion: Sie werden aktiver, reizbarer, schalten vom Hausmeistermodus in einen Zustand, in dem sie wachsamer sind. Wenn das ab und an geschieht, ist das kein Problem. Im Gegenteil: Es zeigt, dass dein Gehirn aufmerksam ist und auf Veränderungen reagiert. Ab und zu bei einem Fehlalarm einmal durchzuwischen schadet dem Gehirn nicht. Aber wenn du diesen Alarmzustand immer wieder auslöst, immer wieder fett- oder zuckerreich isst, dann wird aus einer vorübergehenden Reaktion ein chronischer Zustand. Die Gliazellen gewöhnen sich an das Dauerfeuer. So, als ob sie ständig auf der Suche nach einem potenziellen Angreifer wären. Und das hat Folgen: Die betroffenen Hirnregionen, vor allem der *Nucleus arcuatus* im Hypothalamus, reagieren schlechter auf die Hormone Leptin und Insulin, die deinem Gehirn eigentlich sagen: »Hey, du hast genug!« Statt sich satt zu fühlen, bleibt dein Hypothalamus im Hungermodus.

Als wären Entzündungen im Gehirn nicht schon beunruhigend genug, konnten einige Studien mittlerweile zeigen, dass sich Narben in diesen Gehirnarealen bilden können, ähnlich wie eine Wunde auf der Haut, die nie ganz verheilt. In bildgebenden Studien an Menschen kann man sehen, dass mit dem Gewicht bestimmte Veränderungen im Hypothalamus einhergehen: je höher das Gewicht eines Menschen, desto stärker die strukturellen Veränderungen im Gehirn. Das heißt: Wenn diese Entzündung nicht abklingt, kann sie bleibende Narben im Hypothalamus hinterlassen und dadurch die feine Kalibrierung des Hunger- und Sättigungssystems dauerhaft stören. Der Hypothalamus interpretiert dann normale Fettreserven als zu gering und sendet das Signal: »Essen, und zwar mehr!« Gleichzeitig dämpft er die Reaktion auf Hormone, die normalerweise den Appetit bremsen würden.

Und es wird noch ein bisschen komplizierter. Neue Arbeiten zeigen: Entzündliche Astrozyten beeinflussen auch die Ausschüttung des Neurotransmitters Glutamat. Und nein, damit ist nicht der Geschmacksverstärker gemeint, der deinen Instantnudeln den Umami-Geschmack verleiht. Glutamat ist ein wichtiger Regler für die Aktivität von Nervenzellen im Hypothalamus. Ist dieser Mechanismus gestört, gerät das gesamte Netzwerk aus dem Gleichgewicht: Der Körper verbrennt weniger Energie, das Hungergefühl steigt, und wir wiegen mehr, als wir eigentlich wollen.

Wichtig dabei: Nicht bei allen Menschen mit Übergewicht liegt so ein Mechanismus vor. Übergewicht kann viele verschiedene

Auslöser haben. Aber bei denen, die von den kleinen Entzündungen betroffen sind, kann diese Störung große Folgen haben. Und das hat meinen Blick verändert: Vielleicht hat jemand nicht zu viel gegessen, weil er nicht aufhören konnte, sondern weil sein Gehirn durch dauerhafte Entzündung nicht mehr richtig wahrgenommen hat, wann es genug war.

Übrigens: Im Gegensatz zu anderen Entzündungen werden die im Hypothalamus bisher kaum gezielt mit Medikamenten behandelt, denn die Entzündungsprozesse im Hypothalamus sind schwer selektiv zu erreichen, ohne den gesamten Körper zu beeinflussen. Eine einfache Tablette gegen diese Entzündungen dürfte es also so schnell nicht geben.

Warum lieben Kinder Eis, aber hassen Brokkoli?

Ich liebe meine Nichten, und meine Nichten lieben Eis. Manchmal glaube ich: seit ihrer Geburt. Meine älteste Nichte ist jetzt zwölf Jahre alt, ihre kleinen Schwestern sind sechs und vier. Obwohl sie unterschiedlich alt sind, wird ihr Grinsen kaum breiter als in dem Moment vor, während und nach dem Besuch einer Eisdiele. Warum ist das so? Warum gibt es keine Brokkolidielen, in denen uns das ganze Jahr über Brokkoli in Vollkornwaffeln verkauft wird und vor denen Familien mit kleinen Kindern Schlange stehen? Warum kommt im Kino, bevor der Film beginnt, nicht noch ein Mitarbeiter in den Saal und ruft laut: »Will noch jemand etwas Brokkoli haben zum Film?« Brokkoli ist viel gesünder als Eis! Er enthält viel mehr Vitamine, schadet unseren Zähnen nicht und macht uns nicht dick! Und trotzdem: keine Chance. Das ist evolutionär doch total bescheuert. Was steckt dahinter? Die Antwort verrät auch etwas darüber, warum uns gesunde Ernährung generell schwerer fällt, als wir es uns oft wünschen würden. Wie so oft, wenn wir etwas tun, das wir rational gesehen lieber lassen sollten, spielt der Botenstoff Dopamin eine Rolle. Studien an Ratten zeigen, dass sowohl Zucker als auch Fett unsere Dopaminbahnen stark aktivieren können. Um zu verstehen, welche Folgen das hat, müssen wir uns dieses mächtige Molekül einmal genauer anschauen.

Wenn du herausfinden wolltest, wer Dopamin entdeckt hat, würdest du erst mal auf drei Männer stoßen. Zum Beispiel auf George Barger und James Ewens, zwei Chemiker, die Dopamin isolierten und erstmals als chemische Verbindung beschrieben. 1910 soll das bereits gewesen sein. Und dann war da noch Arvid Carlsson, ein schwedischer Pharmakologe, der Dopamin als eigenständigen Neurotransmitter im Gehirn identifizierte. Seine Forschung am Kaninchengehirn zeigte, dass Dopamin eine zentrale Rolle im Striatum spielt, einer Region, die für Bewegungssteuerung wichtig ist. Übersehen würdest du bei deiner ersten Recherche wahrscheinlich die britische Forscherin Katharine Montagu, denn sie wurde jahrzehntelang einfach ausgespart, wenn es um die Entdeckung von Dopamin ging. Sie arbeitete am Department of Chemical Pathology der Westminster Medical School in London und nutzte ihre chemischen Analysefähigkeiten, um Dopamin nachzuweisen. Im Jahr 1957 isolierte Katharine Montagu erstmals Dopamin im menschlichen Gehirn. Obwohl sie die Erste war, die diesen Botenstoff im Gehirn identifizierte, konzentrierte sich ihre Forschung nicht auf die funktionellen Aspekte. Ihre Entdeckung war rein analytisch. Carlsson und sein Team hingegen führten Experimente durch, die die Funktion von Dopamin im Nervensystem untersuchten. Das machte ihn zum Nobelpreisträger und Montagu zu einer von vielen Wissenschaftlerinnen, deren Forschung lange von der von Männern überdeckt wurde

Was Dopamin angeht, begannen Wissenschaftlerinnen und Wissenschaftler irgendwann, seltsame Dinge zu beobachten. Nur eine von zwei Millionen Gehirnzellen produziert Dopamin. Das ist wenig, wenn man bedenkt, wie groß der Einfluss von Dopamin auf uns ist. Und man fand heraus: Ohne Dopamin funktioniert Bewegung nicht. Menschen, die an Parkinson erkrankt sind, haben zu wenig davon – und verlieren deshalb mit der Zeit ihre motorische Steuerung. Erst später wurde klar: Da ist noch mehr. Viel mehr.

In den 1980ern wurde Dopamin zum »Genussmolekül« erklärt, zur chemischen Essenz von Lust, Sex, Drogen und Schokolade. In Experimenten erlebten Versuchspersonen Glücksgefühle, wenn Dopamin ausgeschüttet wurde, und sie gaben sich große Mühe, die Aktivierung dieser seltenen Zellen auszulösen. Die Idee war: Wer kein Dopamin hat, kann kein Glück empfinden. Und weil Dopamin in den Belohnungssystemen des Gehirns aktiv ist, dachten viele, es vermittle das Gefühl »Ah! Das tut gut«.

Erst später, in den 1990ern, änderte sich diese Vorstellung. Der deutsche Neurowissenschaftler Wolfram Schultz beobachtete damals etwas, das vielen Forschenden vor ihm entgangen war – oder das sie falsch gedeutet hatten. Schultz arbeitete mit Affen und trainierte sie darauf, bestimmte Aufgaben zu lösen: etwa auf einen Ton zu warten, der ihnen signalisierte, dass es gleich eine Belohnung (zum Beispiel Saft) geben würde.

Was Schultz und sein Team fanden, veränderte das Verständnis von Dopamin grundlegend: Die Dopaminneuronen feuerten nicht erst dann, wenn der Affe den Saft tatsächlich bekam. Sie feuerten, sobald der Ton erklang. Also sobald die Erwartung einer Belohnung entstand. Noch erstaunlicher: Wenn der Ton kam, aber der Saft ausblieb, blieben die Neuronen plötzlich still, oder ihre Aktivität sank sogar unter das Normalniveau. Das Gehirn registrierte also nicht nur, dass eine Belohnung möglich war, sondern auch, wenn diese Belohnung enttäuscht wurde.

Mit dieser Entdeckung verschob sich das Bild von Dopamin: Es war nicht einfach ein Glücksbotenstoff, der uns wohlig fühlen ließ, wenn wir etwas Schönes erlebten. Dopamin, so zeigten Schultz' Experimente, ist ein Botenstoff des Lernens und der Antizipation. Es markiert nicht das Erleben, sondern die Aussicht auf etwas, das es zu erreichen lohnt. Es ist das neuronale Versprechen, dass da gleich etwas Gutes passieren könnte, weil in der Vergangenheit unter den gleichen Voraussetzungen schon mal etwas Gutes passiert ist.

Dopamin ist also weniger das Molekül des Genusses, sondern das Molekül der Erwartung. Der Mechanismus ist einfach: Was immer ein Tier oder ein Mensch tut, wenn Dopamin freigesetzt wird – er wird es mit höherer Wahrscheinlichkeit wieder tun. Dopamin ist das Molekül, das anzeigt: mehr davon!

Dopamin, so zeigte insbesondere die Arbeit des amerikanischen Neurowissenschaftlers Kent Berridge, ist nicht mal notwendig, um Genuss zu erleben: Ratten mit ausgeschaltetem Dopaminsystem reagieren emotional weiterhin auf Zucker. Sie lecken an ihren Lippen, schlagen mit ihrer Zunge und machen ein genüssliches Gesicht. Aber sie hören auf, Zucker aktiv zu suchen. Und so scheint es auch beim Menschen zu sein.

Zucker hat in den letzten Jahrzehnten ein echtes Imageproblem bekommen. Nicht umsonst gibt es plötzlich alle möglichen Limonaden auch in Varianten ohne Zucker. Ich würde sagen: Zucker ist kein Heilsbringer, aber er ist auch kein reiner Schurke. Zucker ist vor allem eines: Energie. Chemisch betrachtet ist er eine Form von Kohlenhydraten, zusammengesetzt aus Kohlenstoff, Wasserstoff und Sauerstoff. Glukose, Fruktose, Laktose, Saccharose: alles Varianten desselben Grundprinzips. Entscheidend fürs Gehirn ist Glukose. Sie ist sein Hauptbrennstoff. Dein Gehirn wiegt zwar nur rund zwei Prozent deines Körpers, verschlingt aber etwa zwanzig Prozent deiner Energie. Und das fast ausschließlich in Form von Glukose.

Was passiert, wenn du etwas Süßes isst? Die Glukose wird im Dünndarm aufgespalten, gelangt ins Blut, von dort über Transportproteine durch die Blut-Hirn-Schranke direkt in deine Nervenzellen. Dort wird sie fast sofort verfeuert. Allerdings nur zu einem Bruchteil für aktives Denken. Der Rest geht für das Hintergrundrauschen des Gehirns drauf: für den Grundbetrieb, die ständige Informationsverarbeitung, die du gar nicht mitbekommst.

Unser Belohnungssystem reagiert dabei aber nicht nur auf Geschmack, sondern auch auf das, was nach dem Essen im Körper passiert. Wenn du Zucker zu dir nimmst, steigt dein Blutzuckerspiegel. Dieser Anstieg wird vom Dünndarm registriert, das Signal wandert über Nervenbahnen zum Gehirn und aktiviert dort erneut die Dopaminfreisetzung.

Einer der führenden Wissenschaftler zum Thema Gehirn, Ernährung und Zucker heißt ausgerechnet: Charles S. Zuker. Und als wäre das nicht genug, arbeitet Zuker auch noch am Zuckerman Mind Brain Behavior Institute der Columbia University in New York und forscht dort zu, na ja, Zucker. Er und sein Team fanden 2020 in einer vielbeachteten *Nature*-Studie heraus: Der Geschmack ist gar nicht das Entscheidende. Mäuse, denen die Komponenten für die Wahrnehmung von süßem Geschmack fehlten, entwickelten trotzdem eine klare Vorliebe für Zucker. Warum? Weil ihr Darm über die sogenannte Darm-Hirn-Achse meldete: »Hier kommt Energie!« Dieses Signal wird innerhalb von Sekunden über Nervenzellen direkt ins Belohnungssystem des Gehirns geschickt und sorgt dort für eine Dopaminausschüttung, ganz unabhängig vom Geschmack.

Zukers Team fand außerdem heraus: Diese Darm-Hirn-Verbindung ist schneller und präziser als bisher gedacht. Innerhalb weniger Sekunden registriert dein Gehirn, dass Zucker ankommt, und belohnt dich dafür. Vielleicht kennst du das, bei manchen Lebensmitteln denke ich: »Joa, schmeckt nicht überragend, aber irgendwie will ich mehr davon.« Jetzt weißt du, was dahintersteckt.

Unser Gehirn koppelt Geschmack aber immer wieder an Energiezufuhr. Wenn ein bestimmter Geschmack häufig mit hoher Energiezufuhr einhergeht, signalisiert uns Dopamin:

mehr davon! Stell dir dafür mal vor, du bekommst jeden Tag zusätzlich zu deinem gewohnten Essen zwei richtig leckere Snacks serviert, perfekt ausbalanciert zwischen Zucker und Fett, und das acht Wochen lang. Wie würden sich diese Snacks auf dich auswirken? Um das zu untersuchen, wurden die Versuchspersonen einer Studie am Max-Planck-Institut für Stoffwechselforschung in Köln in zwei Gruppen eingeteilt. Die Teilnehmenden waren gesunde, normalgewichtige Erwachsene mit stabilen Essgewohnheiten. Die eine bekam jeden Tag zwei fett- und zuckerreiche Joghurts, die andere Gruppe erhielt zwei Joghurts mit wenig Fett und wenig Zucker. Die Forschenden wollten unter anderem herausfinden, ob sich durch den regelmäßigen Konsum des süß-fettigen Joghurts das Belohnungssystem im Gehirn verändert, und zwar unabhängig von Gewichtszunahme oder bewussten Vorlieben.

Das Team untersuchte mithilfe der funktionellen Magnetresonanztomografie, wie das Gehirn der Versuchspersonen nach diesen acht Wochen auf Lebensmittel reagierte. Während der fMRT-Sitzungen erhielten die Versuchspersonen entweder einen ausgewählten Milchshake oder eine geschmacklose Lösung, wobei zuvor ein Hinweisreiz (rotes Dreieck oder blaues Quadrat) das bevorstehende Getränk vorhersagte. Das Ergebnis war, gelinde gesagt, eindrucksvoll: Nach acht Wochen zeigte das Gehirn der fett- und zuckerreichen Gruppe veränderte Aktivität im Belohnungssystem. Die Gehirne reagierten sowohl stärker auf die Milchshakes selbst als auch auf die Hinweise, die die Milchshakes ankündigten. Das Forschungsteam beschreibt den Effekt nach acht Wochen mit fett- und zuckerreichen Joghurts so: »Die Vorliebe für fettarme Lebensmittel nimmt ab, während die Reaktion des Gehirns auf Milchshake zunimmt.« Mit anderen Worten: Das Gehirn hatte umgelernt, ganz ohne bewusste Entscheidung. Was noch auffiel: Der Effekt trat ohne Gewichtszunahme ein. Die Veränderung war also nicht die Folge eines veränderten Körpers, sondern eines veränderten neuronalen

Erwartungswertes dank Dopamin. Das Gehirn hatte gelernt: Wenn es süß und fettig ist, lohnt es sich.

Aber warum aktivieren fett- und zuckerhaltige Lebensmittel wie Eis unser Belohnungssystem überhaupt so viel stärker als gesunde Alternativen wie Brokkoli? Die wahrscheinlichste Erklärung liegt in unserer Evolutionsgeschichte. In einer Welt, in der Nahrung knapp war, war es schlichtweg überlebenswichtig, kalorienreiche Nahrung zu erkennen und bevorzugt zu essen. Brokkoli bringt viele Mikronährstoffe, aber wenig Kalorien. Eis hingegen ist kalorienmäßig eine Hochburg. Unser Gehirn hat nie gelernt, Brokkoli zu feiern, weil es mit Brokkoli früher nichts zu feiern gab. Studien zeigen, dass Kinder sogar angeborene Präferenzen für süß und fettig haben. Manchmal bestätigt sich eben, was man ahnt, wenn man auf seine Nichten aufpasst. Aber: Diese genetischen Veranlagungen werden durch frühe Erfahrungen noch verstärkt. Das bedeutet, je früher wir anfangen, positive Geschmackserfahrungen mit gesunden Lebensmitteln zu koppeln, desto besser.

Macht Zucker süchtig?

Gehen wir noch einen Schritt weiter: Je mehr Zucker konsumiert wird, desto stärker können sich dopaminbasierte Gewöhnungsmechanismen einschleifen. Das bedeutet: Die Ausschüttung nimmt ab, du brauchst mehr vom Stoff, um den gleichen Effekt zu erzielen. Klingt irgendwie bekannt, oder? Macht Zucker etwa süchtig?

Zugegeben: Das ist eine provokante Frage. Zumindest wird sie in der Wissenschaft bis heute kontrovers diskutiert. Vieles spricht dafür, dass Zucker zumindest suchterzeugende Eigenschaften hat. Aber nicht immer und für alle, sondern bei bestimmten Menschen, in bestimmten Zusammenhängen.

Einen Grund habe ich gerade erwähnt: Zucker stimuliert das Dopaminsystem, und da Drogen das ebenfalls tun und es vielen schwerfällt, auf Zucker zu verzichten, liegt die Frage nach der Sucht auf der Hand. In Tierversuchen bevorzugten Ratten Zucker sogar gegenüber Kokain (wahrscheinlich waren die Ratten nicht aus Berlin). Und wie du eben gesehen hast, bevorzugen Mäuse auch dann Zucker, wenn sie die Süße gar nicht schmecken können. Beim Menschen ist die Datenlage aber komplizierter.

Es gibt Studien, die Fragen aufwerfen. Im Jahr 2020 haben Forschende beispielsweise 35 Patientinnen und Patienten mit schwerer Alkoholabhängigkeit während ihres stationären Entzugs in einem französischen Krankenhaus beobachtet. Natürlich hatten sie keinen Zugang zu Alkohol, allerdings zu süßen Lebensmitteln. Vierzig Prozent der Patientinnen und Patienten entwickelten während des Entzugs ein starkes Verlangen nach Zucker, obwohl sie vorher keine besonderen Vorlieben für Süßes hatten. Gleichzeitig sank das Verlangen nach Alkohol.

Beim Menschen scheint also eine Art »Suchtverlagerung« von Alkohol auf Zucker stattfinden zu können. Das wiederum spricht dafür, dass Zucker im menschlichen Gehirn Mechanismen in Gang setzen kann, die zumindest suchtähnlich sind.

Unser Gehirn lernt durch das Dopaminsystem. Und genau da liegt das Problem mit Zucker. Er wird zu einer Strategie für uns und unser Gehirn, eine Art Schlüssel. Wir greifen zu Zucker, wenn wir uns konzentrieren oder belohnen wollen oder wenn wir Trost brauchen. Der Konsum von Zucker wird ein richtiger Automatismus, und das liebt unser Gehirn noch mehr. Es scheint weniger um die chemische Zusammensetzung von Zucker zu gehen, sondern darum, dass wir gelernt haben: Süßes ist gut für uns, weil es Energie bringt.

Eine Übersichtsstudie aus Cambridge kam 2016 zu dem Ergebnis, dass es beim Menschen keine stichhaltigen neurobiologischen Belege dafür gibt, dass Zucker auch wirklich süchtig macht, dass es also das Gehirn genauso verändert, wie zum Beispiel Nikotin, Alkohol oder Opioide es tun. In klinischen Studien fehle ein eindeutiger Nachweis für physische Abhängigkeit nach klaren Suchtkriterien, schreiben die Forschenden.

Ich finde, um eine abschließende Antwort auf die Frage zu geben, ob Zucker süchtig macht, ist die Datenlage zu dünn. Aber eine Sache scheint mir klar: Eigentlich geht es nicht um die Existenz einer Zuckersucht im medizinischen Sinne. Sondern darum, wie eng Ernährung, Belohnungsmechanismen und Verhalten miteinander verknüpft sein können. Denn besonders ungesunden Lebensmitteln zu widerstehen erfordert gute Gewohnheiten.

Wie Gewohnheiten beeinflussen, was du isst

Eigentlich war dein Plan, heute mal wieder gesund in den Tag zu starten. In letzter Zeit aber seid ihr in deiner Firma unterbesetzt. Du musst ständig Überstunden machen, und jetzt steht auch noch ein großes Projekt an, für das du zuständig bist. Deine Chefin hat schon mehrfach durchblicken lassen, wie wichtig ihr ist, dass das Projekt erfolgreich ist. Du machst dir selbst Druck, kommst abends erst spät aus dem Büro und bist einfach nur erledigt. Morgens liegt der anstehende Arbeitstag bereits vor dir wie eine Bedrohung. Du weißt: Auch heute wird es wieder stressig. Und langsam kannst du nicht mehr. Statt dir ein gesundes Frühstück zu machen, greifst du zum Toast und schmierst eine fette Ladung Nutella drauf. Du schlingst das Toastbrot hinunter, im Stehen, für ein aufwendiges Frühstück hast du heute sowieso keine Zeit. Jetzt steht das Nutella-Glas vor dir, du hältst einen Löffel in der Hand, und du spürst eine Mischung aus Vorfreude und Resignation. »Nur ein Löffel«, sagst du dir. »Ich habe das im Griff.« Doch kaum hast du den ersten Löffel im Mund, passiert es: Die klebrige Masse breitet sich aus, das Dopamin in deinem Gehirn macht sich bemerkbar, und der zweite Löffel folgt. Ach, was soll's, jetzt ist es auch egal, denkst du. Und bevor du dichs versiehst, ist das Glas halb leer, der Genuss verflogen, und was bleibt, ist ein unangenehmes Gefühl im Bauch – und in deinem Kopf: Schuld. »Warum habe ich das schon wieder getan?« Ja, warum?

Judson Brewer ist Neurowissenschaftler, Psychiater und Experte für Verhaltensänderungen. Er hat sich auf die Forschung zu den neurobiologischen Mechanismen hinter Sucht, Gewohnheiten und Achtsamkeit spezialisiert. 2024 hat er ein Buch veröffentlicht, das sich genau mit der Frage des Warums beschäftigt, es heißt *Hunger Habit.* Darin zeigt er, dass unser Essverhalten oft weniger von echtem Hunger, sondern vielmehr von Gewohnheiten gesteuert wird. Diese Gewohnheiten sind tief in unserem Gehirn verankert und beeinflussen, was, wie und warum wir essen. Das Problem: Wie wir eben gesehen haben, entstehen Automatismen oft nicht aus rationalen Entscheidungen, sondern aus emotionalen Mustern, einem Gehirn, das Dopamin ausschüttet und dir so signalisiert: »Ich will mehr davon!«

Ein Beispiel. Vielleicht isst du bei Stress immer Chips. Dein Gehirn lernt: Chips = Stressabbau. Dieser Zusammenhang wird zur Gewohnheit – eine sogenannte »Gewohnheitsschleife«, bestehend aus einem Auslöser (Stress), einer Routine (Chips essen) und einer Belohnung (Danke, Dopamin!). Das Gehirn speichert diesen Ablauf als einfache, schnelle Lösung für unangenehme Gefühle ab. Und dank des belohnungsbasierten Lernens wird die Schleife mit jeder Wiederholung stärker. Das größte Problem ist, dass diese Gewohnheiten oft nicht wirklich helfen. Sie lösen nicht die zugrunde liegenden Probleme (zum Beispiel Stress oder Langeweile) und können langfristig sogar Schaden anrichten, emotional, körperlich und gesundheitlich.

Emotionen spielen dabei eine zentrale Rolle. Wir essen oft nicht aus echtem Hunger, sondern um Gefühle zu bewältigen.

Wenn wir gestresst sind, greifen wir zu Snacks, um das Nervensystem zu beruhigen. Wenn wir traurig sind, essen wir als Ersatz für Trost. Wenn uns langweilig ist, vertreiben wir uns die Leere des Alltags mit einem aufregenden Triple-Cheeseburger beim neuen Laden um die Ecke. Wir kompensieren, indem wir Gefühle wie Traurigkeit oder Stress im wahrsten Sinn des Wortes hinunterstopfen. Wir lenken uns ab, um unangenehme Gedanken oder Situationen zu vermeiden. Und wir belohnen uns, wir gönnen uns etwas Leckeres, wenn wir etwas besonders gut gemacht haben oder wenn es einen Grund zu feiern gibt. Als ich den Vertrag für dieses Buch unterschrieben habe, sind meine Freundin und ich Sushi essen gegangen. Ein Luxus, den wir uns im Alltag sonst nicht oft gönnen. Das Gefühl ist aber immer gleich: Das haben wir uns jetzt mal verdient!

Diese Belohnungsmechanismen dienten ursprünglich dazu, unser Überleben zu sichern. In der modernen Welt, in der Essen jederzeit verfügbar ist, bleibt das Belohnungssystem aktiv, auch wenn kein echter Mangel besteht.

Wenn du in stressigen Phasen zum Nutella-Toastbrot oder zu Chips greifst, hat das aber nicht nur mit Gewohnheiten zu tun. Angesichts der tiefgreifenden Auswirkungen, die Stress auf unser Gehirn hat, ist es nicht wirklich überraschend, dass er sich auch auf unser Essverhalten und unsere Gewohnheiten auswirken kann.

Tatsächlich gaben bei der Untersuchung *Stress in America* 79 Prozent der Befragten an, dass sich unter Stress ihr Essverhalten ändere. Allerdings meinten 43 Prozent damit, dass sie zu viel, und 36 Prozent, dass sie zu wenig essen würden. Beides kann vorkommen, dazu gleich mehr.

Fangen wir vorne an: Was ist Stress überhaupt? Stress ist eine Reihe von Reaktionen, die dein Gehirn in Gang setzt, um eine herausfordernde Situation zu bewältigen. Diese Reaktionen sollen dafür sorgen, dass dir ein bedrohliches Szenario nicht schadet. Du sollst deine beste körperliche Leistung vollbringen, wenn du bedroht wirst. Zum Beispiel so schnell rennen wie noch nie, wenn ein Säbelzahntiger vor dir steht. Oder die beste Präsentation halten für ein sehr wichtiges Projekt bei der Arbeit (wenn eine schlechte Präsentation deinen Job bedroht). In deinem Gehirn gibt es ein ganzes System von Regionen, die durch Stress aktiviert werden, das sogenannte Threat-Response-System. Dieses System funktioniert in etwa so: Die Amygdala arbeitet mit vielen verschiedenen Hirnregionen zusammen und sucht praktisch permanent nach Anzeichen dafür, dass wir bedroht werden. Einige dieser Regionen verarbeiten konkrete sensorische Informationen: einen lauten Schrei auf der Straße; einen Fußball, der auf dich zufliegt und dich verletzen könnte; alles, was wie Schlangen oder Spinnen aussieht. Andere Regionen verarbeiten eher abstrakte Konzepte: Wenn du dich mit deinem Partner oder deiner Partnerin streitest, wenn du entlassen wirst oder jemand dir etwas vorwirft.

Wenn die Amygdala eine Gefahr ausmacht, kommuniziert sie mit denjenigen Regionen, die eine angemessene Reaktion auslösen können. Zum Beispiel mit motorischen Regionen, die du zum Weglaufen brauchst, zum Erschrecken, Erstarren, zum Schutz des Kopfes oder zum Schließen der Augen. Die meisten stressigen Situationen, in denen du dich heute befindest, erfordern keine heftige körperliche Reaktion, keine Flucht, kein Anspannen der Muskeln. Das Gehirn leitet trotzdem alles in die Wege, um genau das zu tun. »Der Körper bereitet sich darauf vor, einen Grizzlybären abzuwehren, auch wenn die eigentliche Bedrohung eine Excel-Tabelle ist«, schreibt der Neurowissenschaftler Stephan J. Guyenet.

Gleichzeitig sorgt die Amygdala dafür, dass auch der nächste Teil der Stressreaktion aktiv wird: die Hypothalamus-Hypophysen-Nebennieren-Achse (HHN-Achse). Eine Kette von Signalen sorgt dafür, dass unsere Nebennieren das Stresshormon Cortisol produzieren. Einige Folgen der Ausschüttung von Cortisol ähneln den bereits angesprochenen Reaktionen, allerdings in einer längeren Zeitspanne. Cortisol kann außerdem unsere Immunreaktion mindern und – *hello again!* – unser Essverhalten ändern.

Zurück also zum Zusammenhang von Stress und Essen. Das Stresshormon Cortisol beeinflusst nämlich ebenfalls unser Belohnungssystem, vor allem die Signalübertragung im *Nucleus accumbens*. In Kombination mit Fett und Zucker wird dieser Effekt noch verstärkt. Die Wissenschaft spricht hier von einem belohnungsbasierten Essverhalten: Wenn wir unter Stress sind, suchen wir instinktiv nach Lebensmitteln, die dieses Belohnungssystem besonders stark ansprechen. Wir wollen einen Weg finden, um den Stress zu kompensieren. Und dafür sind Belohnungen eine besonders zuverlässige Abkürzung. Genauer: Eine schnelle, gut kalkulierbare Dosis Dopamin, am besten kombiniert mit sinnlichem Genuss, reduziert den Stress. Das erklärt, warum du selten Bock auf Gurkenscheiben hast, wenn du durchdrehst, sondern eher auf Schokolade und Pommes.

Eine Übersichtsstudie zeigte, dass sogenannte »emotionale Esser« nach einer Stresssituation nicht nur mehr Hunger haben, sondern auch einen erhöhten Ghrelinspiegel. Ghrelin, das ist eins der Hormone, die Hunger signalisieren. Gleichzeitig fällt bei diesen Menschen der Ghrelinspiegel nach dem Essen nicht so stark ab wie bei anderen, sie bleiben also länger hungrig.

Einige Forschende vermuten, dass genau dieses Muster langfristig zur Entwicklung von Essstörungen beitragen könnte. Denn wenn du regelmäßig unter Stress isst (und dich dabei besser fühlst), dann lernt dein Gehirn schnell: Essen = weniger Stress.

Auch Experimente mit Rhesusaffen zeigen, wie sich Stress auf das Essverhalten auswirken kann. Das »Günstige« an Rhesusaffen ist, dass man den Stress nicht künstlich erzeugen muss. Die Affen leben in sozialen Hierarchien, in denen diejenigen, die eher unten stehen (meist sind das Weibchen), regelmäßig schikaniert werden. Wenn untergeordneten Affen nun kalorienreiches Futter zur Wahl gestellt wird, bevorzugen sie dieses gegenüber Standardfutter. Wenn man das kalorienreiche Futter dann entfernt, reduzieren die untergeordneten Affen ihre gesamte Kalorienaufnahme stark. Sie verlieren Appetit und Gewicht, während dominante Affen Gewicht zunehmen. Als das kalorienreiche Futter nach der Entzugsphase wieder eingeführt wird, nehmen die untergeordneten Affen wieder signifikant mehr Kalorien zu sich als zuvor und steigern ihr Gewicht. Dominante Affen zeigen keine großen Veränderungen in ihrer Gesamtkalorienaufnahme oder ihrem Gewicht über die verschiedenen Diätphasen hinweg. Zusammengefasst kann man sagen: Das Essverhalten der gestressten Affen hat sich verselbstständigt.

Warum ist das so? Das Essen scheint nicht nur eine Folge des Stresses zu sein – es wirkt auch zurück. Das Essen von sogenanntem »Comfort Food« wie Schokolade oder Pizza kann die physiologischen Stressreaktionen dämpfen. Heißt: Wenn du in einer belastenden Situation bist und isst, sinkt der Cortisolspiegel, zumindest kurzfristig. Das erklärt, warum dieses Verhalten so hartnäckig ist: Es funktioniert. Unser Gehirn greift unter Stress instinktiv zu belohnendem Essen, weil es evolutionär darauf getrimmt ist, Ungleichgewichte auszugleichen. Kalorienreiche Nahrung liefert schnelle Energie und dämpft Stressreaktionen über das dopaminerge System. Das Problem ist nur: In einer Welt mit 24/7-Zugang zu Snacks, aber ohne echten Säbelzahntiger wird dieser Reflex zur Dauerstrategie.

Und was ist mit denen, die bei Stress keinen Bissen runterkriegen? Auch das lässt sich erklären. Bei akutem intensivem Stress – etwa in einer Paniksituation – übernimmt der Sympathikus das Kommando, ein Teil deines autonomen Nervensystems, der dich in Alarmbereitschaft versetzt. Dein Körper schaltet in den Kampf- oder Fluchtmodus: Blut wird in die Muskeln gepumpt, das Verdauungssystem runtergeregelt, Hunger unterdrückt. Evolutionär gesehen ist das sinnvoll. Wenn du vor dem Säbelzahntiger fliehen musst, sind Appetit und Verdauung nicht gerade Priorität Nummer eins. Deshalb kommt es bei manchen Menschen bei besonders intensivem Stress eher zu Appetitlosigkeit.

Kurzfristig kann beides also Sinn ergeben: Manche essen zu viel, andere gar nichts, wenn sie gestresst sind. Aber was immer zutrifft: Wenn Stress zum Dauerzustand wird, geraten die Systeme aus dem Gleichgewicht. Dann wird aus akutem Frustessen oder dem Stresshungern eine chronische Strategie. Und genau das ist gefährlich.

Wenn du beim nächsten Mal das Gefühl hast, du brauchst jetzt dringend Schokolade, dann brauchst du vermutlich nicht Schokolade. Vielleicht brauchst du einfach nur eine Pause. Und ein Nervensystem, das sich wieder runterregelt. Die Frage ist: Wie durchbricht man diese Gewohnheiten? Wie erkennt man diese Gewohnheitsschleifen, die als einfache, schnelle Lösung für unangenehme Gefühle daherkommen, aber eigentlich nicht viel mit Hunger zu tun haben? Kann man den dopamingetriebenen Mechanismus, den zucker- und fetthaltige Lebensmittel auslösen, irgendwie wieder loswerden?

Solltest du komplett auf Dopamin verzichten?

Die Idee ist simpel: Wir sollten uns nicht von den vielen kleinen Dopaminbelohnungen beherrschen lassen, die uns sagen: Greif noch mal in die Chipstüte! Wir denken: Okay, eine Handvoll noch, danach ist aber wirklich Schluss. Anschließend lassen wir uns kurz ablenken, lachen über einen Witz oder ein Video und greifen völlig automatisch erneut zu den Chips.

Sogenanntes Dopamindetox oder Dopaminfasten soll diese Automatismen durchbrechen. Wie wir noch sehen werden, spielt Dopamin nicht nur beim Essen eine wichtige Rolle, sondern auch bei Videospielen oder bei unserem Hang zu sozialen Medien. Wer sich eine Zeit lang von reizüberflutenden Aktivitäten fernhält, soll anschließend wieder mehr Freude an alltäglichen und produktiven Aufgaben empfinden. Oder im Fall von Essen: soll sich anschließend gesünder ernähren.

Das Konzept wurde durch Silicon-Valley-Experten populär gemacht, die argumentierten, dass ständige Dopaminschübe durch moderne Technologien die natürliche Motivation untergraben würden. Die Umsetzung des Fastens variiert dabei stark. Manche verzichten für ein paar Stunden oder Tage auf sämtliche Dopamintrigger. Andere gehen weiter. Viel weiter. Sie verbannen Social Media aus ihrem Leben, spielen keine Videospiele mehr, schauen kein Fernsehen mehr. Sie essen keinen Zucker mehr, keine Burger, keine Pizza. Gute Filme? Viel zu aufregend. Masturbation? Sex? Um Gottes willen! Es gibt Videos auf YouTube mit Millionen von Aufrufen, in denen dir meist gut aussehende und durchtrainierte Typen sagen: Du musst auf all das verzichten, wenn du dein Leben wieder im Griff haben willst! Und Millionen von Menschen folgen diesem Trend.

Der kalifornische Psychiater Cameron Sepah war einer der Ersten, der Dopaminfasten beworben hat. Das Erstaunliche? In der *New York Times* erklärte er mal: »Dopamin ist nur ein Mechanismus, der erklärt, wie sich Süchte verstärken können.« Der Name der Methode, also Dopaminfasten, sei vor allem einprägsam, er sei aber nicht wörtlich zu nehmen. Wie jetzt? Nicht wörtlich zu nehmen?

Tatsächlich beruhen viele Fastenideen auf einem falschen Verständnis davon, was Dopamin ist. Wie schon gesagt: Dopamin ist ein körpereigener Neurotransmitter, der am Belohnungs-, Motivations-, Lern- und Lustsystem unseres Körpers beteiligt ist. Einige Menschen aber betrachten Dopamin wie Heroin oder Kokain und fasten, indem sie sich eine Pause gönnen. Sie hoffen darauf, dass die Freude an gutem Essen und interessanten Gesprächen so wieder größer wird. Viele glauben, dass ein Dopamindetox den Dopaminspiegel »resetten« kann. Aber so funktioniert unser Gehirn nicht. Dopamin kann nicht einfach »verbraucht« oder durch ein Detox aufgefüllt werden. Es wird kontinuierlich produziert und reguliert. Kurz gesagt: Man kann eine natürlich vorkommende Gehirnchemikalie nicht fasten.

Wenn jemand eine Woche lang auf Social Media oder Junkfood verzichtet, steigt danach nicht automatisch die Freude an alltäglichen Aufgaben. Dopamin passt sich vielmehr an die Erwartungen an. Und das kann Effekte haben, die das komplette Gegenteil auslösen als ursprünglich erhofft.

Eine Studie an Mäusen hat gezeigt, dass es nach der Fastenperiode zu übermäßigem Belohnungssuchen kommen. Auf den Menschen übertragen heißt das: Obwohl man den Heißhunger und den exzessiven Medienkonsum loswerden möchte, ist man nach einer dopaminreduzierten Phase besonders anfällig für diesen Botenstoff. Der plötzliche Verzicht kann Stress und Unwohlsein auslösen, denn das Gehirn sucht weiterhin nach Belohnungen. Tatsächlich legen Studien zum Dopaminfasten nahe, dass Isolation und Verzicht auf grundlegende Stimulation zu erhöhter Angst, Depression und einem Gefühl der Sinnlosigkeit führen können. In extremen Fällen kann es sogar zu Mangelerscheinungen und sozialem Rückzug kommen, was das Gegenteil der gewünschten positiven Effekte bewirkt.

Dazu kommt: Die Probleme, die Menschen mit Dopaminfasten versuchen zu lösen, sind oftmals nicht ausschließlich auf Dopamin zurückzuführen. Videospielsucht, das Essen von Junkfood oder Social-Media-Sucht sind vielschichtig. Kognitive, soziale und andere psychologische Faktoren spielen ebenso eine Rolle. Wer sich durch eine »Entgiftung« verspricht, solche Probleme zu lösen, kann eigentlich nur scheitern.

Deshalb: Ja, die Grundidee von Dopamindetox – sich bewusst von übermäßigem Konsum und digitalen Ablenkungen fernzuhalten – kann durchaus hilfreich sein. Doch die pseudowissenschaftliche Vorstellung, dass das Gehirn von Dopamin entgiftet werden muss, ist schlichtweg falsch.

Es gibt allerdings seriöse Varianten vom Dopaminfasten, die mit Zeitblöcken arbeiten, in denen man in regelmäßigen Abständen schrittweise längere Zeiträume »fastet«. Konkret sieht das dann so aus: Du verzichtest zunächst für ein bis vier Stunden am Ende des Tages (je nach den Anforderungen von Arbeit und Familie) bewusst auf das Verhalten, das du reduzieren möchtest. Wenn dir das gelingt, verzichtest du einen kompletten Wochenendtag darauf. Klappt? Super. Dann wäre der nächste Schritt, ein Wochenende im Quartal darauf zu verzichten. Und zuletzt: eine Woche pro Jahr komplett auf das Verhalten verzichten, das du loswerden willst.

Wenn wir beim Chipsbeispiel bleiben wollen, ergibt die zeitliche Spanne weniger Sinn. Wer zehn Stunden auf Chips verzichtet, sich dann aber eine ganze Tüte reinhaut, gewinnt nicht viel. Hier geht es darum, die Menge Schritt für Schritt zu reduzieren. Das ist viel weniger radikal, als von jetzt auf gleich auf alles zu verzichten, das Dopamin ausschüttet. Wichtig: Auch so ein moderates und zielgerichtetes Dopaminfasten ist keine Therapie für ernsthafte Suchterkrankungen. Es ist eine Selbstmanagement-Strategie für den Alltag, vergleichbar mit Digital Detox oder Achtsamkeitstrainings. Trotzdem kommt es auch bei diesen wohldosierten Varianten des Fastens am Ende darauf an, ob du genug Willenskraft aufbringen kannst, Verhaltensweisen zu unterbinden, die sich als Gewohnheit etabliert haben. Geht das auch anders?

Warum du dich bei deiner Ernährung nicht auf Willenskraft verlassen solltest

Der Neurowissenschaftler Judson Brewer, den ich bereits erwähnt habe, beschäftigt sich mit Gewohnheitsschleifen der ungesunden Ernährung. Er hat einen anderen Ansatz, und der ist ziemlich revolutionär. Denn er setzt nicht auf Willenskraft und dunkle Phasen, in denen wir alle Handlungen, die Dopamin auslösen, aus unserem Leben verbannen. Er sagt klar: Willenskraft sei endlich, deshalb sollten wir uns nicht zu sehr auf sie verlassen. Stattdessen schlägt er eine wissenschaftlich fundierte und achtsamkeitsbasierte Methode vor, die auf drei Säulen beruht.

Die erste Säule ist, Achtsamkeit zu entwickeln oder, wie er und vermutlich die gesamte Start-up-Szene sagen würden: *Awareness.* Das Ziel ist es, die automatischen Gewohnheitsschleifen zu erkennen. Du fragst dich: Was sind die Auslöser? Welche Gefühle treiben mein Verhalten an? Welche Belohnung folgt? Du kannst zum Beispiel beobachten, wann und warum du zu bestimmten Lebensmitteln greifst. Ist es wirklich Hunger – oder eine Emotion wie Stress? Wenn dir dann auffällt, dass du normalerweise Porridge frühstückst, diesmal aber zum Nutella-Toast gegriffen hast, bist du schon mal eine Erkenntnis reicher.

Die zweite Säule ist die Neubewertung der Belohnung. Brewer erklärt, dass die meisten Belohnungen gar nicht so toll seien, wie unser Gehirn glaube. Durch achtsames Essen (zum Beispiel langsames Kauen) kannst du feststellen, dass diese Lebensmittel oft weniger befriedigend sind, als du erwartest. Diese Erkenntnis hatte der Neurowissenschaftler, als er eine Methode kennenlernte, die eigentlich dafür gedacht war, Menschen das Rauchen abzugewöhnen. Die Methode beinhaltet, dass die Nikotinsüchtigen erst mal nicht versuchen sollen, mit dem Rauchen aufzuhören. Stattdessen bekommen sie nur die Aufgabe, beim Rauchen mit voller Aufmerksamkeit dabei zu sein. Häufig stellen sie dabei fest, dass Rauchen so deutlich weniger Spaß macht, weil es körperlich unangenehm ist, Rauch einzuatmen, und weil Rauch eigentlich schlecht schmeckt. Brewer berichtet, dass eine Teilnehmerin seiner Forschung durch diese Methode erkannt hat, dass ihre Lieblingsgummibärchen gar nicht so lecker waren, wie sie dachte – und aufhörte, sie zu essen. Wenn du also etwas isst, von dem du ahnst, dass du es später bereuen wirst, versuch mal, es so bewusst wie möglich zu essen.

Die dritte Säule besteht darin, neue hilfreiche Gewohnheiten zu bilden. Statt impulsiv zu reagieren, empfiehlt Brewer bewusste Entscheidungen. Eine Übung ist beispielsweise die RAIN-Methode. Die besteht aus *Recognize* (Erkennen): »Ich habe gerade Heißhunger«, *Allow* (Zulassen): »Das ist okay, ich muss nicht sofort handeln«, *Investigate* (Erforschen): »Warum fühle ich das? Bin ich gestresst, traurig, gelangweilt?« und schließlich *Note* (Notieren): »Das Gefühl wird vorübergehen, ohne dass ich ihm nachgeben muss.« Du kannst auch so was wie ein »Achtsamkeits-Stopp-Signal« einführen. Ein fester Satz wie »Ich habe gerade Stress – nicht Hunger« kann dir helfen, innezuhalten und bewusster zu entscheiden.

Laut Verhaltensforscher Benjamin Gardner entstehen gesunde Essgewohnheiten, wenn sie immer wieder im gleichen Kontext ausgeführt werden. Also zum Beispiel: immer die gleiche gesunde Frühstücksroutine zur gleichen Uhrzeit am selben Ort. Durch sogenannte »Kontext-Aktions-Verknüpfungen« wird die Entscheidung irgendwann unbewusst. Du denkst nicht mehr darüber nach. Du machst es einfach. Und das ist genau das, was du willst.

Judson Brewer schlägt vor, unser Verlangen, also etwa nach fettigen Burgern, Pizza oder Nutella-Brot, nicht zu ignorieren, sondern neugierig zu untersuchen. Wie fühlt sich der Heißhunger an? Was passiert, wenn man ihm nicht nachgibt? Diese Achtsamkeit schwächt die Gewohnheit über die Zeit. Statt dich selbst für Fehltritte zu kritisieren, solltest du freundlich zu dir sein. Selbstmitgefühl sei entscheidend, sagt er, um destruktive Schuld- und Schamgefühle zu überwinden, die oft zu erneutem Überessen führten. Veränderung geschieht über Zeit und durch Übung, nicht durch drastische Einschränkungen.

Du kannst dich aber auch selbst austricksen. Dopamin liebt einfache Wege. Wenn die Tüte Chips direkt auf der Arbeitsplatte liegt, wird sie gegessen. Wenn der Apfel im Kühlschrank hinter vier Tupperdosen versteckt ist, wirst du nicht spontan zu ihm greifen. Klingt banal – ist aber entscheidend. Stelle Obst sichtbar hin, bereite gesunde Snacks schon am Vorabend vor, plane Mahlzeiten voraus und koche sie, wenn du die Zeit hast, sogar vorab. So stehst du nicht bei jeder Mahlzeit vor der Frage, ob du nicht vielleicht doch, nur dieses eine Mal, als Ausnahme, den Burger bestellen sollst.

9:00 UHR

AUF GEHT'S ZUR ARBEIT

Warum dein Gehirn kein Computer ist

Nach deinem Frühstück bist du bereit für die Arbeit. Du hast geduscht, dich fertig gemacht, dir Schuhe angezogen und die Jacke übergeworfen. Jetzt stehst du im Flur und greifst zum Autoschlüssel. Du hältst kurz inne. Langsam legst du den Autoschlüssel zurück auf die Kommode. Du ziehst den Reißverschluss deiner Jacke nach oben und stapfst nach draußen. Heute bleibt das Auto stehen! Du läufst zur Arbeit. Klar, der Weg hat es in sich, bis zum Büro sind es immerhin über drei Kilometer. Aber bei durchschnittlicher Geschwindigkeit sind das gerade einmal vierzig Minuten. Und die Zeit hast du noch.

Der 29. Februar 2024 begann für meinen *Krautreporter*-Kollegen Martin Gommel ungefähr so: Er stand eine Stunde früher auf als sonst, warf den Rucksack über und stiefelte um sieben Uhr aus seiner Haustür in Berlin-Kreuzberg. Er genoss das Gefühl, zu den Frühaufstehern zu gehören, die in aller Herrgottsfrühe durch die Gegend geistern. Als er nach zwei Kilometern auf der Schillingbrücke über die Spree blickte, sah er, dass die

Sonne noch nicht ganz aufgegangen war. Nach genau sechs Kilometern bog er schwer atmend in die Sredzkistraße im Prenzlauer Berg ein und öffnete die Eingangstür zur *Krautreporter*-Redaktion. Um siebzehn Uhr, als er Feierabend hatte, ging er dieselbe Strecke zurück.

Ich weiß das so genau, weil er darüber geschrieben hat und ich diesen Text als Redakteur betreut habe. Martin ist Reporter für psychische Gesundheit. Dass er in dieser Funktion einen Artikel über das Spazieren geschrieben hat, ist kein Zufall.

Im Februar 2024 ging Martin los. Bis heute hat er seine Gewohnheit nicht geändert. Die U-Bahn nimmt er nur noch, wenn es stark regnet. Über das morgendliche und nachmittägliche Gehen schreibt er: »Plötzlich fliege ich. Alles um mich herum zieht vorbei, ich fühle mich leicht. Gleite dahin, schließe kurz die Augen. Arme und Beine bewegen sich mühelos, ich vergesse meinen Körper, bin eins mit dem Moment. Pappeln rascheln, erfrischender Gegenwind bläst mir um die Schultern, die Zeit steht still. Ich atme frische Frühlingsluft ein und blicke über den Berliner Häuserhorizont.« Heute sagt er, er könne sich ein Leben ohne seinen Gang zur Arbeit kaum noch vorstellen: »Obwohl es pathetisch klingt, muss ich es so sagen: Das Gehen hat mein Leben verändert. Ich fühle mich seitdem fitter, fokussierter und gesünder.« Und das hat gute Gründe. Einige davon haben gar nichts mit dem Gehen an sich zu tun, sondern damit, dass das Gehen an der frischen Luft stattfindet.

An dieser Stelle würde ich gern einen Deal mit dir eingehen. Wenn dein Arbeitsweg kürzer als fünf Kilometer ist und es an deinem nächsten Arbeitstag nicht regnet, gehst du tatsächlich das eine Mal zu Fuß zur Arbeit. Wenn du es schrecklich findest und dich schlechter fühlst als sonst – okay. Schreib mir gerne einen Leserbrief und beschwere dich über meine üble Idee. Niemand zwingt dich, etwas zu wiederholen, das dir nicht gefällt. Aber einen Morgen wirst du überleben. Denn es gibt ungemein viele gute Gründe, es zumindest auszuprobieren.

Vielleicht erinnerst du dich noch an die Corona-Pandemie. Ich weiß: ganz dünnes Eis. Daran will eigentlich niemand zurückdenken. Die Zeit hatte so einige Eigenheiten. Eine war, dass man ständig spazieren ging. Man durfte sich mit seinen Freundinnen und Geschwistern nicht im Haus oder in der Wohnung treffen, also ging man gemeinsam durch Städte, Dörfer und Wälder. *Going for a stupid walk for my stupid mental health,* setzte sich schnell als leicht zynische Beschreibung dieses Trends durch. Aber es stimmt: Zeit in der Natur zu verbringen baut Stress ab und verbessert die Fähigkeiten, sich zu erinnern, aufmerksam und konzentriert zu sein. Warum ist das so? Und was können wir machen, wenn wir die meiste Zeit unseres Tages in Innenräumen verbringen?

In der Kognitionswissenschaft wird das menschliche Gehirn häufig mit einem Computer verglichen. Der Vergleich hat aber offensichtliche Schwachpunkte, und man kann mit einer einzigen Aufgabe zeigen, wie sehr dein Gehirn kein Computer ist. Oder kannst du diese Aufgabe etwa lösen:

Was kommt heraus, wenn man 97.367 mit sich selbst multipliziert, und zwar 5.000-mal?

Weißt du nicht? Pff. Okay, du könntest das jetzt in den Taschenrechner deines Handys eingeben. Aber sagen wir, du befindest dich im Jahr 1946. Steve Jobs, der Mitbegründer von Apple, war noch nicht einmal geboren. Seien wir ehrlich: die Aufgabe im Kopf lösen? Unmöglich.

Arthur Burks und die Mitglieder seiner Forschungsgruppe der University of Pennsylvania hatten die Öffentlichkeit im Februar 1946 eingeladen, weil sie Großes zu verkünden hatten. Sie wollten der Welt den ENIAC präsentieren, den »Electronic Numerical Integrator and Computer«. Die erste Maschine, die solche komplexen Berechnungen blitzschnell durchführen konnte. Der ENIAC wog fast dreißig Tonnen, brauchte etwa 18.000

Elektronenröhren und 7.200 Dioden, die 150 Kilowatt elektrische Leistung verbrauchten. Sein Bau dauerte länger als 200.000 Arbeitsstunden. Und wie so oft wurden in erster Linie die Männer, die am Projekt beteiligt waren, in den Vordergrund gestellt. Dabei war Arthur Burks zwar neben den beiden Physikern John Presper Eckert und John Mauchly eine zentrale Figur bei der Entwicklung des ENIAC. Allerdings waren diejenigen, die das gigantische Gerät programmierten, überwiegend Frauen.

Als Burks ankündigte, dass ENIAC die beschriebene Aufgabe gleich lösen würde, sollen sich die Reporter im Saal über ihre Notizblöcke gebeugt haben. »Schauen Sie genau hin, Sie könnten es verpassen«, warnte er und drückte einen Knopf. Noch bevor die Reporter aufschauten, war die Aufgabe abgeschlossen, und das Ergebnis stand auf einer Lochkarte, die Burks direkt nach der Ausführung entgegennahm. *Voilà!* Die Erfinder ließen ihre Maschine noch einige andere Aufgaben durchführen, und der Saal war begeistert.

Der ENIAC war ein Meilenstein der Computerforschung. Aber auch einer für unser Verständnis als Menschen. Denn die Forschenden und die Öffentlichkeit verglichen den ENIAC anfangs immer wieder mit dem menschlichen Gehirn. Er sei ein »Robotergehirn« oder eine »Gehirnmaschine«. Relativ schnell drehten sie den Vergleich aber um. Es entstand der vielleicht einflussreichste Vergleich in der Geschichte der Hirnforschung: Das Gehirn ist wie ein Computer!

Spätestens 1958 brachte der ungarische Mathematiker, Physiker, Informatiker und Wirtschaftswissenschaftler John von Neumann in seiner Arbeit *Die Rechenmaschine und das Gehirn* diese Idee unter die Leute. Seine Überzeugung: Das Gehirn sei wie ein Computer, nur aus Fleisch und Blut. Eine in sich geschlossene informationsverarbeitende Maschine, die im Schädel eingeschlossen ist, wie der ENIAC in seinem verschlossenen Raum eingeschlossen war. Das Gehirn habe Gigabytes an Arbeitsspeicher und Megahertz an Verarbeitungsgeschwindigkeit.

Die Metapher geht davon aus, dass der Geist etwas sei, das im Schädel versiegelt ist. Und diese versiegelte Sache bestimme, wie gut Menschen denken können. Und weil der Geist versiegelt sei, arbeite er nach einem simplen Muster: Er bekomme Input von der Welt außen, mache etwas mit diesem Input und generiere daraus Output. Dabei sei das Gehirn die Hardware und der Geist die Software.

Aber stimmt das? Der Wissenschaftler Matthew Cobb schreibt in der britischen Zeitung *The Guardian:* »Wenn wir das Gehirn als einen Computer betrachten, der passiv auf Eingaben reagiert und Daten verarbeitet, vergessen wir, dass es ein aktives Organ ist, Teil eines Körpers, der in die Welt eingreift.«

Frédéric Vallée-Tourangeau ist Professor für Psychologie an der Kingston University in Großbritannien und untersucht, inwiefern kognitive Prozesse nicht isoliert im Gehirn stattfinden, sondern durch Werkzeuge, soziale Interaktionen und physische Umgebungen unterstützt werden. Er sagt: »Das Denken mit dem Gehirn allein – wie es ein Computer tut – ist nicht gleichbedeutend mit dem Denken mit dem Gehirn, den Augen und den Händen.«

Mit den Jahren dachten sich die Pioniere der Philosophie des Geistes immer neue Metaphern aus. Eine davon war die Vorstellung, das Gehirn sei wie ein Muskel. Wie den Bizeps könne man es trainieren, und je nachdem, wie sehr man es trainiere, könne man intelligenter werden. Schulen wären dann wahrscheinlich so etwas wie Fitnessstudios für den Geist.

Eine neuere Idee ist, das Gehirn sei wie das Internet. Es sei vernetzt, dezentral gesteuert, arbeite in einer ungreifbaren Geschwindigkeit und speichere Informationen ab. Aber so gut wie alle Vergleiche, die versuchen, die Arbeit und Rolle des Gehirns und des menschlichen Geistes zu beschreiben, haben etwas gemeinsam: Sie gehen davon aus, dass das Gehirn allein fürs Denken zuständig ist. Deshalb führt der Vergleich auch zu keinen besonders erhellenden Erkenntnissen darüber, wie wir Menschen in unserem Alltag smarter denken können.

Der viel bessere Vergleich für das menschliche Gehirn ist also vielleicht nicht der mit dem Computer oder der mit Muskeln, sondern ein ganz anderer. Die Wissenschaftsjournalistin Annie Murphy Paul sagt: Das Gehirn sei wie eine Elster. Wie sie in ihrem Buch *The Extended Mind* erklärt, verwenden Elstern für ihre Nester eine erstaunliche Vielfalt an Materialien. Praktisch alles, was sie finden können: nicht nur Zweige, Äste und Moos, sondern auch Angelschnur, Plastik, Löffel, Gabeln, Schmuck, Fahrradketten. Unser Gehirn funktioniert ähnlich. Alles, was uns umgibt, ob unser eigener Körper, unsere Umwelt, Technik oder andere Gehirne, wirkt sich auf unser Gehirn aus und damit auf unser Denken. Und mehr als das: All das *ist Teil* unseres Denkens. Oder wie Annie Murphy Paul schreibt: »Zum einen ist Denken ein Akt des ständigen Zusammenfügens und Wiederzusammensetzens, das auf Ressourcen außerhalb des Gehirns zurückgreift. Zum anderen beeinflusst die Art der Materialien, die zum Denken zur Verfügung stehen, die Art und Qualität der Gedanken, die produziert werden können. Und schließlich: Die Fähigkeit, gut zu denken, das heißt, intelligent zu sein, ist keine feste Eigenschaft des Individuums, sondern ein sich verändernder Zustand, der vom Zugang zu extra-neuralen Ressourcen und dem Wissen um deren Nutzung abhängt.«

Was sie damit meint: Während ein Laptop gleich gut funktioniert, egal, ob er im Büro oder im Park oder zu Hause benutzt wird, wird das Gehirn durch die Umgebung, in der es arbeitet, stark beeinflusst.

Wie Natur dein Gehirn verändert

Wenn du raus in die Natur gehst, wirkt sich das direkt auf dein Gehirn und auf dein Denken aus. Ein Beispiel: In einer Studie untersuchten Forschende aus Finnland und Australien, wie sich Naturspaziergänge auf die Stimmung, das Gefühl der Erholung und die Aufmerksamkeit auswirken. Die Studie bestand aus zwei Feldexperimenten, die in ganz unterschiedlichen Umgebungen durchgeführt wurden. Einmal als Spaziergang durch einen finnischen Nadelwald, ein märchenhaftes Setting: hohe Kiefern, weicher Waldboden, frische Luft. 127 Personen durften diesen Spaziergang genießen. Weitere 119 Personen machten einen Spaziergang durch einen städtischen Park. Ein Kontrastprogramm mit grünen Wiesen, Spazierwegen und städtischen Geräuschen. Die Versuchspersonen sollten eine Strecke von vier bis sechs Kilometern zurücklegen, ganz in ihrem eigenen Tempo. Je nach Gruppe gab es unterschiedliche Bedingungen. Manche bekamen Aufgaben, die sie während des Spaziergangs lösen sollten. Diese waren speziell so konzipiert, dass sie die Aufmerksamkeit oder die Verbindung zur Umgebung fördern sollten (zum Beispiel achtsames Wahrnehmen der Natur). Andere Versuchspersonen spazierten einfach so, ohne zusätzliche Vorgaben, lauschten der Natur und genossen die Zeit.

Anschließend wurden die Versuchspersonen auf drei verschiedenen Ebenen getestet. Erst wurde ihre Stimmung untersucht, sie sollten angeben, wie sie sich fühlten, ob zum Beispiel entspannt oder gestresst. Dann sollten sie angeben, wie erholt sie sich fühlten. Und schließlich machten sie einen speziellen Test, der die Fähigkeit zur anhaltenden Aufmerksamkeit maß. Die Ergebnisse: Nach dem Spaziergang fühlten sich alle Versuchspersonen besser. Es stellte sich aber heraus, dass die Natur selbst den größten Effekt hatte. Bei der Aufmerksamkeit zeigte sich ein Unterschied: Die Versuchspersonen, die während des Spaziergangs Aufgaben in Bezug auf die Natur, die sie umgeben hat, bearbeitetet hatten, zeigten eine größere Verbesserung ihrer Aufmerksamkeit. Offenbar kann aktives Auseinandersetzen mit der Natur die kognitiven Effekte verbessern. Und schließlich profitierten diejenigen, die zu Beginn gestresster gewesen waren, am meisten von den Spaziergängen. Park und Wald schienen besonders gut darin zu sein, die inneren Batterien aufzuladen.

Für eine andere Studie ließen Forscher der University of Michigan Studierende etwa fünfzig Minuten spazieren. Einmal in der Natur und einmal in einer städtischen Umgebung. Jeder Teilnehmende absolvierte beide Spaziergänge im Abstand von einer Woche.

Sowohl vor dem Spaziergang als auch nach dem Spaziergang testeten die Forschenden das Arbeitsgedächtnis der Versuchspersonen: Sie hörten Ziffernfolgen und sollten diese in umgekehrter Reihenfolge wiederholen. Die Folgen waren drei bis neun Ziffern lang und wurden in zunehmender Länge präsentiert. Um das Arbeitsgedächtnis noch stärker zu beanspruchen, mussten sie unmittelbar vor dem Spaziergang noch eine weitere Aufgabe absolvieren. Das Ergebnis: Diejenigen, die durch das Naturgebiet gelaufen waren, erzielten eine um zwanzig Prozent höhere Punktzahl bei den anschließenden Tests. Das zeigt auch: Wenn wir spazieren gehen, ist es auch wichtig, *wo* wir spazieren gehen. Das kannst du im Kopf behalten, wenn du das nächste Mal überlegst, wo du mit der Familie oder deinen Freunden entlangspazieren möchtest.

Um in den Genuss der positiven Effekte von der Natur zu kommen, die dich umgibt, musst du aber nicht zwangsläufig rausgehen. Sagen wir, du sitzt in einem fensterlosen Raum an deinem Laptop. Vor dir ein endlos langweiliger Konzentrationstest: immer wieder Zahlen anklicken, schnell reagieren, immer aufmerksam bleiben. Es dauert nicht lange, und du merkst, wie dein Geist abschweift. Konzentration? Fehlanzeige.

Genau das erlebten auch die 150 Studierenden in einem Experiment der Universität Melbourne. Nach einer anstrengenden Runde einer Aufmerksamkeitsaufgabe durften die Versuchspersonen eine Pause machen. Aber keine beliebige. Eine Hälfte der Gruppe durfte vierzig Sekunden lang aus dem Fenster auf ein grünes, blühendes Dach schauen. Gräser, Blumen, sanfte Wellen im Wind, einfach schön.

Die andere Hälfte blickte vierzig Sekunden lang auf eine triste Betonfläche – grau, flach, reglos. Nicht so schön. Danach ging es weiter mit der Konzentrationsaufgabe. Das Ergebnis: Die Studierenden, die auf das grüne Dach geschaut hatten, machten anschließend deutlich weniger Fehler als die andere Gruppe. Sie reagierten schneller, konstanter und aufmerksamer als ihre Kolleginnen und Kollegen, die nur auf Beton gestarrt hatten. Was für einen Unterschied vierzig Sekunden machen können!

Manchmal habe ich Phasen, in denen sich meine Gedanken im Kreis drehen. Vielleicht kennst du das. Ich denke dann an vergangene Entscheidungen und ob ich sie nicht anders hätte treffen sollen. Oder an künftige Situationen und Konflikte, die noch gar nicht entstanden sind, aber eventuell entstehen könnten, und wie blöd es wäre, wenn sie entstünden, weil ich mich dann damit rumschlagen müsste, eine Lösung zu finden. Über fiktive Konflikte nachzudenken macht nicht nur keinen Spaß, es führt auch nirgendwo hin. Vor allem nicht, wenn diese Konflikte dann gar nicht eintreten. Ich hätte mir schon so viele Sorgen sparen können, wenn ich nur aufgehört hätte zu grübeln. Ab und zu – wenn ich mich besonders vernünftig fühle – gehe ich raus, für eine Stunde ab in die Natur, und fast immer fühlen sich die ausgemalten Konflikte anschließend harmloser an.

Die Forschung der letzten Jahre hat ergeben: Die Ausflüge an die frische Luft helfen tatsächlich auch gegen das Grübeln. Ein Forschungsteam aus Portugal hat untersucht, was ein dreißigminütiger Spaziergang in einem Stadtpark bei Menschen auslöst, die regelmäßig in urbanen Umgebungen leben. Das Setting war denkbar simpel: Zwei Gruppen von gesunden Teilnehmenden, beide spazierten dreißig Minuten – die eine im Grünen, die andere durch eine urbane Betonlandschaft. Danach wurden Stimmung und Grübelneigung gemessen. Das Ergebnis war eindeutig: Nur die Naturgruppe hatte signifikant weniger negative Gedanken. Aber was steckt dahinter? Um das herauszufinden, machte das Team eine sogenannte Mediationsanalyse – ein bisschen wie eine Gedanken-Zwiebelschichtanalyse – und fand zwei zentrale Mechanismen. Erstens: Ein Gefühl, das im Englischen mit *awe* bezeichnet wird, spielt eine große Rolle. Das Gefühl auf Deutsch zu übersetzen ist nicht so leicht. Es bedeutet nicht einfach nur »Ehrfurcht« oder »Staunen«, sondern oft eine komplexe Mischung aus Größe, Überwältigung, Demut und Faszination. Eben dieses Gefühl, das einen beschleicht, wenn man aufs Meer oder auf die Berge blickt. Die Forschenden fanden heraus: Je mehr *awe* die Versuchspersonen während des Spaziergangs empfanden, desto stärker sank ihr negatives Gefühl – und das wiederum reduzierte das Grübeln. Zweitens: Auch ganz unabhängig von *awe* konnte eine verbesserte Stimmung allein das Grübeln verringern. Das zeigt: Natur hilft nicht direkt wie eine Tablette gegen Grübelei. Aber sie bringt uns in einen anderen emotionalen Zustand – weniger Ich, mehr Welt. Und das ist oft genau das, was wir brauchen, wenn wir innerlich festsitzen.

Und auch hier musst du nicht zwangsläufig rausgehen, um davon zu profitieren. Statt echten Spaziergängen nutzte ein anderes Forschungsteam lediglich Fotos. 58 Versuchspersonen bekamen zunächst eine Präsentationsaufgabe, bei der sie sich vorstellen sollten, gleich vor einer kritischen Gruppe einen Vortrag zu halten. Das klingt erst mal harmlos, aber es ist ein klassischer sozialer Stressor. Und genau das sollte passieren: Die Teilnehmenden sollten sich unter Druck gesetzt fühlen und Selbstzweifel entwickeln. Danach sahen sie entweder eine Diashow mit Naturbildern, eine mit Bildern aus der Stadt oder – nichts. Interessant ist hier: Die Naturbilder senkten das Ausmaß des Grübelns nicht signifikant, aber sie hatten messbare Effekte auf das emotionale Erleben. Die Leute fühlten sich durch die Naturbilder mehr »weg vom Alltag«. Und genau darin liegt der Wert dieser Studie: Sie zeigt, dass auch visuelle Naturreize einen mentalen Miniurlaub ermöglichen können, selbst wenn sie das Grübeln nicht sofort eindämmen.

All diese positiven Auswirkungen der Natur lassen sich aber nicht nur in kleinen Gruppen von Versuchspersonen beobachten. In einer Studie aus dem Jahr 2019 werteten Forschende die Daten von fast einer Million Dänen aus. Das Ergebnis: Je grüner der Wohnort eines Menschen in den ersten zehn Lebensjahren, desto geringer sein Risiko für eine psychische Krankheit im späteren Leben. Kinder, die in den ersten zehn Lebensjahren mit dem niedrigsten Grad an Grünflächen aufwuchsen, hatten ein bis zu 55 Prozent höheres Risiko, eine psychische Störung zu entwickeln, verglichen mit denen, die mit dem höchsten Grad an Grünflächen lebten.

Warum tut die Natur deinem Gehirn so gut?

Du siehst: Dass Natur uns wohl bekommt, ist keine esoterische Erfindung, sondern lässt sich neurobiologisch und psychologisch gut erklären. Aber was steckt dahinter? Hat das irgendeinen Sinn? Inzwischen gibt es ein ganzes Set an Theorien, die diesen Effekt greifbar machen wollen.

Die vielleicht bekannteste Erklärung stammt aus der sogenannten Aufmerksamkeits-Erholungs-Theorie. Sie wurde entwickelt von Rachel und Stephen Kaplan, die sich seit Jahrzehnten mit Umweltpsychologie auseinandersetzen. Die Idee: Unsere Aufmerksamkeit funktioniert wie eine Ressource. Du kannst sie benutzen, aber nicht endlos. Wenn du durch die Stadt läufst, merkst du das: hupende Autos, blinkende Reklamen, Fahrradklingeln, Baustellen. Dein Gehirn muss in jedem Moment filtern, was wichtig ist, und das kostet Energie.

Die Natur hingegen spricht unsere Sinne auf eine andere Weise an. Das Licht, das durch die Blätter fällt, der Wind, der durch das Gras streicht – das alles fordert keine Entscheidung, keine Bewertung, keine Reaktion. Rachel und Stephen Kaplan sprechen von »sanfter Faszination«. Die Natur beschäftigt dich, ohne dich zu fordern. Genau das erlaubt deinem Gehirn durchzuatmen.

Die zweite Erklärung dreht sich um Stressregulation. Sie stammt vom US-amerikanischen Umweltpsychologen Roger S. Ulrich. Wie du schon gesehen hast, ist der Körper darauf programmiert, in gefährlichen Situationen sofort zu reagieren – mit einem ausgeklügelten System aus Stresshormonen, Nervensignalen und Körperreaktionen. Problematisch wird das, wenn diese Reaktion dauerhaft ist: Wenn dein Gehirn permanent denkt, dass es Alarm schlagen muss.

Und genau da kommt laut Ulrich die Natur ins Spiel. Denn der Blick ins Grüne, das Rauschen der Blätter, der Kontakt zu Erde, Licht, Luft – all das scheint deinem Gehirn zu sagen: »Alles gut. Du bist sicher.« Es ist eine tiefe biologische Entwarnung. Warum das so ist? Vermutlich, weil unsere Vorfahren über Jahrtausende in solchen Umgebungen gelebt haben. Ein ruhiger Wald bedeutete Nahrung, Schutz, Überleben. Unser Gehirn ist eben nicht nur ein Denkorgan, es ist auch ein Überlebensorgan. Und wenn du dich in einer Umgebung befindest, die dein Gehirn als sicher einstuft, senkt es den inneren Stresspegel. Etwas, das Büros, Wartezimmer, enge Wohnungen und grelle Supermärkte nicht schaffen.

Die dritte Erklärung ist zugleich die tiefste. Sie geht davon aus, dass wir Menschen eine angeborene Verbundenheit zur Natur haben. Der Evolutionsbiologe Edward O. Wilson nannte diese Idee »Biophilia«: die Liebe zum Leben, zur Natur, zu allem, was wächst und lebt. Warum? Weil unsere Gehirne in der Natur entstanden sind. Den Großteil der Menschheitsgeschichte waren wir Jäger und Sammler. Wir haben unser Essen in Wäldern gesucht, Wasser an Flüssen getrunken, uns in Höhlen geschützt. Unsere Sinne, unsere Nervensysteme, unsere Entscheidungen – all das hat sich unter freiem Himmel entwickelt. Das bedeutet auch: Dein Gehirn ist nicht für Bildschirme gemacht, nicht für Neonlicht oder hupende Autos. Es ist für Wälder gemacht, für Vögel, für Wind und ab und zu auch Stille.

Wenn du heute auf einer Wiese spazierst, ein Lagerfeuer riechst, ein Eichhörnchen siehst – dann ruft das in deinem

Gehirn Erinnerungen wach, die älter sind als jede Kindheitserfahrung. Es sind evolutionäre Erinnerungen. Deshalb fühlt sich Natur so gut an. Weil sie vertraut ist, auch wenn du nie auf einem Bauernhof gelebt hast.

Studie nach Studie kommt also zu dem Ergebnis, dass sich Zeit in der Natur positiv auf unser Denken auswirkt. Aber hat die Natur auch eine heilende Wirkung? Eine Studie, die in einem Krankenhaus in Philadelphia durchgeführt wurde, untersuchte, ob es einen Unterschied macht, ob Patient:innen von ihrem Zimmer aus draußen Bäume sehen können oder nicht. Die Untersuchung wurde bereits 1984 in der Zeitschrift *Science* veröffentlicht und gilt als eine der einflussreichsten Arbeiten im Bereich der Architektur- und Umweltpsychologie. Ich liebe die Ergebnisse: Personen, die in Zimmern mit Blick auf Bäume untergebracht waren, brauchten nachweisbar weniger Schmerzmittel, sie erlitten weniger Komplikationen und hatten tatsächlich einen kürzeren Krankenhausaufenthalt als Menschen, die in ihren Zimmern auf eine Backsteinmauer hinausblickten. Die Pflegekräfte machten sich auch viel weniger negative Notizen über den Gemütszustand der Patient:innen bei denjenigen, die einen Blick ins Grüne hatten. Die Studie war wegweisend für das Konzept der »Heilenden Architektur«, das darauf abzielt, durch gezielte Gestaltung von Gesundheitsbauten das Wohlbefinden und die Genesung von Menschen zu fördern. Und sie wurde 2025 nicht nur bestätigt, sondern noch ausgebaut.

Ein Forschungsteam rund um Max Steininger vom Institut für Psychologie der Kognition, Emotion und Methoden an der Universität Wien hat untersucht, ob dieser positive Effekt nicht nur auftritt, wenn Patientinnen und Patienten in die echte Natur blicken, sondern auch, wenn sie Naturvideos anschauen. Während die Versuchspersonen im Magnetresonanztomografen lagen, sahen sie sich Naturaufnahmen an. Die Forschenden verglichen deren Wirkung mit Videos von Stadtlandschaften und

Innenräumen. Währenddessen gaben sie den Probanden am Handrücken Elektroschocks unterschiedlicher Stärke, sie lösten also künstlich Schmerz aus. Diese mussten dabei angeben, wie intensiv und wie unangenehm sie den Schmerz empfanden. Klingt gemein, ist es auch, diente aber einem guten Zweck: Die Versuchspersonen berichteten nach dem Schauen des Naturvideos von weniger Schmerz. Und ihr Gehirn bestätigte das. In den Aufnahmen war klar zu erkennen, dass in jenen Regionen, die für die körperliche Verarbeitung von Schmerz zuständig sind, die Aktivität spürbar nachließ.

Die Naturvideos beeinflussten aber nicht einfach nur die Stimmung, also nicht etwa die emotionale Bewertung des Schmerzes, wie das bei Placebos oft der Fall ist. Sie veränderten auch, wie Max Steininger es nennt, die »frühen, körperbezogenen Schmerzsignale«. Und sie waren ungefähr halb so wirksam wie Schmerztabletten. Das bedeutet: Die Natur scheint direkt auf die Art und Weise einzuwirken, wie das Gehirn Informationen über Schmerz verarbeitet – noch bevor das bewusste Bewerten überhaupt beginnt.

Es braucht also nicht einmal echten Waldboden unter den Füßen oder echtes Vogelgezwitscher im Ohr. Auch Naturfilme reichen offenbar aus, um den heilenden Effekt der Natur hervorzurufen. Vielleicht ist das der Anfang davon, Schmerzbehandlung neu zu denken: weniger Tablette, mehr Tannenwald. Wenn du das nächste Mal krank bist und Schmerzen hast, könnte es sich also wirklich lohnen, zur Entspannung einfach mal die Doku über die Nordsee anzuschauen, die du schon so lange abgespeichert hast.

Die bisherigen Erkenntnisse in diesem Kapitel erklären aber nur die Hälfte der Gründe, warum du morgens mal zur Arbeit gehen solltest. Draußen zu sein tut uns gut. Aber nicht nur das, sondern auch das Gehen an sich. Zumindest, wenn man es mit einer Autofahrt oder der Reise in der vollgestopften U-Bahn vergleicht.

Eine Umfrage unter 713 Berufspendlern in den drei größten Städten Schwedens bestätigt das. Das Team, das sie durchführte, fand heraus, dass Zufriedenheit mit dem Arbeitsweg zum allgemeinen Glücksgefühl beiträgt. Zu Fuß oder mit dem Fahrrad zu pendeln führte bei den Versuchspersonen zu mehr Zufriedenheit, als morgens mit dem Auto oder mit öffentlichen Verkehrsmitteln zu fahren.

Dass man sich dabei bewegt, spielt eine große Rolle. Beim lockeren Spazierengehen arbeiten überraschend viele Muskeln zusammen, um dich effizient und stabil vorwärtszubewegen. Deine Beinmuskulatur übernimmt die Hauptarbeit: Die vorderen Oberschenkelmuskeln, der Quadrizeps, strecken das Knie und stabilisieren es, während die hinteren Oberschenkelmuskeln dein Bein nach vorne ziehen und den Vorwärtsschub unterstützen. Gleichzeitig sorgen die Wadenmuskeln dafür, dass deine Ferse abhebt und du dich sanft vom Boden abstößt, während der vordere Schienbeinmuskel deinen Fuß hebt, um ein Stolpern zu verhindern. Auch deine Gesäßmuskeln spielen eine entscheidende Rolle. Der große Gesäßmuskel, der *Gluteus maximus,* sorgt dafür, dass du dich kraftvoll nach vorne bewegst, und die kleineren Gesäßmuskeln halten dein Becken stabil, wenn du nur auf einem Bein stehst. Unterstützt werden sie von der Hüftmuskulatur, die dein Bein in der Schwungphase nach vorne zieht, während die Adduktoren an der Innenseite des Oberschenkels dafür sorgen, dass deine Beine in einer stabilen Linie bleiben.

Kurz: Das Gehen ist viel komplexer als das stumpfe Rumsitzen in der S-Bahn. Schon eine Übersichtsarbeit aus dem Jahr 1999 stellte fest, dass bereits einzelne körperliche Aktivitäten wie dreißig Minuten zügiges Gehen die Stimmung und Schlafqualität verbessern können und dass Menschen, die körperlich aktiver sind, sehr wahrscheinlich ihr psychisches Wohlbefinden positiv einschätzen. Ein weiterer Grund dafür: Wer mit dem Auto zur Arbeit fährt oder mit der Bahn, verbringt rein mathematisch schon weniger Zeit im Tageslicht. Wenn du aber jeden Tag neunzig Minuten zu Fuß zur Arbeit und zurück gehen würdest, wäre das anders. Vielleicht könntest du dann auch auf die Vitamin-D-Präparate verzichten, die du möglicherweise wie so viele Menschen im Winter nimmst.

Dass Tageslicht wichtig für unser Wohlbefinden ist, wissen die meisten natürlich. Aber Licht kann sogar die Wahrscheinlichkeit reduzieren, Antidepressiva nehmen zu müssen. In einer Kohortenstudie mit fast einer halben Million Erwachsenen in England wurde untersucht, wie sich Zeit im Freien bei Tageslicht auf die psychische Gesundheit auswirkt. Die Forschenden verwendeten Fragebögen, um Daten zu Stimmung, Lebensstil und anderen Aspekten der Gesundheit zu erfassen. Dabei kamen sie zum Ergebnis: Menschen, die sich länger Tageslicht aussetzen, haben ein geringeres Risiko, Depressionen zu bekommen und Antidepressiva nehmen zu müssen. Und wenn das kein Grund ist, den Weg zur Arbeit zumindest mal probeweise zu Fuß hinter sich zu bringen, dann weiß ich es auch nicht. Also: Der Deal steht!

Wie dein Körper dir Signale sendet (die du nicht bewusst wahrnimmst)

Ein Teil der positiven Auswirkungen von Spaziergängen ist also auf die Bewegung an sich zurückzuführen. Wie Sport sich auf deine Denkfähigkeit und dein Wohlbefinden auswirkt, beschreibe ich weiter hinten im Buch. Das Zusammenspiel von Gehirn und Körper ist meiner Meinung nach einer der spannendsten Aspekte, mit denen man sich beim Erforschen des menschlichen Geistes überhaupt beschäftigen kann. In der Kognitionswissenschaft spricht man davon, dass unser Geist *embodied* ist, grob übersetzt also »verkörpert«. Die Idee ist, dass

Denken, Wahrnehmung und Bewusstsein nicht nur im Gehirn, sondern in enger Wechselwirkung mit dem gesamten Körper und seiner Umgebung entstehen.

Die Ursprünge dieser Idee reichen bis in die 1980er-Jahre zurück. Der Kognitionslinguist George Lakoff und der Philosoph Mark Johnson zeigten in ihrem Buch *Philosophy in the Flesh,* dass selbst abstrakte Begriffe oft aus körperlicher Erfahrung entstehen. Wenn wir zum Beispiel sagen: »Der Sommer liegt vor uns« oder: »Die besten Jahre liegen hinter mir«, dann denken wir Zeit buchstäblich als Bewegung durch den Raum. Zukunft ist vorne, Vergangenheit hinten – genau wie beim Gehen. Andere Beispiele sind Wendungen wie »ein warmherziger Mensch«, »eiskalt abserviert« oder »die Stimmung war frostig« – soziale Nähe oder Distanz wird als Temperatur erlebt.

Auch Maurice Merleau-Ponty hatte als Phänomenologe bereits Jahrzehnte zuvor argumentiert, dass das Bewusstsein *immer* verkörpert sei. Heute gilt Antonio Damasio als einer der einflussreichsten Neurowissenschaftler auf diesem Gebiet. Mit seiner Theorie der »somatischen Marker« lieferte er empirische Hinweise darauf, dass körperliche Zustände unsere Entscheidungen leiten. Mittlerweile haben viele Forschende das Konzept weiterentwickelt und kommen zum Ergebnis: Denken ist nicht nur ein Output des Gehirns, sondern ein Produkt des ganzen Organismus, also auch des Körpers.

Das hört sich philosophisch an und ist es auch. Um zu verstehen, was das für deinen Alltag bedeutet – und warum diese Erkenntnisse viel darüber verraten, wie du dich besser konzentrieren und bessere Entscheidungen treffen kannst –, muss ich kurz eine etwas eklige Geschichte erzählen.

Vor einigen Monaten bin ich mit einem Grummeln im Bauch aufgewacht. Damals lehnte ich mich gegen die Wand hinter meinem Bett. Der Handybildschirm verschwamm in meiner Hand. Mein Magen gluckerte weiter. Ich klimperte mit den Augen, aber meine Sicht wurde nicht klarer. Auf meiner Stirn formten sich

Schweißtropfen. Irgendwas stimmte nicht. Alle weiteren Details erspare ich dir. Ich hatte mir etwas eingefangen: Magen-Darm. Die Frage ist nur: wo? War es das mexikanische Restaurant, in dem ich am Abend zuvor mit einem guten Freund noch Süßkartoffel-Tortillas gegessen hatte? Oder stimmte etwas nicht mit dem Bier, das ich danach in der Kneipe getrunken hatte, in der ich gnadenlos beim Quizabend abgezogen worden war? (Woher sollte ich wissen, wie sich der Song »Major Tom« rückwärts abgespielt anhört?)

Nein. Das war es nicht. Es war der Mexikaner. Ich konnte zwar nicht wissen, ob es wirklich die Tortillas waren. Aber: Die Signale meines Körpers waren eindeutig. Sobald ich an die Süßkartoffeln dachte, wurde mir wieder schlecht. Ich hatte da so ein Bauchgefühl, das ich nicht mehr ignorieren konnte. Und seit ich mich mit dem Zusammenspiel von Gehirn und Körper auseinandergesetzt habe, lege ich sowieso deutlich mehr Wert auf die vielen subtilen Signale, die mein Körper mir sendet. Denn unser Körper weiß viel öfter, worauf wir achten müssen, als unser Gehirn es einsehen will.

Der oben schon erwähnte Neurowissenschaftler Antonio Damasio zeigte in einer berühmten Studie in den 1990er-Jahren, wie stark unser Körper unsere Entscheidungen beeinflusst, lange bevor wir es überhaupt merken. In der sogenannten Iowa-Glücksspiel-Aufgabe ließ er Testpersonen ein Kartenspiel spielen, bei dem sie mit vier Kartendecks Geld gewinnen oder verlieren konnten. Zwei dieser Stapel waren »gut« – moderate Gewinne, moderate Verluste. Die anderen beiden waren »schlecht« – große Gewinne, aber noch größere Verluste. Nach dem Ziehen von etwa fünfzig Karten erkannten die meisten Versuchspersonen, dass zwei der Stapel ihnen schadeten. Doch schon nach rund zehn gezogenen Karten zeigte sich ein deutliches Muster in ihrer Körperreaktion: Der sogenannte Hautleitwert – also die elektrische Leitfähigkeit der Haut, die durch minimale Schweißmengen beeinflusst wird – stieg messbar an, sobald sie sich einem der schlechten Stapel näherten. Noch bevor ihnen bewusst war, dass ein Stapel schlecht war, hatte ihr Körper es längst verstanden.

Damasios Fazit: Der Körper ist wie ein stiller Frühwarnsensor. Er nimmt Muster wahr, die unser Verstand noch gar nicht durchschaut hat. Und er sendet sie ans Gehirn, über Herzschlag, Schwitzen, Übelkeit, Enge im Brustkorb oder Hitze im Gesicht. Was wir oft als »Bauchgefühl« bezeichnen, ist also nicht irrational. Es ist vorbewusstes Wissen, kodiert in körperlichen Zuständen. Damasio nennt das »somatische Marker«: körperlich gespeicherte emotionale Erfahrungen, die uns helfen, blitzschnell Entscheidungen zu treffen, wenn keine Zeit für komplexe Analysen bleibt.

Aber wie genau funktioniert das? Wie kommuniziert der Körper mit dem Gehirn? Ein wichtiger Begriff in diesem Zusammenhang ist »Interozeption« – darunter versteht man die Fähigkeit des Gehirns, die inneren Signale des Körpers wahrzunehmen. Dazu zählen der eigene Herzschlag, die Atmung, der Füllstand der Lunge oder des Magens, aber auch subtilere Dinge wie das Gefühl von Durst, Schmerz, Übelkeit oder Erschöpfung. Bei Damasios Experiment wiesen die Versuchspersonen diese Signale auf, deutlich bevor ihnen bewusst war, wie das Spiel funktionierte.

Lange galt Interozeption als Nischenthema. Heute weiß man: Sie spielt eine zentrale Rolle für unser emotionales Erleben, unsere Selbstregulation und sogar für unsere Fähigkeit, andere Menschen zu verstehen. Besonders ausführlich untersucht das die britische Neurowissenschaftlerin Sarah Garfinkel. Sie hat unter anderem gezeigt, dass Menschen, die besser darin sind, ihre Herzschläge korrekt zu erkennen, auch feinfühligere emotionale Reaktionen zeigen. Sie hatten eine »höhere interozeptive Sensitivität«. In einer ihrer bekanntesten Studien hat Garfinkel herausgefunden, dass Menschen, die ihren eigenen Herzschlag besonders präzise wahrnehmen können, auch emotional stabiler sind. Garfinkel unterscheidet dabei zwischen zwei Begriffen: »interozeptive Genauigkeit« und »interozeptives Bewusstsein«. Unter interozeptiver Genauigkeit versteht sie die objektive Fähigkeit, Körpersignale korrekt zu erfassen. Zum Beispiel wie präzise du deinen Herzschlag wahrnehmen kannst. Interozeptives Bewusstsein hingegen meint, wie gut du einschätzen kannst, ob du gut darin bist, die Signale deines Körpers zu deuten. Garfinkel hat herausgefunden, dass diese Fähigkeit eine große Rolle spielt: Je besser die Versuchspersonen wussten, wie gut oder schlecht sie darin waren, ihre inneren Signale einzuschätzen, desto geringer war ihr Risiko, Angstsymptome zu entwickeln. Ein gutes Körpergefühl scheint also nicht nur mit emotionalem Bewusstsein, sondern auch mit effektiver Emotionsregulation einherzugehen. Das bedeutet: Wenn du deinen Körper besser verstehst, hast du einen besseren Zugang zu deinen Gefühlen und kannst sie auch besser regulieren.

Was du fühlst, ist aber nicht einfach das, was dein Körper dir meldet. Dein Gehirn macht aus den Signalen deines Körpers erst ein Gefühl. Diese Einsicht stammt von Lisa Feldman Barrett, die seit Jahren an der Frage arbeitet, wie Emotionen entstehen. Ihre These: Gefühle sind keine objektiven »rohen« Reize aus dem Körper, sondern entstehen erst durch die *Interpretation* dieser Reize. Ganz ähnlich wie die im zweiten Kapitel beschriebene Interpretation der Außenwelt des Gehirns. Gefühle sind demnach also ein Deuten der Signale im Licht unserer Erfahrungen, unserer Werte und unserer inneren Modelle der Welt. Wenn dein Herz plötzlich rast, kannst du denken: »Ich freue mich gerade wahnsinnig!« Du kannst aber auch denken: »Ooooooh, *shit.* Ich bekomme eine Panikattacke!« Physiologisch haben beide Gedanken oft denselben Input (das Herzrasen). Entscheidend ist, was dein Gehirn daraus macht.

Um das zu verstehen, lohnt sich ein Blick auf die beiden wichtigsten Gesprächspartner, die daran beteiligt sind, die Körpersignale zu deuten. Einer davon ist der Vagusnerv. Du kennst ihn schon, er verläuft wie eine Datenautobahn zwischen Bauch, Herz, Lunge und Gehirn, und er schickt doppelt so viele Signale nach oben wie nach unten. Es ist also nicht nur das Gehirn, das den Körper steuert. Es ist mindestens genauso sehr der Körper, der dem Gehirn sagt, was Sache ist. Studien zeigen: Wenn der Vagusnerv gut zwischen Aktivierung und Deaktivierung umschalten kann, können wir unsere Emotionen besser regulieren, sind belastbarer und verhalten uns sogar sozialer.

Die zweite Gesprächspartnerin ist die sogenannte Insula, ein tief im Gehirn gelegener Bereich, der bei der Verarbeitung interozeptiver Reize eine zentrale Rolle spielt. Hier laufen viele der Signale zusammen, die aus dem Körper ankommen: über den Herzschlag, den Magen, die Atmung. Die Aktivität der Insula scheint zu bestimmen, wie gut wir mit unseren inneren Zuständen in Kontakt sind und wie sehr wir darauf reagieren. Menschen mit stärkerer Insula-Aktivität berichten etwa von intensiveren Emotionen. Gleichzeitig zeigt sich in Bildgebungsstudien: Bei Menschen mit Angststörungen reagiert die Insula oft über. Sie bewertet harmlose Körperzustände wie Herzklopfen oder ein Engegefühl in der Brust als bedrohlich.

Das bedeutet: Es geht beim Bauchgefühl nicht einfach darum, auf den Körper zu hören. Sondern darum, ein kluges Gespräch mit ihm zu führen. Und je besser du dabei weißt, wie zuverlässig deine innere Wahrnehmung wirklich ist, desto klarer kann dein Gehirn daraus die richtigen Schlüsse ziehen.

Und genau hier schließt sich der Kreis zu meiner Magen-Darm-Geschichte von eben. Die Signale meines Körpers waren so eindeutig, dass sie sich eingebrannt haben. Bis heute wird mir leicht flau, wenn ich an dieses mexikanische Restaurant denke. Das ist schade, denn ich mochte es sehr. Mein Körper hat aber nicht nur reagiert, er hat gelernt. Er hat ein Verhalten konditioniert, bevor mein bewusster Verstand eingreifen konnte. Und genau das macht Interozeption so besonders: Sie wirkt schneller als jedes Nachdenken. Und manchmal auch besser.

In einer Welt, in der viele Menschen ihren Alltag im Sitzen verbringen und ihren Körper oft nur noch als Vehikel für den Weg von A nach B wahrnehmen, verlieren wir den Zugang zu diesen inneren Signalen. Wir funktionieren, statt zu fühlen. Aber Interozeption lässt sich trainieren. Zum Beispiel indem du versuchst, dich ganz bewusst auf deinen Atem zu konzentrieren. Also wirklich zu spüren, wie die Luft durch deine Nase einströmt, deine Brust sich hebt, dein Bauch sich senkt. Klingt banal, aber dein Gehirn arbeitet dabei auf Hochtouren. Und: Es verändert sich sogar. Genau das konnte ein Team um den Neurowissenschaftler Norman Farb zeigen.

Die Forschenden luden zwei Gruppen ins Labor ein: Eine Gruppe absolvierte ein achtwöchiges Achtsamkeitstraining, wie man es aus Programmen zur Stressreduktion kennt. Die andere Gruppe tat: nichts. Oder genauer: Sie diente als Kontrollgruppe. Danach legten sich alle Teilnehmenden ins MRT-Gerät. Ihre Aufgabe: auf ihren Atem achten. Aber nicht einfach so. Sie sollten gezielt wahrnehmen, wie sich ihr eigener Körper bei jedem Ein- und Ausatmen anfühlte.

Diejenigen, die zuvor das achtwöchige Achtsamkeitstraining gemacht hatten, zeigten im MRT-Gerät deutlich mehr Aktivität in der vorderen Insula, also im interozeptiven Zentrum. Wer seine Aufmerksamkeit trainiert hatte, konnte seine inneren Signale besser wahrnehmen. Das Gehirn veränderte sich durch das Training.

Wenn du regelmäßig übst, deinen Körper wahrzunehmen, also deinen Herzschlag, deine Atmung und deine Körperspannung, dann wird dein Gehirn besser darin. Du wirst sensibler für Signale, die sonst im Grundrauschen untergehen. Und das ist kein kleiner Effekt. Denn wer mehr mitbekommt von dem, was der eigene Körper einem sagen will, trifft oft auch klügere Entscheidungen (denk an die Kartenspieler von Antonio Damasio), ist emotional stabiler und kann schneller reagieren, wenn etwas nicht stimmt.

Wenn du also das nächste Mal nicht weiterweißt, nicht sicher bist, ob dir jemand guttut oder ein Projekt das Richtige ist, probier's mal mit einem kurzen Check-in: Was sagt dein Körper? Vielleicht hat er die Antwort längst parat.

Warum du dich bei der Arbeit mehr bewegen solltest

Der Spaziergang zur Arbeit hat deinen Kopf aufgeräumt. Klar, auf den kurzen Regenschauer, als du genau in der Mitte zwischen deiner Wohnung und deinem Büro warst, hättest du verzichten können. Aber wach bist du jetzt auf jeden Fall. Im Büro angekommen, legst du deine Sachen ab, setzt dich vor deinen Bildschirm und beginnst zu arbeiten. Dir fällt es zunächst richtig leicht, dich zu konzentrieren. Aber nach zwei Stunden zwickt dein Rücken. So eine richtig gemütliche Sitzposition willst du heute nicht finden. Und wie du da so sitzt, denkst du zurück an deine Schulzeit und fragst dich, wie viele Stunden du als Kind eigentlich still sitzend auf deinem Platz verbracht hast, wenn du etwas lernen solltest.

Die Antwort ist: die meisten. Im Schnitt verbringen Kinder und Jugendliche 10,5 Stunden am Tag in der Sitzposition. Das hat das Institut für Sport und Sportwissenschaft der Uni Heidelberg in einer Umfrage herausgefunden. Für manche Kinder kann die Schulzeit deshalb zur Qual werden. Das habe ich gelernt, als ich für *Krautreporter* mit Eltern über ihre Kinder gesprochen habe.

Ein Vater meldete sich und erzählte mir von seiner Tochter Antonia. Nach nur drei Monaten in der ersten Klasse war ihr die Lust am Lernen vergangen. Dabei hatte sie sich sehr auf die Grundschule gefreut. Ihr Vater dachte: Solche Phasen haben wohl alle Kinder mal. Aber die Phase dauerte an. Nach zwei weiteren Wochen versuchte er herauszufinden, was los war. »Der Grund war einfach«, sagt er. »Antonia hasste es, in der Schule so viel still sitzen zu müssen.« Die Familie suchte das Gespräch mit der Klassenlehrerin. Nach wenigen Minuten war klar: Dass Antonia mehr Bewegung braucht, ist in der Schule gar kein Problem. Seitdem darf sie sich im Unterricht umsetzen, wenn sie das will. Sie darf im Stehen arbeiten. Und wenn ihr Bewegungsdrang noch größer wird, kann sie sich melden, fragen, ob sie auf Toilette dürfe, und stattdessen das Treppenhaus hoch- und runterrennen. »Das hat alles verändert«, sagt Johannes. Antonia geht wieder gern in die Schule. Und Spaß macht ihr das Lernen auch.

Dass sich Schulkinder (den Sportunterricht ausgenommen) nur in den Pausen bewegen dürfen, ist aus Sicht der Hirnforschung schlichtweg schwachsinnig. Und dass Erwachsene diese bescheuerte Regel dann auch noch in ihrem Arbeitsalltag weiterführen und in vielen Jobs acht Stunden lang reglos vor ihren Bildschirmen sitzen, ist wirklich sinnlos. Wie du eben gesehen hast, hängt das Denken eng mit dem zusammen, was der Körper signalisiert. Es ist also nur logisch, dass der Körper andere Signale sendet, wenn er in Bewegung ist, als wenn er still auf einem Stuhl sitzt. Dass wir meinen, die 45-Minuten-Denkeinheiten in der Schule sollten am besten komplett ohne Bewegung stattfinden, zeigt vor allem: Wir als Gesellschaft haben nicht sonderlich viel Ahnung vom Denken. Dabei ist eigentlich bekannt, wozu zu wenig Bewegung führen kann: Diabetes, Bluthochdruck, Herz-Kreislauf-Erkrankungen. Etwa jedes sechste Kind in Deutschland ist übergewichtig oder adipös. Unter den Elf- bis Dreizehnjährigen ist es sogar jedes fünfte, schreibt das Robert Koch-Institut. Die Schäden, die beim Stillsitzen entstehen, sind nicht sofort zu erkennen, es wirkt sich langfristig aus. Als Erwachsene wundern wir uns dann, warum wir so starke Rückenschmerzen haben. Dabei ist Bewegung fest im Lehrplan verankert. Sogar als eigenes Fach. Wie eine Erhebung zeigt, belief sich die durchschnittliche Zeit, die Kinder in Deutschland im Jahr 2019 pro Woche Sportunterricht hatten, nur auf 2,6 Stunden. Gegen die 10,5 Stunden pro Tag (!), die ein Kind im Durchschnitt im Sitzen verbringt, ist das lächerlich wenig.

Aber auch wir Erwachsene sitzen bei vielen Jobs die meiste Zeit des Tages. Für eine 2017 veröffentlichte Studie baten Christine Langhanns und Hermann Müller von der Justus-Liebig-Universität Gießen Gruppen von Freiwilligen, eine Reihe von Matheaufgaben im Kopf zu lösen. Die Versuchspersonen hatten dafür eine von drei Positionen eingenommen: Entweder sie lagen in einem Liegestuhl, saßen auf einem Fahrradsattel oder sie standen. Währenddessen durften sie sich entweder leicht bewegen, entspannt bleiben (aber ohne große Bewegungen) oder streng still stehen. Die ganze Zeit über wurde die kognitive Belastung der Teilnehmenden mit einer Gehirnscanning-Technologie namens fNIRS gemessen. Die Abkürzung steht für funktionelle Nahinfrarot-Spektroskopie, eine Methode, bei der nahinfrarotes Licht benutzt wird, um die Aktivität des Gehirns durch Messen der Veränderungen im Sauerstoffgehalt des Blutes zu bestimmen. Die Ergebnisse dieser Scans: Die kognitive Belastung der Probandinnen und Probanden nahm unter der Anweisung »still stehen« erheblich zu. Der Befehl, still zu halten, steigerte die Hirnaktivität in demselben Bereich, der auch von den Matheaufgaben beansprucht wurde: dem präfrontalen Kortex, der für die Ausführung intellektueller Aufgaben wie Rechnen und für die Kontrolle unserer Impulse wichtig ist. Deshalb konnte sich diese Region beim Stillhalten nicht mehr vollständig auf das Lösen der Aufgaben konzentrieren.

Weiter vorn im Buch habe ich bereits beschrieben, wie positiv sich Spaziergänge auf unser Wohlbefinden auswirken können. Aber was passiert wohl, wenn Menschen spazieren gehen und dabei gleichzeitig Konzentrationsübungen machen und Aufgaben zur

Impulskontrolle lösen müssen? In einer weiteren Studie mussten die Versuchspersonen genau das tun, sie trugen dabei eine Art Gehirnscanner auf dem Kopf, ein tragbares NIRS-Gerät, das die Aktivität im präfrontalen Kortex misst, also der Region im Gehirn, die besonders wichtig für Aufmerksamkeit, Selbstregulation und Planung ist. Die Ergebnisse: Schon während des Gehens stieg die Leistung in kognitiven Aufgaben deutlich an, zumindest bei Übungen, die schnelle und klare Entscheidungen erforderten, wie etwa die klassische »Go/No-Go«-Aufgabe, bei der man blitzschnell auf Reize reagiert oder bewusst stoppen soll. Gleichzeitig zeigte sich: Die Aktivität im präfrontalen Kortex nahm in genau diesen Momenten zu. Ein Zeichen dafür, dass das Gehirn in Bewegung wacher, koordinierter und besser reguliert war.

Noch interessanter: Dieser Effekt trat nicht bei jeder Form der Bewegung auf. Wenn die Probanden und Probandinnen bei niedrigem Tempo oder unter ihrer individuellen Belastungsschwelle gingen, war der Effekt messbar, aber moderat. Sobald die Bewegung deutlich anstrengender wurde, ließ der positive Effekt sogar nach. Die besten Denkergebnisse erreichen wir also nicht, wenn wir uns auspowern, sondern wenn wir unseren Körper in einen ruhigen, rhythmischen Gang bringen, etwa beim zügigen Gehen.

Das ist natürlich alles kein Zufall. Evolutionär ergibt das Sinn: Wenn wir unterwegs sind, müssen wir aufmerksamer sein, als wenn wir ruhig in unserer kleinen dunklen Höhle sitzen (ich meine jetzt keine Klassenräume oder Büros). Warum Bewegung so hilfreich beim Denken ist, ist noch nicht bis ins letzte Detail erforscht. Ein paar Ansätze gibt es aber. Der Bewegungspädagoge Christian Andrä sagt: »Wenn der Körper bewegt wird, ist der Blutfluss in Schwung, und es kommt zur besseren Versorgung mit Nährstoffen. Dies bewirkt, dass der ganze Organismus besser funktioniert. Das gilt auch für das Gehirn. Bewegung durchblutet das Gehirn und optimiert die Sauerstoffversorgung. Mehr regelmäßige Bewegung führt deshalb dazu, dass es effizienter arbeiten kann.« Eine Reihe von Neurotransmittern wird freigesetzt, die die Effizienz der Informationsübertragung im Gehirn erhöhen und das Wachstum von Nervenzellen fördern (dazu später mehr, wenn es um Sport geht).

Der Spaziergang zur Arbeit könnte also nur ein Anfang sein. Wenn du wirklich ausnutzen möchtest, dass dein Körper beim Denken eine entscheidende Rolle spielt, solltest du Bewegung auch in deinen Arbeitsalltag einbauen. Das ist gar nicht so einfach, weil kaum jemand das macht. In der *Krautreporter*-Redaktion stehe ich regelmäßig auf, gehe durch den Raum und sage meinen Kollegen und Kolleginnen, dass wir uns bisher viel zu wenig bewegt hätten. Manche bleiben sitzen, weil sie gerade konzentriert an einem Text arbeiten, aber immer wieder stehen welche auf und zappeln mit mir durch den Raum. Es braucht nur immer jemanden, der anfängt.

Warum du dich im Café schlechter konzentrieren kannst

Weil dein Rücken nicht aufhört zu zwicken, schnappst du dir deine Jacke und drehst eine Runde um den Block. Dabei kommst du auch an einem Café vorbei, in das du schon lange mal gehen wolltest. Vielleicht eignet es sich ja zum Arbeiten? Manchmal gehst du dafür nämlich in Cafés. Und zwar immer dann, wenn du keine Lust auf die Menschen im Büro hast, auf die Stille und Einsamkeit im Homeoffice aber auch nicht. Im Café schmeißt du dich dann in einen der durchgesessenen Sessel und platzierst deinen Laptop auf dem eigentlich viel zu niedrigen Tisch. Bei Cappuccino (und manchmal auch einem Stück Kuchen) fühlt sich deine Arbeit gleich viel hipper an.

Als du gerade vor dem Café stehst, überlegst du, ob heute nicht ein guter Tag für Café-Office wäre. Du erinnerst dich aber direkt daran, wie es letztes Mal war, als du den Bürostuhl gegen den Sessel ausgetauscht hast. Du hast das Bild noch genau vor deinen Augen: Du saßt an einem kleinen, wackeligen Tisch, dein Laptop vor dir, das Ladekabel halbwegs gefährlich über den Boden gespannt. Dein Sessel war ein bisschen unbequem, aber wenigstens roch der Kaffee himmlisch. Die Jazzmusik im Hintergrund gab dir das Gefühl, in einem französischen Film zu sein. Vor dir dampfte ein perfekt zubereiteter Cappuccino mit »normaler« Milch, wie der Kellner auf Nachfrage betont hat. Du warst so was von bereit zu arbeiten – bis sich die Geräusche um dich herum in dein Ohr schummelten. Rechts von dir führte ein Geschäftsmann ein Zoom-Meeting. Er sprach zu laut, als ob die Mikrofontechnik noch aus den Achtzigern stammte, und er wiederholte sich ständig. »Synergien schaffen«, »Bottom Line« und »Win-win«. Dabei schaute er offen ins Café, als wären die anderen Gäste gespannte Zuhörer seiner Vorlesung. Links von dir tippte jemand auf seiner mechanischen Tastatur, die er extra mitgebracht hatte. Sie klackerte so laut, dass du dachtest, in einem alten Büro mit Schreibmaschinen zu sitzen.

Die Tür des Cafés öffnete und schloss sich in unregelmäßigen Abständen, begleitet von dem metallischen Klingeln einer kleinen Glocke, die dich immer wieder aus deiner Konzentration riss. Ein Paar am Fenster stritt flüsternd, aber du konntest jedes Wort verstehen. Ihr Beziehungsdrama war ehrlicherweise deutlich spannender als das Projekt, an dem du gerade arbeitetest. Und dann war da noch die Siebträgermaschine. Sie zischte, pfiff und dröhnte intensiv, während der Barista enthusiastisch Milch aufschäumte. Zwischendurch das Klappern von Tassen, das Geräusch von Münzen an der Kasse und ein Kind, das plötzlich beschloss, mitten im Café zu schreien. Du hast versucht, dich auf deinen Bildschirm zu konzentrieren, aber die Geräuschkulisse wummerte durch deinen Kopf.

Ich habe es eben schon angedeutet: Der Körper ist wichtig fürs Denken. Aber die Umgebung ist es auch. Die Kognitionswissenschaft spricht hier von »eingebetteter Denkweise« *(embedded cognition* oder *embedded mind),* manchmal auch von »verteilter Kognition« *(distributed cognition).* Die Idee: Kognition wird nicht nur durch dein Gehirn gesteuert und auch nicht nur von deinem Körper beeinflusst, sondern auch stark von der physischen Umgebung, in der du dich aufhältst. Deine Gedanken und Handlungen sind in ein Netzwerk aus Umweltfaktoren eingebettet. Wenn du eine Einkaufsliste machst, greifst du auf Papier und Stift oder Apps zurück, um deine Gedächtnislast zu verringern. So wird der Notizzettel Teil deines Denkvorgangs. Dein Gehirn betreibt Outsourcing. Werkzeuge und Technologien werden ebenfalls als Erweiterung unserer kognitiven Fähigkeiten betrachtet. Zum Beispiel erleichtert dir ein Navigationssystem die Orientierung und reduziert die kognitive Belastung beim Fahren. Du musst dich im Auto nicht aufwendig daran erinnern, wie du letztes Mal zu deiner Freundin gefahren bist. Du hältst dich einfach an das, was dein Navi dir vorgibt.

Diese Idee ist nicht mehr neu, aber sie hat sich erst in den letzten Jahrzehnten durchgesetzt. In den 1980ern und 1990ern begann die Kognitionswissenschaft zu zeigen, dass viele Denkprozesse nur in Wechselwirkung mit der Umwelt erklärbar sind. Edwin Hutchins zum Beispiel ist Professor und ehemaliger Abteilungsleiter für Kognitionswissenschaft an der University of California, San Diego. Er hatte eine große Einsicht, als er die Arbeit auf einem Flugzeugträger beobachtet hat. Dabei stellte er nämlich fest: Navigation ist keine rein mentale Aufgabe. Sie wird kollektiv gelöst: über Karten, Instrumente, Gespräche und Gesten. Die wichtigste Erkenntnis: Unser Geist endet nicht am Rand der Schädeldecke, er reicht hinaus in die Welt.

Diese Vorstellung hilft auch dabei herauszufinden, warum man im Café, im Großraumbüro oder im Homeoffice manchmal produktiv ist und manchmal überhaupt nicht. Denn wer arbeitet, arbeitet nie nur mit seinem Gehirn. Sondern immer auch mit dem Raum, in dem dieses Gehirn sich befindet. Aber wie genau wirkt sich dieser Raum auf uns aus?

Fangen wir mit einem scheinbar banalen Punkt an: Lärm. Dass Lärm Konzentration stören kann, ist einleuchtend, aber wie stark tut er es? In einer wegweisenden Studie an der Universität Gävle in Schweden untersuchte ein Forscherteam, wie sich verschiedene Geräuschkulissen auf Schreibaufgaben auswirken. Das Ergebnis: Verständliche Hintergrundgespräche beeinträchtigten die Leistung signifikant stärker als unverständliches Murmeln oder gar Stille. Wenn die Versuchspersonen im Hintergrund ein Gespräch hörten, schrieben sie weniger Zeichen, machten mehr Tippfehler und längere Pausen zwischen den Wörtern. Denn Sprache – selbst wenn wir ihr nicht zuhören wollen – wird von unserem Gehirn automatisch verarbeitet. Bedeutet: Wer in einem Café mit offenen Ohren versucht zu schreiben, nutzt dieselben neuronalen Netzwerke, die er eigentlich für die eigene Arbeit bräuchte. Zum Beispiel das sogenannte Wernicke-Areal, das im hinteren Teil des oberen Temporallappens, nahe des auditorischen Kortex liegt. Das ist der Bereich der Großhirnrinde, der dafür zuständig ist, Geräusche, Sprache und Musik zu verarbeiten. Ein Schaden im Wernicke-Areal führt dazu, dass Menschen zwar flüssig sprechen, aber oft sinnlose oder kontextfreie Wörter benutzen. Das Sprachverständnis selbst ist stark beeinträchtigt. Wenn du diese Region für die Aufgabe benutzen möchtest, die du gerade zu erledigen hast, sie aber von der Umgebung abgelenkt wird, hast du ein Problem.

Dass Geräusche so stark auf unsere Kognition wirken, liegt auch daran, wie unser Gehirn Reize verarbeitet. Die Umwelt wird dabei nicht nur passiv aufgenommen, sie wird aktiv vorhergesagt. Was ich damit meine: Dein Gehirn stellt permanent Hypothesen darüber auf, was als Nächstes passiert. Und je weniger vorhersehbar deine Umgebung ist, desto mehr Energie kostet es, sie zu verarbeiten. Besonders anstrengend sind sogenannte halbe Dialoge, also Gespräche, bei denen wir nur eine Seite hören – etwa beim lauten Telefonat des Café-Gasts nebenan. Die amerikanische Psychologin Lauren Emberson konnte zeigen: Wer während des Arbeitens nebenbei nur eine Hälfte eines Gesprächs hört, wird stärker abgelenkt als bei vollständigen Dialogen. Der Grund: Unser Gehirn versucht automatisch, die fehlenden Informationen zu ergänzen. Das ist anstrengend und geht zulasten unserer kognitiven Ressourcen.

Aber die Geschichte ist komplexer. Denn obwohl viele akustische Reize die Konzentration stören, können andere Aspekte der Umgebung durchaus förderlich sein. Eine Studie der University of Pittsburgh zeigte etwa, dass Menschen in größeren Räumen kreativer denken als in kleinen. Die Forschenden ließen Probanden und Probandinnen klassische Kreativitätsaufgaben lösen. Einmal in einem engen Büro und einmal in einer großen Halle. Das Ergebnis: In der größeren Umgebung fanden die Versuchspersonen deutlich mehr und originellere Lösungen. Offenbar weiten räumliche Umgebungen auch den gedanklichen Suchraum.

Es ist aber nicht nur die Größe des Raums entscheidend. Eine Übersichtsstudie hat gezeigt, dass auch andere räumliche Eigenschaften unsere Kreativität verbessern. Die beiden wichtigsten Faktoren, die sich als besonders kreativitätsförderlich herauskristallisiert haben, waren visuelle Stimulation – etwa durch Pflanzen, Farben oder Kunst – und soziale Räume, also Orte, an denen du Menschen ungeplant begegnen kannst, um dich mit ihnen auszutauschen und einfach um dich inspirieren zu lassen. Wichtig sind aber auch Räume, in denen du dich zurückziehen kannst, wenn dir alles zu viel wird.

Und dann gibt es noch den Faktor Kontrolle. Menschen scheinen sich in Büros mit persönlicher Kontrolle über Licht, Temperatur oder Sichtschutz nicht nur wohler zu fühlen, sie arbeiten auch effizienter. Wenn man Einfluss auf die Umgebung hat, fühlt man sich nicht ausgeliefert. Du kannst den Raum an deine Bedürfnisse anpassen: die Heizung aufdrehen, das Licht anmachen, das Fenster aufreißen. Das reduziert Stress und verbessert deine kognitive Leistung.

Embedded cognition heißt also: Du denkst nicht allein, du denkst mit dem, was dich umgibt. Das klingt vielleicht banal, aber es hat tiefgreifende Konsequenzen. Für die Gestaltung von Arbeitsräumen. Für das Verständnis von Kreativität. Und für die Frage, wie wir in einer immer lauteren, offeneren, ablenkenderen Welt konzentriert bleiben können.

Wie also umgehen mit dem Großraumbüro? Mit dem Café? Mit dem stillen Homeoffice? Die Antwort lautet nicht: immer Ruhe, immer Minimalismus, immer Rückzug. Denn manche Menschen profitieren durchaus von lebendigen Umgebungen. Sie finden dort Energie, Struktur, sogar Fokus. Andere brauchen mehr Kontrolle, mehr Ruhe, weniger Input. Und nicht zuletzt hängt all das auch von der Arbeit ab, die du zu erledigen hast. Wenn du ein Buch schreiben musst, ist das Café mit all den sprechenden Menschen um dich herum wirklich keine gute Idee. Auch deshalb habe ich keine einzige Seite dieses Buches in einem Café geschrieben. Wenn du aber beispielsweise eine etwas stumpfere Aufgabe hast (und ja: die gibt es in fast jedem Job) und du nichts gegen ein bisschen Ablenkung hast, dann kann das Arbeiten in einem Café wenigstens deine Stimmung heben.

Welche Musik beim Arbeiten hilft – und welche nicht

Weil ich all das weiß, setze ich stets ganz automatisch meine Noise-Cancelling-Kopfhörer auf und starte meine Lieblingsplaylist, wenn ich mich konzentrieren muss und es um mich herum zu laut wird. Sogar jetzt, während ich diese Zeilen schreibe, läuft im Hintergrund eine Lazy-Sunday-Jazz-Playlist von Spotify, die irgendwie zum Hintergrundsoundtrack dieses Buches geworden ist. Aber ersetze ich damit nur ein ablenkendes Geräusch durch ein anderes? Oder macht die Musik mich sogar produktiver?

Musik an sich ist ein enorm spannendes Forschungsfeld, nicht nur für die Musikwissenschaft, sondern auch für die Hirnforschung. Denn wo werden all die Schallwellen, die die Instrumente und Popstars in die Welt hinaustragen, zu Tönen mit Bedeutung? Genau: im Gehirn.

Dabei nehmen sie eine komplizierte Route. Vom Außenohr ins Trommelfell und weiter ins Mittelohr. Dann geht's weiter in die Cochlea. Die Cochlea ist eine mit Flüssigkeit gefüllte, schneckenförmige Struktur im Innenohr – und hier geschieht Magie. In der Cochlea befinden sich Tausende Haarzellen, die je nach Tonhöhe an unterschiedlichen Stellen aktiviert werden. Hohe Töne lösen am Anfang der Schnecke Reaktionen aus, tiefe am Ende. Das nennt man tonotopische Organisation. Die Töne sorgen dafür, dass eine Membran innerhalb der Cochlea vibriert, dadurch schwappt die Flüssigkeit, die feinen Härchen dieser Zellen biegen sich, und das erzeugt elektrische Signale. Diese elektrischen Impulse wandern über den Hörnerv in den Hirnstamm und weiter in den Thalamus, der eine Art Umschaltzentrale für sensorische Informationen ist. Von dort geht's weiter in den primären auditorischen Kortex im Temporallappen, konkret in den sogenannten *Gyrus temporalis superior*. Das ist die erste Station im Gehirn, die aus Geräuschen Informationen macht.

Der auditive Kortex analysiert verschiedene Aspekte des Klangs: Lautstärke, Tonhöhe, Rhythmus, Melodie. Aber Musik ist mehr als nur Ton. Sie ist Emotion, Erinnerung, Bewegung. Deshalb leitet das Gehirn die Informationen weiter an andere Regionen. An die Amygdala, die die emotionale Bedeutung des Gehörten bewertet. Deshalb rührt dich ein Lied manchmal zu Tränen oder lässt dich lächeln. An den Hippocampus, eine zentrale Stelle unseres Gedächtnisses. Manche Songs katapultieren dich zurück in dein Kinderzimmer, das es schon seit Jahrzehnten nicht mehr gibt. An den *Nucleus accumbens,* also einen Teil des Belohnungssystems. Er feuert, wenn dir ein Song so richtig gefällt, vor allem bei überraschenden musikalischen Wendungen. Und an den motorischen Kortex und das Kleinhirn: Die verhalten sich oft synchron zur Musik. Der motorische Kortex fängt an, die rhythmischen Muster der Musik zu verarbeiten. Er erstellt gewissermaßen einen Bewegungsplan, selbst dann, wenn du gar nicht wirklich aufstehst. Das Kleinhirn spielt dabei die Rolle des Feintuners: Es analysiert den Rhythmus, prüft das Timing und kalibriert die Bewegungen auf den Takt. Daher zucken deine Beine, wenn der Beat einsetzt – selbst wenn du auf dem Bürostuhl sitzt.

Warum ist das so besonders? Erstens: Die schiere Menge an Hirnregionen, die Musik mobilisiert, ist erstaunlich – teils synchron, teils nacheinander, teils mit Feedbackschleifen. Zweitens: Musik aktiviert oft mehrere Sinne gleichzeitig. Selbst bei geschlossenen Augen kann sie Bilder entstehen und Erinnerungen hochkommen lassen, und sie löst Bewegung aus. Diese Multisensorik ist im Gehirn eher selten und macht Musik zu einem besonders mächtigen Stimulus. Und drittens: Was wir beim Musikhören tun, ist im Grunde eine permanente Vorhersagearbeit. Wir erwarten, was als Nächstes kommt, und erleben Freude, wenn es genauso kommt. Oder eben überraschend anders. Der Neurowissenschaftler Daniel Levitin bringt es auf den Punkt: »Ein großer Teil des musikalischen Vergnügens entsteht durch die genaue Vorhersage dessen, was als Nächstes kommt – und durch die Übertretung dieser Erwartung auf kunstvolle Weise.« Diese Vorhersagelogik erfordert von deinem Gehirn schnelle Analysen, Vergleich mit gespeicherten Mustern und emotionale Bewertung. All das passiert in Sekundenbruchteilen, ohne dass du bewusst drüber nachdenkst. Und genau hier liegt eine der faszinierendsten Fragen: Warum genau mögen wir Musik, die unsere Erwartungen erfüllt, aber auch manchmal bricht? Besonders bei populärer Musik wissen wir oft schon beim ersten Hören intuitiv, wie es weitergeht. Und genau das fühlt sich gut an.

Schon in der Phase der Erwartung, also kurz bevor ein intensiver musikalischer Moment eintritt, zeigt das Gehirn von Versuchspersonen eine erhöhte Aktivität im dorsalen Striatum. Also wieder in einer Region, die besonders dafür bekannt ist, mit Vorfreude und Motivation in Verbindung zu stehen. Wenn die Gänsehaut dann tatsächlich kommt, verlagert sich die Aktivierung ins ventrale Striatum, genauer gesagt in den *Nucleus accumbens,* also genau in die Region, die auch bei Drogenkonsum, Schokolade oder beim Verliebtsein aktiv wird. In beiden Phasen wird messbar Dopamin freigesetzt. Der Körper reagiert auf Musik also mit genau dem Neurotransmitter, der normalerweise markiert: Ich will mehr davon! Die Forschung interpretiert das als einen doppelten Effekt: Musik sorgt nicht nur dafür, dass Neurotransmitter ausgeschüttet werden, wenn sie einen musikalischen Höhepunkt erreicht. Sie verändert das Gehirn schon im Voraus, wenn wir erwarten, dass gleich etwas Besonderes kommt. Das heißt: Unser Dopaminsystem reagiert auf Musik. Das ist erstaunlich. Denn wie wir gesehen haben, zeigt Dopamin uns an, dass wir mehr von etwas haben wollen. Bei Nahrung ergibt das aus Sicht der Evolution Sinn. Mehr Nahrung = größere Überlebenschancen. Musik erfüllt keine offensichtliche Überlebensfunktion, löst aber ähnliche Reaktionen im Gehirn aus.

Wenn Musik zu einer Art Großeinsatz in deinem Gehirn führt, ist es nicht überraschend, dass sie auch beeinflusst, wie gut du dich konzentrieren kannst, wenn du sie hörst. Eine frühe Studie aus dem Jahr 1972 mit dem Titel *Music – an aid to productivity (Musik – ein Hilfsmittel zur Steigerung der Produktivität)* ergab, dass Musik genau das bewirken kann. Die Versuchspersonen in diesem Experiment untersuchten allerdings in einer Fabrik Metallteile auf Fließbändern, ihre Arbeit war geprägt von Routine.

Dass sie produktiver waren, lag vor allem daran, dass die Musik die Arbeit weniger langweilig machte und sie länger wachhielt. Ähnlich kann man deuten, dass Musik Menschen in der Chirurgie zu besseren Leistungen verhilft. Wenn sie nicht gerade zum ersten Mal im Operationssaal stehen, sind die meisten Eingriffe für sie Routine. Der Grund dafür, dass dieser Mechanismus bei den meisten Menschen aber nicht funktioniert? Menschen, die Musik zum Arbeiten hören, gehen oftmals keinen Routineaufgaben nach, sondern arbeiten an einem Projekt, schreiben Excel-Tabellen – oder ein Buch.

Aber nicht jede Musik lenkt uns gleich stark ab. Ein paar Dinge solltest du beachten bei der Auswahl von Musik, die du beim Arbeiten oder Lernen hörst. Ebenso wie das Hören von Sprache verbraucht auch das Hören von textlastiger Musik die Ressourcen, die wir fürs Lesen und Schreiben brauchen. Songs mit Text beeinträchtigen die Leistung bei schwierigen oder komplexen Aufgaben sowie bei Aufgaben, die Kreativität erfordern. Das ergibt Sinn, denn die meisten Menschen können nicht mehrere Dinge auf einmal beachten. Liedtexte können aber auch deshalb deine wertvolle Aufmerksamkeit stehlen, weil sie ebenfalls Areale aktivieren, die Sprache verarbeiten. Wenn du diese Areale eigentlich für deine Arbeit brauchst, hast du wieder ein Problem. Da kann auch gleich jemand neben dir telefonieren. Das kannst du auch schlecht ignorieren.

Es sind aber nicht nur die Worte. Was ist mit Musik mit schnellem Rhythmus und schnellem Tempo? Sie lenkt uns mehr ab als ruhige, entspannte Musik. Die Regel lautet: Je mitreißender die Musik ist, desto schlechter ist sie für die Konzentration. Die vielleicht schlechteste Nachricht: Die intellektuelle Leistung wird von Musik, die wir kennen und mögen, negativer beeinflusst als von Musik, die wir nicht mögen. Forschende vermuten, dass beliebte Musik mehr Aufmerksamkeit beansprucht, weil sie emotional ansprechender ist. Wie eben gesehen: Wir verbinden Erinnerungen mit ihr, vielleicht besonders schöne wie die an den ersten Kuss, vielleicht besonders schlechte wie die an den Streit vor einer Woche. Beide Erinnerungen haben mit der Excel-Tabelle, die du eigentlich bearbeiten sollst, rein gar nichts zu tun. Und lenken dich deshalb besonders ab.

Musik ist also kein Garant für Produktivität, aber auch kein Verhinderer. Sie kann helfen, wenn sie uns abschirmt oder in einen angenehmen mentalen Zustand versetzt. Sie kann schaden, wenn sie dieselben kognitiven Ressourcen beansprucht, die wir gerade zum Arbeiten brauchen. Entscheidend ist wieder die konkrete Situation: Was genau machst du? Wie anspruchsvoll ist die Aufgabe? In welcher Umgebung sitzt du? Und wie reagiert dein Gehirn auf musikalische Reize?

Wenn ich in einem überfüllten Café sitze und keine andere Möglichkeit habe, mich vor dem Stimmengewirr zu retten, schiebe ich mir die Kopfhörer in die Ohren. Dann läuft keine Playlist, die ich mitsingen kann (und am liebsten auch würde). Kein Text, kein Beat. Nur eine Melodie, die meinen Fokus möglichst wenig beeinträchtigt.

13:30 UHR

EIN KURZER MITTAGSSCHLAF UND EIN SCHLECHTES MEETING

Wie sich Mittagsschläfchen auf dein Gehirn auswirken

Du hast bei deiner Runde um den Block das Café links liegen lassen und bist zurück ins Büro gegangen. Im Laufe des Vormittags hast du deine Konzentrationsphasen immer wieder unterbrochen und bist vom Schreibtisch aufgestanden. Du hast Reis mit Linsen und Tofu mit Sojasauce zu Mittag gegessen. Und obwohl du stolz auf dein gesundes Mittagessen bist, spürst du, wie das Mittagstief deine Augenlider nach unten zieht. Was du jetzt wirklich gebrauchen könntest, wäre ein kleiner, feiner Mittagsschlaf. Aber was sollen die anderen denken, wenn du dich auf die Couch im Besprechungsraum legst und anfängst zu schnarchen? Und was die Chefetage? Schlafen bei der Arbeit? Ein No-Go. Nein, das kommt nicht infrage. Wobei … ach, was soll's, du legst dich trotzdem kurz hin.

Wenn du die nächsten paar Seiten gelesen hast, stehen die

Chancen gut, dass du deiner Chefin oder deinem Chef gegenüber demnächst ein leidenschaftliches Plädoyer dafür hältst, warum du und das gesamte Team viel öfter einen Mittagsschlaf machen sollten. Und warum das nicht nur etwas ist, das die Unternehmen dieser Welt dulden, sondern aktiv fördern sollten.

Ich selbst ärgere mich schon lange darüber, dass ich so unfassbar schlecht darin bin, mittags zu schlafen. Ich weiß nicht, was mein Körper dagegen hat, aber mitten am Tag fällt es mir schwer, komplett loszulassen. Mein früherer Mitbewohner war da anders. Wenn ich im Homeoffice war, konnte ich stets beobachten, wie er nach dem Mittagessen seine Zimmertür schloss und sich noch mal ins Bett legte. Nach ungefähr einer halben Stunde war sein Mittagsschlaf vorbei, seine Tür ging wieder auf, er setzte sich zurück an den Schreibtisch und arbeitete munter weiter. Grr.

Ich ärgere mich aber nicht darüber, dass mein ehemaliger Mitbewohner das macht, sondern darüber, dass ich selbst tagsüber nicht schlafen kann. Ich kann mich zwar ausruhen, aber schlafe dabei meistens nicht ein. Wenn es mir doch mal gelingt, genieße ich es sehr. Wenn ich tagsüber ein Nickerchen mache, fühle ich mich danach fitter. Vielleicht sind wir Menschen ja gar nicht darauf ausgelegt, nur einmal alle 24 Stunden zu schlafen (der Fachbegriff dafür ist »monophasischer Schlaf«), sondern mehrmals pro Tag (das wäre dann »polyphasischer Schlaf«)? Tatsächlich spricht einiges dafür.

Denn die Müdigkeit, die viele von uns nachmittags überkommt (wer kennt das Mittagstief nicht?), hat ihren Ursprung eventuell gar nicht in einem zu deftigen Mittagessen. Auch wenn einer meiner Kollegen mir das immer wieder einreden will. Tatsächlich scheint diese Müdigkeit vorprogrammiert zu sein. Wenn man Elektroden ans Gehirn anschließt, kann man messen, dass die dortige Aktivität zwischen dreizehn und sechzehn Uhr abnimmt. Auch wenn man vorher keinen Burger und keine Pizza gegessen hat. Sollte ich also vielleicht doch noch mal versuchen, tagsüber regelmäßig zu nappen? Die Studienlage ist hier deutlich: Mittagsschlaf kann Erstaunliches vollbringen, und die meisten profitieren von ihm. Ich selbst sollte tagsüber trotzdem darauf verzichten. Warum, erkläre ich gleich. Schauen wir uns erst mal an, wie genau Mittagsschlaf dich smarter und fitter macht.

Es gibt Fachgebiete, die nicht leicht zu erforschen sind. Déjà-vus zum Beispiel, also eine Erinnerungstäuschung, bei der du glaubst, in der Situation, in der du dich gerade befindest, schon mal gewesen zu sein. Man kann schlecht warten, bis die Versuchspersonen eins haben, um dann schnell Elektroden rauszuholen und ihre Gehirnaktivität zu messen. Dafür kommen Déjà-vus zu selten vor und folgen keinem besonderen Muster. Beim Mittagsschlaf sieht das anders aus. Um diesen zu erforschen, kann man eine Gruppe Testpersonen einfach mittags schlafen lassen und eine andere nicht. Und sowohl vorher als auch nachher Tests machen. Die meisten Studien, die Mittagspausen erforschen, machen genau das. Zum Beispiel die eines Forschungsteams aus Düsseldorf aus dem Jahr 2008. In einer ihrer Studien baten sie ihre Testpersonen, sich eine Liste von dreißig Wörtern einzuprägen. In einem der Experimente blieb die eine Gruppe anschließend wach, die andere durfte sich hinlegen und schlief für durchschnittlich 25,5 Minuten. Die erste Erkenntnis: Die Gruppe, die geschlafen hatte, konnte sich anschließend an mehr Wörter erinnern als die andere. Das reichte den Forschenden aber noch nicht. Sie wollten wissen, welchen Einfluss die Dauer des Mittagsschlafs hatte. Also luden sie eine dritte Gruppe ein, die nur sechs Minuten schlafen durfte. Die Vergleichsgruppe dieses sehr kurzen Naps schlief deutlich länger, 35,8 Minuten im Schnitt. Das Ergebnis: Während das Sechs-Minuten-Nickerchen zu besseren Erinnerungen im Vergleich zum Wachsein führte, war die Erinnerung nach dem langen Nickerchen dem kurzen Nickerchen überlegen. Das Forschungsteam belegte mit ihrer Arbeit den »Nap-Memory-Effekt«: Schon ein kurzes Nickerchen genügt, damit man sich besser merken kann, was man kurz vorher gelernt hat. Längere Nickerchen haben aber einen noch größeren Effekt.

Allerdings besteht unser Gedächtnis nicht nur aus solchen Wortlisten.

Erforscht haben die Düsseldorfer eigentlich nur einen Teil des deklarativen Gedächtnisses. Dieses ist ein Teil des Langzeitgedächtnisses, der für bewusst abrufbare Informationen zuständig ist. Es ermöglicht uns, Fakten, Ereignisse und Konzepte zu speichern und abzurufen, und wird deshalb auch »Wissensgedächtnis« genannt. Würde sich das deklarative Gedächtnis nur auf Fakten beschränken, kämen wir aber nicht weit. Gut, dass es auch die Verknüpfungen zwischen ihnen speichert. Diese Art des Gedächtnisses nennt man relationales Gedächtnis. Die abgespeicherten Muster helfen uns dabei, in der Welt klarzukommen. Denn die besteht zu einem großen Teil aus Mustern und Zusammenhängen. Zum Beispiel: Immer, wenn ich am Abend drei Bier trinke, habe ich am nächsten Morgen Kopfschmerzen. Klingt verdächtig nach einem Muster. Oder: Wenn dunkle Wolken aufziehen, beginnt es zu regnen. Wenn es an der Tür klingelt, dann meistens, weil jemand davorsteht und etwas von uns möchte. Die Welt besteht aus Mustern, und unser Gehirn ist ziemlich gut darin, sie zu erkennen und zu speichern. Und auch hier zeigen Studien: Wenn wir Nickerchen machen, werden wir besser darin.

Vielleicht ist dein Mittagsschlaf auch schon mal aus dem Ruder gelaufen und ging länger als geplant. Wenn mir das passiert, bin ich danach stundenlang zu nichts zu gebrauchen. In einer Übersichtsarbeit zeigten Nicole Lovato und Leon Lack von der Flinders University in Australien, dass der Mittagsschlaf verschiedene Auswirkungen haben kann: je nachdem, wie lang er ist. Kurze Nickerchen zwischen fünf bis fünfzehn Minuten zeigen fast sofortige Vorteile für die kognitive Leistung, einschließlich Wachsamkeit und Aufmerksamkeit, die zwischen einer und drei Stunden anhalten. Längere Nickerchen über dreißig Minuten können kurzfristig zu Schlafträgheit führen, verbessern aber anschließend die kognitive Leistung über mehrere Stunden.

Die kurzfristigen Effekte des Mittagsschlafs sind also gut erforscht. Bleibt die Frage, ob es auch für die späteren Lebensjahre einen Unterschied macht, wenn man regelmäßig mittags abtaucht. Um das herauszufinden, untersuchte ein Forschungsteam aus Japan Menschen, die über 65 Jahre alt waren, und das über einen Zeitraum von fünf Jahren. Zu Beginn und am Ende der Studie wurden kognitive Funktionen gemessen. Zusätzlich dokumentierten die Versuchspersonen ihre Schlaf- und Mittagsschlafgewohnheiten sowie andere Lebensstilfaktoren in Interviews. Das für uns entscheidende Ergebnis: Kurze Mittagsschläfchen (unter dreißig Minuten) reduzierten das Risiko von Gedächtnis- und Denkproblemen um fast fünfzig Prozent im Vergleich zu den Menschen, die keine Nickerchen machten. Das Team aus Japan schreibt: Wer selbst Demenz vorbeugen möchte, sollte mittags schlafen.

Worauf du achten solltest beim Mittagsschlaf

Nickerchen haben also ziemlich viele Vorteile. Vielleicht kannst du diesen Abschnitt ja deiner Chefin oder deinem Chef zeigen. Die sollten dich nämlich mittags schlafen lassen, wenn sie wollen, dass du dich besser konzentrieren kannst. Gleichzeitig ist Nickerchen nicht gleich Nickerchen. Diese vier Punkte solltest du beachten, wenn du dich mittags aufs Ohr haust:

Eigentlich solltest du keinen *Mittags*schlaf halten, sondern einen *Nachmittags*schlaf. Studien zeigen, dass der frühe Nachmittag (bis fünfzehn Uhr, aber nicht später als sechzehn Uhr) der beste Zeitpunkt ist, um sich hinzulegen. Dieser Zeitpunkt fällt zusammen mit dem natürlichen Leistungstief vieler Menschen, also einer Phase, in der Wachsamkeit, Aufmerksamkeit und kognitive Leistungsfähigkeit biologisch bedingt abnehmen.

Du solltest nur dann einen Nachmittagsschlaf halten, wenn du abends keine großen Probleme beim Einschlafen hast. Wenn du sowieso schon schlecht einschläfst, könnten kleine Schläfchen tagsüber das Problem noch verstärken.

Der Nachmittagsschlaf sollte nicht zu lang sein. Wer länger als eine halbe Stunde schläft, erhöht das Risiko, dass der Schlaf in der anschließenden Nacht unruhiger wird. Die kurze Dauer bietet sofort Vorteile wie gesteigerte Wachsamkeit und verbesserte kognitive Leistung, ohne Trägheit nach dem Aufwachen zu verursachen.

Sorge für eine ruhige, dunkle und kühle Umgebung, um die Schlafqualität zu maximieren. Wenn möglich, verwende eine Schlafmaske oder Ohrstöpsel. Und wenn es irgendwie geht: Mache aus dem Nachmittagsschlaf eine regelmäßige Gewohnheit. Wie oben gesehen, haben Nickerchen mitten am Tag auch lang anhaltende positive Effekte.

Aus diesen Kriterien wird auch klar, warum ich persönlich vielleicht doch besser auf das mittägliche Schläfchen verzichte: Ich habe schon oft genug Probleme damit, nachts durchzuschlafen. Regelmäßige Nickerchen am Nachmittag könnten mein Problem noch weiter verschlimmern. Deshalb lasse ich es lieber sein. Und ärgere mich erst mal weiter.

Wieso du anders denkst, wenn du mit anderen Menschen gemeinsam denkst

Ich habe dir auf den letzten Seiten viele Argumente dafür geliefert, warum du dich zum konzentrierten Arbeiten am besten von deinen Kollegen und Kolleginnen fernhalten solltest. Sie lenken ab, machen Geräusche, und ihre Dialoge kannst du nur schwer ignorieren. Komplett auf Abstand zu gehen wäre allerdings fatal. Auch dieser Aspekt gehört zur bereits erwähnten »eingebetteten Denkweise«. Denn der Mensch ist nicht etwa nur in seinen Körper eingebettet und in seine Umwelt, er ist immer auch eingebettet in soziale Beziehungen. Und die können maßgeblich dafür sein, auf kreative Lösungen zu kommen. Schau dir dafür mal diese vier Spielkarten an:

Ich stelle jetzt mal eine These auf und sage: Wenn auf der Vorderseite der Karte eine gerade Zahl steht, dann ist die Rückseite gepunktet. Hier kommt deine Aufgabe: Welche der vier Karten oben musst du umdrehen, um herauszufinden, ob meine These stimmt? Du darfst aber nur die Karten umdrehen, die man umdrehen *muss*, um die These zu testen. Drehst du eine Karte unnötig um, verlierst du.

Menschen schneiden bei dieser sogenannten Wason-Auswahl-Aufgabe miserabel ab. Untersuchungen haben gezeigt, dass nur etwa zehn Prozent der Versuchspersonen sie richtig lösen. Warum ich die Aufgabe hier gestellt habe und welche Antwort korrekt ist? Dazu gleich mehr.

Natürlich können wir allein denken, und manchmal erfordert ein bestimmtes Problem oder Projekt auch einsames Drauf-herum-Denken. Unsere Gehirne scheinen aber darauf ausgelegt zu sein, mit anderen Menschen zu interagieren. Um Geschichten zu erzählen, zu streiten, zu flirten, sich gegenseitig die Liebe zu gestehen oder über ein Buch zu diskutieren.

Ein internationales Forschungsteam um die Japanerin Hyeonjeong Jeong und Ping Li aus Hongkong wollte wissen, wie sich das Lernen einer Sprache verändert, wenn Menschen Wörter nicht einfach nur auswendig lernen, sondern in einem sozialen Kontext erfahren – etwa durch Interaktionen mit anderen Menschen. In ihrem Experiment lernten 36 Erwachsene eine neue Sprache. Entweder durch klassische Übersetzungen oder aber über interaktive Videos, in denen die Wörter in sozialen Situationen, zum Beispiel in Dialogen, verwendet wurden. Währenddessen wurde ihre Gehirnaktivität im MRT-Gerät aufgezeichnet. Das wichtigste Ergebnis: Es zeigte sich ein stärkerer Lernerfolg bei der sozialen Variante, besonders nach einer Nacht Schlaf. Das Forschungsteam interpretiert das so: Wenn wir neue Wörter in sozialen Situationen lernen, speichern wir nicht nur einzelne Vokabeln, sondern verknüpfen sie mit lebendigen Bedeutungen und Assoziationen im Kopf. Das macht sie abrufbarer, lebendiger und langlebiger.

Ich erinnere mich heute noch sehr gut an mein erstes Semester an der Uni in Osnabrück. Zum Kurs »Informatik 1: Algorithmen und Datenstrukturen« gehörte auch ein sogenanntes Testat. Wir Studierende mussten uns zu Beginn des Semesters in Zweierteams zusammenfinden und jede Woche eine Reihe von Aufgaben lösen. Beim Testat, das einmal die Woche stattfand, mussten wir dann mit unserem Mentor unsere Lösungen besprechen. Dieses Prozedere hatte drei Probleme. Erstens: Unser Testat fand mittwochs um acht Uhr morgens statt. Für Menschen im ersten Semester eigentlich eine nicht zu bewältigende Aufgabe. Zweitens: Ich hatte absolut keine Ahnung von Informatik. Und drittens: Meine Partnerin im Zweierteam auch nicht. Wir wurschtelten uns also durch, und meistens überließen uns Freund:innen, die deutlich begabter waren in Informatik, ihre Lösung. Fremde Lösungen im Testat zu erklären und so zu tun, als hätte man den Code selbst geschrieben – das war die eigentliche Herausforderung dieses Kurses. Es gab aber auch Momente, in denen ich Teile des Stoffes verstanden hatte. Diese

Aha-Momente ereigneten sich aber fast nie während der Vorlesung, sondern immer dann, wenn meine Freunde mir ihre Lösungen und den Weg dahin ausführlich erklärten; wenn wir uns über die Aufgaben ausgetauscht oder unsere Lösungen miteinander verglichen haben. Und das ist kein Zufall. Gruppen von Studierenden, die sich austauschen, erzielen nicht nur bessere Resultate in direkten Wissenstests, sondern erinnern sich auch Wochen später noch genauer an die Inhalte. Der soziale Kontext motiviert nicht nur kurzfristig, er hilft auch dabei, das Gelernte tiefer im Gehirn zu verankern.

Wenn wir mit anderen lernen, diskutieren, erklären oder hinterfragen, denken wir anders. Wir verarbeiten Informationen tiefer, weil wir gezwungen sind, sie in eigenen Worten auszudrücken. Wir müssen Argumente strukturieren, auf Rückfragen reagieren, Unklarheiten klären. Das zwingt unser Gehirn zu mehr Anstrengung, im besten Sinne. In der Psychologie nennt man das »elaborierte Verarbeitung«: ein Modus, in dem das Gehirn Informationen intensiver vernetzt und langfristiger abspeichert.

Außerdem mobilisiert soziale Interaktion viele Gehirnregionen gleichzeitig. Wenn wir einem Gegenüber zuhören oder selbst etwas erklären, verbinden sich nicht nur das Arbeitsgedächtnis und unsere Sprachareale, auch Regionen, die oft als das »soziale Gehirn« zusammengefasst werden, werden aktiv. Unter anderem Regionen, die uns dabei helfen, die Perspektiven anderer Menschen nachzuvollziehen. Das bedeutet: Lernen in sozialen Kontexten ist komplexer, aber auch lohnender. Es steigert nicht nur den Wissenszuwachs, sondern auch das Verständnis für andere und letztlich die Fähigkeit zur Kooperation.

Trotzdem gehen wir in weiten Teilen weiterhin davon aus, dass Denken ein Prozess ist, der allein stattfindet. Was dürfen Schülerinnen und Schüler während Prüfungen in Schulen auf keinen Fall machen? Genau: mit anderen interagieren. Nachgedacht wird immer noch allein! Dabei legt die Forschung einen anderen Schluss nahe. Andere Menschen sind beim Denken essenziell.

Zurück zur Aufgabe oben mit den Karten, bei der die allermeisten miserabel abschneiden. Ändert man eine Kleinigkeit bei dem Experiment, schießt der Anteil der Menschen, die das Rätsel lösen können, plötzlich in die Höhe, von zehn Prozent auf 75 bis 90 Prozent. Das fanden Leda Cosmides und John Tooby Worin heraus. Gemeinsam gelten sie als Begründer der Evolutionspsychologie. Worin besteht diese Änderung? Man macht das Rätsel zu einem Szenario, in dem es um Menschen geht und nicht um Spielkarten. Zum Beispiel so: Du bist Kellnerin oder Kellner in einer Kneipe. Du hast viele ältere Stammkunden, aber immer wieder kommen junge Leute in die Bar und bestellen Bier oder Longdrinks. Du musst die Regel durchsetzen, dass eine Person, die Bier trinkt, mindestens achtzehn Jahre alt ist. Die vier gezeigten Karten unten enthalten Informationen über Personen, die an einem Tisch sitzen. Auf der einen Seite der Karte steht, was die Person trinkt, und auf der anderen Seite ihr Alter. Welche Karte beziehungsweise Karten musst du umdrehen, um zu sehen, ob deine Regel gebrochen wird?

Auf einmal ist das Rätsel nicht mehr so schwer. Du musst nur die Karten umdrehen, die die Regel *brechen* würden. Du musst also kontrollieren, ob der Sechzehnjährige etwas Alkoholisches trinkt. Und ob der Biertrinker über achtzehn ist. Was die 25-jährige Person trinkt oder wie alt die Cola trinkende Person ist, ist für das Überprüfen der Regel nicht relevant. Mit diesen Erkenntnissen im Kopf kann man auch das Rätsel von eben lösen. (Am besten guckst du es dir noch mal an.) Die These war: Wenn auf der Vorderseite eine gerade Zahl steht, dann ist die Rückseite gepunktet. Die Aufgabe: Welche der vier Karten oben musst du umdrehen, um herauszufinden, ob meine These stimmt? Die Lösung fällt jetzt leichter: Man muss lediglich die Karte mit der geraden Zahl und die mit der gepunkteten Rückseite umdrehen. Nur eine Karte mit einer geraden Zahl auf der einen Seite und etwas anderem als Punkten auf der andere kann die These ungültig machen.

Falls du jetzt denkst: »Genial, dann setze ich mich jetzt zum Lösen von Aufgaben bei der Arbeit künftig immer mit meinen Kollegen und Kolleginnen zusammen, und schon finden wir die besten Lösungen!« So einfach ist es leider nicht. Denn wie so oft hat auch die soziale Interaktion ihre Schattenseite. Zum Beispiel dann, wenn besonders kreative Lösungen gefragt sind.

Warum du beim Brainstorming die schlechtesten Ideen hast

Nach dem Mittagsschlaf fühlst du dich direkt viel frischer. Du schnappst dir in der Kaffeeküche noch eine Handvoll Nüsse und setzt dich wieder vor deinen Bildschirm. Da ploppt ein Kalendereintrag auf: *15.30 Uhr – Brainstorming neues Projekt Meetingraum A*. Uff, das war knapp. Das Meeting hattest du völlig vergessen. Was auch daran liegt, dass du das Gefühl hast, dieses ständige Brainstorming würde zu nichts führen. Das Problem für dein Meeting ist: Damit hast du recht. Reisen wir kurz 75 Jahre in die Vergangenheit.

Ende der 1940er-Jahre beschloss Alex F. Osborn, ein Gründer und Partner der US-amerikanischen Werbeagentur BBDO, ein Buch zu schreiben. Die Werbeagentur galt damals als besonders innovativ, und Osborn hatte großen Anteil daran. Also wollte er sein Wissen weitergeben. Er veröffentlichte das Buch *Your Creative Power* und verriet darin die Geheimnisse seiner Kreativität. Das Buch war eine Mischung aus Populärwissenschaft und Geschäftsanekdoten, es stieg überraschend zum Bestseller auf. Denn Osborn versprach nicht weniger, als dass die Leserinnen und Leser ihren kreativen Output verdoppeln könnten, wenn sie seinen Ratschlägen folgten. Vielleicht hätte ich das einfach auch auf das Cover dieses Buches schreiben sollen?

Your Creative Power war voll von Tricks und Strategien. Osborn empfahl, immer ein Notizbuch bei sich zu haben, um bereit zu sein, wenn die Inspiration zuschlägt. Damals konnte er natürlich nicht ahnen, dass wir heute immer und überall ein Smartphone dabeihaben. Die berühmteste Idee von Osborn war die, die er in Kapitel 33 beschrieben hat. Es trägt die Überschrift »Wie man eine Gruppe organisiert, um Ideen zu entwickeln«. Osborn schrieb, wenn eine Gruppe zusammenarbeite, sollten die Mitglieder ein Brainstorming machen. Das sei »eine Kommandoaktion, bei der jeder Stürmer das gleiche Ziel verfolgt«. Um eine effektive Brainstorming-Sitzung durchzuführen, müsse die Gruppe laut Osborn unter anderem Beurteilungen und Kritik zurückstellen, man solle sich also nicht aufregen, wenn jemand Ideen äußere, die einem nicht gefielen. Man solle stattdessen ungewöhnlichen Ideen gegenüber aufgeschlossen sein. Und man solle unbedingt Quantität anstreben, also so viele Ideen wie möglich sammeln.

Wahrscheinlich hast auch du mindestens einmal in deinem Leben in einem solchen Brainstorming gesessen. Mein erstes Brainstorming hatte ich schon während der Schulzeit, als meine Erdkundelehrerin meinte, diese kreative Methode müsse man heute einfach können. Normalerweise verlassen die Kollegen und Kolleginnen eine Brainstorming-Sitzung mit Stolz auf ihren Beitrag. Das Whiteboard ist mit freien Assoziationen gefüllt worden, am besten in Form einer Mindmap. Brainstorming scheint die ideale Technik zu sein, um die Produktivität in der Gruppe zu erhöhen und die kreativsten Ideen hervorzukitzeln. Es gibt nur ein Problem mit Brainstorming: Es funktioniert nicht.

Und das wissen wir schon viel zu lange, wenn man bedenkt, dass Brainstorming selbst heute noch in unzähligen Firmen das Mittel der Wahl ist. Schon 1958 nahm ein Forschungsteam Osborns Brainstorming-Technik unter die Lupe. Die Wissenschaftler der Yale University rekrutierten 96 Studierende. Die eine Hälfte arbeitete in zwölf Gruppen, die andere arbeitete allein. Sie erhielten eine Reihe von kreativen Rätseln, und die Gruppen wurden angewiesen, Osborns Regeln zu befolgen: keine Kritik, so viele Ideen wie möglich. Um nun die Effektivität des Brainstormings zu untersuchen, schaute man zunächst, auf wie viele Ideen die Gruppen kamen. Im Durchschnitt waren es 37,5 Ideen. Diese Zahl verglich man nun mit künstlich gebildeten Gruppen. Dafür zählte man einfach die Ideen von vier der einzeln arbeitenden Versuchspersonen zusammen. Die Logik dahinter ist, dass die Leistung dieser künstlichen Gruppe die erwartete Leistung darstellt, wenn vier Personen ohne die positiven oder negativen Effekte des Brainstormings zusammenarbeiten. Das Ergebnis: Vier einzeln arbeitende Personen fanden zusammengerechnet etwa doppelt so viele Lösungen (68,2) wie die Brainstorming-Gruppen. Die Wissenschaftler bewerteten ihre Lösungen außerdem als umsetzbarer und effektiver. Zahlreiche weitere Studien kamen zu dem gleichen Ergebnis: Brainstorming erbringt nicht die besten Lösungen. Aber wenn sich eine Idee einmal durchgesetzt hat, ist es schwer, sie wieder einzufangen.

Aber warum funktioniert Brainstorming nicht? Im Laufe der Jahre haben sich einige Forschende dieser Frage gewidmet. Es gibt mehrere Erklärungsansätze. Wenn Vorgesetzte Teil des Brainstormings sind, haben die Teilnehmer und Teilnehmerinnen beispielsweise oftmals Angst davor, für ihre kreativen Beiträge verurteilt zu werden. Sie wählen eher sichere Ideen statt innovative, um keinen schlechten Eindruck bei der Chefin oder dem Chef zu machen. Und sie trauen sich nicht, die ersten Gedanken, die ihnen kommen, einfach auszusprechen. Ein weiterer Grund: Die Extrovertierten dominieren den Raum, während sich die Introvertierten eher zurückhalten. Bildgebende Studien des Gehirns haben gezeigt, dass Introvertierte im Vergleich zu Extrovertierten bei äußerer Stimulation mehr Aktivität in den Hirnregionen zeigen, die für die Verarbeitung von Informationen, die Sinnfindung und die Problemlösung zuständig sind. Das heißt, sie brauchen etwas mehr Zeit, um den Input zu verarbeiten als Extrovertierte, die ihre Ideen wiederum schon längst in den Raum geworfen haben. Außerdem bevorzugen Gruppen eher konservative Ideen. Eine falsche Entscheidung ist für unser Gehirn im wahrsten Sinne des Wortes schmerzhaft, wir neigen deshalb dazu, nach Ideen zu suchen, die sicherer sind. Ein Forschungsteam aus den USA hat festgestellt, dass wir im Allgemeinen praktische Ideen bevorzugen, weil sie sich bewährt haben und uns vertraut sind, im Gegensatz zu neuartigen Konzepten, die risikoreicher sind. Sie fassen das so zusammen: Menschen begehren kreative Ideen zwar, sie tendieren aber ebenfalls dazu, sie abzulehnen.

Das heißt natürlich nicht, dass das Denken in Gruppen per se nicht funktioniert. Viele der heutigen Probleme sind so komplex, dass wir gar nicht drum herumkommen, uns mit anderen zusammenzutun, um sie zu lösen. Wie das gemeinsame Denken besser funktionieren kann, haben Forschende aus den USA und aus Frankreich im Jahr 2004 untersucht. Die US-Stichprobe umfasste 260 weibliche Teilnehmerinnen, die französische Stichprobe 30 Männer und 175 Frauen, von denen 195 in die Analyse einbezogen wurden.

Alle Versuchspersonen wurden in Fünferteams eingeteilt und sollten gemeinsam Lösungsvorschläge für dasselbe Problem erarbeiten: Wie kann die Verkehrsüberlastung im Gebiet der

Bucht von San Francisco (beziehungsweise in Paris) verringert werden? Jedem Team wurde eine von drei Arbeitsweisen zugeteilt.

Die erste Gruppe erhielt eine Standard-Brainstorming-Instruktion, wie Alex F. Osborn sie gegeben hätte, einschließlich der Grundregel, keine Kritik zu üben. Die zweite Gruppe wurde vorher so instruiert: »Die meisten Untersuchungen und Ratschläge deuten darauf hin, dass der beste Weg, gute Lösungen zu finden, darin besteht, sich viele Lösungen einfallen zu lassen. Freies Denken ist willkommen; haben Sie keine Angst, alles zu sagen, was Ihnen in den Sinn kommt. Die meisten Studien legen jedoch auch nahe, dass Sie die Ideen der anderen diskutieren und sogar kritisieren sollten.« Die dritte Gruppe erhielt keine besonderen Anweisungen.

Alle Teams hatten anschließend zwanzig Minuten Zeit, um möglichst viele gute Lösungen zu finden. Das Ergebnis? Traditionelles Brainstorming führte bei der Anzahl der Ideen, die während der Gruppensitzung generiert wurden, nicht zu besseren Ergebnissen. Die Gruppe, die diskutieren sollte, war der Brainstorming-Gruppe sogar überlegen.

Damit das gemeinsame Arbeiten funktioniert, braucht man eine gute Mischung: Zuerst sollte man sich allein Gedanken machen, dann sollte man die Ideen in einer Gruppe diskutieren. Die Zeit sollte dabei nicht begrenzt sein, und man sollte nicht dazu gezwungen sein, verbindliche Schlussfolgerungen zu ziehen oder bereits Entscheidungen zu treffen. Dann klappt es auch mit der Gruppenarbeit.

Wenn du wirklich effektiv denken oder arbeiten möchtest, solltest du dich an allem Möglichen bedienen, das du um dich herum finden kannst, denn es beeinflusst, wie gut du dich konzentrieren kannst, wie wohl du dich fühlst, wie kreativ deine Ideen sind. Bediene dich an der Natur. Ein Spaziergang an der frischen Luft kann deine Gedanken in die richtige Richtung lenken. Oder an der Couch im Büro, um einen Mittagsschlaf zu halten. Manchmal kann auch der Griff zu den Noise-Cancelling-Kopfhörern eine gute Idee sein – je nachdem, was für Musik du hörst. Und nicht zuletzt hilft auch der Austausch mit deinen Kollegen und Kolleginnen. Denn dein soziales Wesen gibst du nicht einfach an der Tür zum Büro ab.

18:00 UHR

AB INS FITNESSSTUDIO

Wieso es deinem Gehirn hilft, wenn du regelmäßig Sport schaust

Ich bin leidenschaftlicher Basketballfan und -nerd. In manchen Wochen schaue ich an mehreren Abenden für mehrere Stunden Basketball – jedenfalls, wenn ich nicht verabredet bin. Ich schaue vor allem Spiele der EuroLeague, also der besten europäischen Liga, bei der unter anderem die Teams von Real Madrid, FC Bayern München und Panathinaikos Athen aufeinandertreffen. Wenn diese Liga gerade keinen Spieltag hat, reicht mir aber auch die Basketballbundesliga. Es gibt Abende, an denen ich völlig unbedeutende Spiele wie Rostock gegen Göttingen anschaue (nichts gegen diese beiden Städte!).

Meine Basketballleidenschaft gibt es schon, seit ich zehn Jahre alt bin, und ungefähr genauso lange schaue ich mir Livespiele an. Früher, als sich meine Knochen noch nicht gegen das aktive Spielen gestemmt haben, habe ich mir auch Videos auf YouTube angeschaut, in denen es um bestimmte Bewegungsabläufe ging. Das mache ich heute zwar nicht mehr, aber dafür habe ich etwas anderes herausgefunden: Die vielen Stunden vor dem Laptop und bei YouTube waren nicht umsonst. Denn wenn wir uns Sport angucken, können wir davon tatsächlich profitieren. Und nicht nur das. Selbst wenn wir uns nur vorstellen, wie wir Sport machen, können wir besser in dieser Sportart werden – unter bestimmten Umständen.

Das Fachwort dafür ist »Handlungsbeobachtung«, und die Handlungen sind in diesem Zusammenhang die sportlichen Bewegungen. Wir Menschen verbringen viel Zeit damit, andere Menschen zu beobachten, und das hilft uns tatsächlich dabei, neue Dinge zu lernen. Erinnere dich kurz zurück an deine Kindheit. Du hast gelernt, wie man geht, wie man rennt, einen Ball wirft und Fahrrad fährt. Dafür hast du keine Fachbücher oder Anleitungen gelesen und auch kein teures Coaching »So wirst du vom Krabbler zum Geher in nur sieben Wochen!« gebucht. Du hast gesehen, wie andere das machen. Und es dann selbst ausprobiert, immer und immer wieder. Dabei wurdest du jedes Mal ein bisschen besser. Warum funktioniert das?

Es gibt ein berühmtes Sprichwort. In den USA sagt man: *»Monkey see, monkey do.«* Was so klingt wie ein Spruch aus einem Zeichentrickfilm, beschreibt ein fundamentales Prinzip des Gehirns: Wir lernen durchs Zuschauen. Das Sprichwort passt zu einer Entdeckung, die eine Gruppe italienischer Wissenschaftler und Wissenschaftlerinnen 1992 machte. Dabei maßen die Forschenden der Universität Parma die Gehirnaktivität von Affen, während diese verschiedene Objekte benutzten. Schnell sahen sie: Wenn die Tiere mit einem Objekt interagierten, waren bestimmte motorische Regionen im Gehirn aktiv. Das hatten sie erwartet. Als sie ihr Experiment durchführten, bemerkten sie aber etwas: Die Hirnaktivität der Affen änderte sich nicht nur, wenn sie die Objekte selbst benutzten, sondern auch dann, wenn ein Wissenschaftler die Gegenstände aufhob und sie in eine Schachtel legte. Das Team passte sein Experiment an, jetzt wollte es wissen, was im Gehirn der Affen während dieser Beobachtungen passierte. Zur Überraschung der

Forschenden wurden Nervenzellen im prämotorischen Kortex aktiv, einem Bereich des Affengehirns, der an der Planung von Bewegungen beteiligt ist. Die Zellen wurden sowohl dann aktiviert, wenn die Affen Bewegungen selbst ausführten, als auch dann, wenn die Affen einen Wissenschaftler bei der Ausführung dieser Bewegungen beobachteten. Damit hatten sie nicht gerechnet. Das Forschungsteam nannte diese Nervenzellen später »Spiegelneuronen«, um zu verdeutlichen, dass die Gehirnaktivität der Affen bei der Beobachtung von Handlungen die Gehirnaktivität spiegelte, die sie bei der Ausführung derselben Bewegungen aufgezeichnet hatten. Dieser zufällige Fund war eine der bedeutendsten neurowissenschaftlichen Entdeckungen des 20. Jahrhunderts und hatte weitreichende Folgen für Psychologie, Pädagogik und Hirnforschung bis hin zur Robotik.

Es dauerte nicht lange, bis die Forschungswelt herausfand, dass bei Menschen ganz ähnliche Mechanismen im Gehirn ablaufen, wenn wir andere Menschen beobachten. Aber kann man diese Handlungsbeobachtungen tatsächlich zur Leistungssteigerung im Sport einsetzen? Um das herauszufinden, müssen Versuchspersonen in der Regel Videos von sportlichen Bewegungen betrachten, zum Beispiel von Volleyballaufschlägen oder Turnübungen. Die Testpersonen werden dann in Gruppen mit unterschiedlichem sportlichem Hintergrund eingeteilt (Laien versus Athlet:innen), um mögliche Unterschiede in der neuronalen Reaktion zu analysieren. Die Videos werden so gestaltet, dass die Versuchspersonen die Bewegungsdetails klar erkennen können, wodurch sie die biomechanischen Abläufe genau beobachten können.

Während des Betrachtens werden bei den Teilnehmenden Hirnscans durchgeführt. Besonders fokussieren sich die Forschungsteams auch hier, wie schon bei der Studie mit den Affen, auf motorische und sensorische Gehirnregionen wie den prämotorischen Kortex und das Spiegelneuronensystem, das typischerweise bei der Planung und Ausführung von Bewegungen aktiv ist. Nach der Beobachtungsphase führen die Versuchspersonen die zuvor gesehenen Bewegungen selbst aus. Ihre Leistung wird dabei anhand von Kriterien wie Präzision, Geschwindigkeit und Koordination bewertet.

Solche Studien zeigen immer wieder: Das Beobachten der Bewegungen aktiviert genau die Gehirnregionen, die auch bei der tatsächlichen Ausführung beteiligt sind: den prämotorischen Kortex, sensorische Areale und das Spiegelneuronensystem. So weit, so erwartbar. Aber vielleicht noch wichtiger: Die Testpersonen können die Bewegungen anschließend oftmals auch selbst besser durchführen – nur durchs Zuschauen. *Human see, human do.* Insgesamt zeigen Athlet:innen größere Leistungsgewinne im Vergleich zu Laien; wahrscheinlich, weil sie ihre neuronalen Netzwerke durch vorherige Trainingserfahrung optimiert hatten.

Eine dieser Studien untersuchte dieses Phänomen an Rugbyspielern. Die Spieler sahen sich kurze Videos eines Profisportlers beim perfekten Wurf an, dann trainierten sie selbst. Und das vier Wochen lang. Das Ergebnis: Sie trafen häufiger und warfen schneller als die Kontrollgruppe, die die Videos vor dem Training nicht angesehen hatte. Und das, obwohl sie nicht mehr geübt hatten. Entscheidend war offenbar, dass sie die richtige Bewegung im Kopf schon einmal durchlebt hatten, bevor der Körper dran war.

Aber es ist nicht nur die reine Beobachtung, die uns zu besseren Sportlerinnen und Sportlern machen kann. Als ich noch jünger (und etwas gelenkiger) war, hatten wir an einer Seite meines Elternhauses einen Basketballkorb montiert. Wenn ich nicht sowieso Basketballtraining hatte und das Wetter es zuließ, spielte ich stundenlang auf unserer Auffahrt. Mal mit Freunden, oft aber auch alleine. Ich warf dann nicht einfach stumpf immer und immer wieder auf den Korb. Nein. Ich stellte mir beim Spielen vor, mitten in einem wichtigen Spiel zu sein. Mal spielte ich mein Zukunfts-Ich, das sich zum Nationalspieler gemausert hatte, nun endlich gegen das große Team der USA spielen durfte und – oh mein Gott, das ist doch eine Sensation, die deutsche Nationalmannschaft schlägt die USA und wird Weltmeister, meine Damen und Herren! (Damals war es absolut unrealistisch, dass Deutschland mal Basketballweltmeister werden würde. 2023 gewann das Nationalteam dann aber völlig überraschend die WM, leider ohne meine aktive Beteiligung.)

Mal schlüpfte ich aber auch in die Rolle bekannter Basketballspieler und imitierte ihre Art, zu werfen und zu dribbeln. Erstaunlich oft kam es bei diesen imaginären Spielen auf den letzten entscheidenden Wurf an, den ich mit einer atemberaubenden Sicherheit zum Sieg verwandelte. Und wenn nicht, wiederholte ich die Szene so oft, bis ich traf. An kaum einem Ort sind so viele spielentscheidende Würfe gefallen wie auf der Auffahrt meiner Eltern. Links das Garagentor als Gegner, rechts der Apfelbaum der Nachbarn als Publikum. Und ich elf, zwölf Jahre alt, mit der Überzeugung, dass sich die NBA über kurz oder lang ganz sicher bei mir melden würde.

Aber mit diesen ausgedachten Szenarien im Kopf endete es nicht. Selbst wenn ich wieder im Haus war, wenn ich abends im Bett lag oder tagsüber im Unterricht in der Schule gedanklich abdriftete, dachte ich an Bewegungsabläufe beim Basketball. Mal an solche aus dem letzten NBA-Spiel, das ich geschaut hatte, mal an solche aus dem letzten Training. Ich machte das nicht bewusst, es passierte einfach. Basketball war überall. Heute weiß ich: Selbst dieses Nachdenken, dieses Ausmalen der Bewegungen in der eigenen Vorstellungskraft, hat mich damals zu einem besseren Basketballspieler gemacht.

Das Fachwort dafür ist »motorische Vorstellung«, und wie sie beim Sport helfen kann, haben Forschende 2020 genauer untersucht – auf einem Golfplatz, mit echten Spielern und einem ziemlich realen Ziel: den Ball ins Loch zu bringen. Sie beobachteten zuerst ein kurzes Video eines Profigolfers, der perfekte Putts ausführte. Dann trainierten sie aber nicht sofort, wie etwa die Rugbyspieler im Experiment eben. Sie stellten sich, mit geschlossenen Augen, die Bewegung vor. Sie spürten den Schwung in ihrer Vorstellung, fühlten die Kraftverteilung auf den Fußsohlen, das Nachgeben der Handgelenke, das Streichen des Schlägers über den Ball. Eine zweite Gruppe bekam diese mentale Vorbereitung nicht. Sie las einfach etwas Golfbezogenes, das keine Anweisungen oder Hilfestellungen enthielt, bevor sie trainierte. Ansonsten: gleiches Trainingsprogramm. Beide Gruppen führten vor und nach der Intervention jeweils zwanzig Putts unter den gleichen Bedingungen durch.

Das Ergebnis? Wer die Profis beobachtet und anschließend kinästhetisch geübt hatte, traf signifikant häufiger, kontrollierte die Geschwindigkeit seines Balls besser und verbesserte insgesamt seine Präzision stärker als die Kontrollgruppe. Der Effekt trat aber nur bei denen auf, die vorher schon gut darin waren, Bewegungen in ihrem Inneren nachzufühlen. Das heißt: Auch diese Fähigkeit kann man trainieren. Die beste Vorbereitung auf das anstehende Golf-Match ist also manchmal nicht der nächste Schlag, sondern der nächste Gedanke.

Wie deine Vorstellungskraft dich zu einem besseren Sportler macht

Was heißt das jetzt alles für dich? Was musst du beachten, wenn du deine Vorstellungskraft nutzen möchtest, um besser zu werden – im Schwimmen, Golfen, Tennisspielen oder anderen Sportarten? Eine Übersichtsarbeit, die 133 Studien zu mentalem Training ausgewertet hat, liefert Antworten. Sie macht genaue Angaben dazu, wie oft du es machen solltest, wie lang und worauf du achten musst.

Demnach ist mentales Training vor allem dann effizient, wenn du die Bewegung im Kopf immer und immer wiederholst.

Pro Trainingseinheit wiederholten Versuchspersonen sie durchschnittlich 34 Mal. Zwischen den Intervallen solltest du ausreichend Pause machen, um die Konzentration aufrechtzuerhalten. Wie genau du dir die Bewegung vorstellen sollst? Am besten aus der Ich-Perspektive. Stell dir vor, wie sich die Bewegung aus dem eigenen Körper heraus anfühlt (nicht, wie sie von außen aussieht). Halte die Augen dabei am besten geschlossen, um die Konzentration auf das Körpergefühl zu lenken. Stell dir genau vor, wie die einzelnen Muskeln beansprucht werden.

Die Forschenden schreiben, mentales Training sei am effektivsten, wenn man es dreimal pro Woche durchführt. Es sollte aber nicht unbegrenzt fortgeführt werden, typischerweise dauert so ein Trainingszeitraum vier bis sechs Wochen. Sobald du damit zufrieden bist, wie gut du eine Bewegung ausführen kannst, kannst du das Training einstellen und dich auf andere Bewegungen konzentrieren.

Übrigens: Du solltest die Bewegung, um die es geht, zumindest ansatzweise schon mal in der echten Welt gemacht haben. Jemand, der noch nie einen Tennisaufschlag gemacht hat, profitiert weniger davon, sich ganz oft vorzustellen, wie er oder sie einen optimalen Tennisaufschlag durchführt. Ist ja logisch: Das Gehirn muss erst mal wissen, wie sich die optimale Bewegung anfühlt, oder zumindest, in welche Richtung sie geht, um sich die optimale Bewegung auch immer wieder vorzustellen. Eine gute Nachricht: Wenn du eine Bewegung schon kannst, sie aber zum Beispiel etwas langsamer machst, als du gerne würdest, kann das wiederholte Vorstellen dazu führen, dass du schneller wirst. Kombiniere mentales Training am besten mit echtem Training. Wie du bei den Golfspielern gesehen hast, kann das Vorstellen der Bewegung schon direkt im Anschluss dazu führen, dass du die Bewegung sauberer durchführst.

Der kleine Bent wusste all das natürlich nicht, als er auf der Auffahrt und in seinen Gedanken ständig Körbe warf und die Gegner ausdribbelte. Aber ich kann dir sagen: Als ich letztes

Jahr an Weihnachten auf der Auffahrt stand und mit meiner Mutter auf den mittlerweile arg verrosteten und grün angelaufenen Basketballkorb geschaut habe, war es schön zu wissen, dass all die Stunden damals nicht umsonst waren.

Da ich als Autor dieses Buches entscheiden kann, was du heute alles erlebst, schicke ich dich jetzt natürlich nicht stundenlang auf die Couch zum Basketballgucken. Vielleicht magst du Basketball ja gar nicht. Das will ich dir ersparen. Was ich dir aber nicht ersparen will, ist echter Sport. Denn selbst wenn es positive Effekte hat, wenn du Sport guckst oder darüber nachdenkst, wie du Sport machst – beides ersetzt nicht das Sporttreiben an sich. Nach der Arbeit fährst du also nicht direkt nach Hause. Du hast dir heute Morgen schon einen Rucksack mit deinen Sportsachen auf den Rücken geschnallt und machst dich jetzt auf den Weg ins Fitnessstudio. Denn dort und überall anders, wo du Sport treibst, betritt dein Gehirn eine ganz eigene Welt. Eine, deren Auswirkungen du dir immer wieder klarmachen solltest.

Wie Sport dich schlauer macht

Ich bin sonst kein großer Freund davon, mit Sensationsmeldungen aufzutrumpfen, aber diesmal muss ich es tun: Wissenschaftler und Wissenschaftlerinnen haben eine Wundermedizin entdeckt, die man nur ein paarmal pro Woche nehmen muss und die geradezu unvorstellbare Wirkungen hat: Sie verringert das Risiko, an Demenz zu erkranken, sie verbessert das Gedächtnis, die kognitiven Fähigkeiten, das Wohlbefinden, die Stimmung. Und sie verringert die Symptome bei Depressionen und anderen psychischen Erkrankungen. Und, halt dich fest, sie ist nicht mal teuer. Sie kostet praktisch nichts, je nachdem, für welche Medizin man sich entscheidet. Ich trau mich gar nicht zu fragen, aber: Würdest du so ein Mittel nehmen?

Okay, das ist eine Fangfrage, wer würde da mit Nein antworten? Es gibt so ein Mittel tatsächlich, es ist nur (leider) keine Pille und kein Saft. Ich rede von Bewegung beziehungsweise Sport. Die Wissenschaft hat in den letzten Jahren immer wieder gezeigt: Sport macht uns nicht nur fitter, sondern auch klüger. Aber wie genau funktioniert das? Nehmen wir das mal Stück für Stück auseinander. Fangen wir an mit unseren kognitiven Fähigkeiten, unserem Gedächtnis und der Frage, wie viel Sport es denn sein muss.

Dass Bewegung und unsere Denkfähigkeiten eng miteinander zusammenhängen, ist eine vergleichsweise neue Erkenntnis aus der Hirnforschung. Lange gingen wir davon aus: Wer denkt, muss still, konzentriert und ernsthaft sein. Wir glaubten, wir sollten unseren Bewegungsdrang im Griff haben. Du weißt mittlerweile, dass all das nicht stimmt. Wie ich schon gezeigt habe, helfen beispielsweise Spaziergänge, wenn wir uns konzentrieren wollen. Ich hatte einen Sportlehrer, der immer sagte: »Wer sich bewegt, bringt was in Bewegung.« Damals wusste ich nicht so recht, was er damit meint. Heute weiß ich: Der Mann hatte biologisch recht. Sport bringt nicht nur den Kreislauf in Schwung, sondern auch das Gehirn.

Ein Forschungsteam von der Tohoku University in Japan wollte wissen, ob bereits kurze Trainingsphasen auf das Denken einwirken können, also ob ein Bewegungsprogramm auch dann kognitive Effekte zeigt, wenn es in den Alltag von älteren Menschen passt. Sie luden dafür 64 gesunde Erwachsene ein, im Schnitt etwas über 67 Jahre alt, und teilten sie per Zufall in zwei Gruppen ein. Die einen machten vier Wochen lang ein kombiniertes Trainingsprogramm aus Ausdauer-, Kraft- und Dehnübungen, jeweils drei Einheiten pro Woche. Die anderen kamen auf die Warteliste, machten nichts weiter und dienten so als Kontrollgruppe. Vor und nach dem Experiment wurden alle Versuchspersonen, auch die der Kontrollgruppe, mit mehreren neuropsychologischen Tests untersucht.

Das Ergebnis war erstaunlich deutlich: Die Bewegungsgruppe verbesserte sich in mehreren kognitiven Bereichen. Vor allem die exekutiven Funktionen – also die Fähigkeit, Entscheidungen zu treffen, sich zu konzentrieren und flexibel auf neue Aufgaben zu reagieren – zeigten einen klaren Zuwachs. Auch das episodische Gedächtnis, wo die persönlichen Erinnerungen gespeichert sind, und die Verarbeitungsgeschwindigkeit legten zu. Und das alles nach nur zwölf Trainingseinheiten in einem Monat. Die Kontrollgruppe dagegen zeigte keine Veränderung. Das Forschungsteam interpretierte die Ergebnisse als klaren Hinweis darauf, dass Bewegung das Denken stärken kann. Und das ohne teure Geräte oder spezielle Diäten.

Wie robust der Zusammenhang zwischen Sport und Denkvermögen ist, zeigte auch eine groß angelegte Metaanalyse von Wissenschaftlern und Wissenschaftlerinnen aus China im Jahr 2020. Das Forschungsteam durchforstete dafür vier große Datenbanken und sammelte alle randomisierten kontrollierten Studien, die Bewegung und Denkfähigkeit bei älteren Erwachsenen miteinander verglichen. Am Ende landeten 25 Studien in ihrer Analyse, alle mit Menschen über sechzig Jahren, die kognitiv gesund waren, also keine Demenz oder ähnliche Erkrankung hatten. Was die Forschenden interessierte, war nicht das generelle Wohlbefinden, sondern das Arbeitsgedächtnis, kognitive Flexibilität und die Fähigkeit, Impulse zu kontrollieren.

Das Ergebnis: Wer regelmäßig körperlich aktiv ist, vor allem durch Ausdauertraining, aber auch durch sogenannte Geist-Körper-Übungen wie Tai-Chi oder Yoga, schneidet in kognitiven Tests besser ab als Menschen, die keinen Sport machen. Die Effekte zeigen sich besonders dann, wenn das Training mindestens dreizehn Wochen dauert. Die Forschenden schlossen daraus, dass körperliche Aktivität bei älteren Menschen ein wirkungsvolles Mittel ist, um kognitive Fähigkeiten nicht nur zu erhalten, sondern sogar zu verbessern.

Die Effekte sind aber nicht nur allgemein und langfristig. Manche Gruppen zeigen sogar bessere kognitive Fähigkeiten, *während* sie Sport treiben, beispielsweise Menschen mit ADHS. Zwei Forschende aus Israel untersuchten den Effekt von körperlicher Bewegung auf die Aufmerksamkeitsprozesse bei Personen mit Aufmerksamkeitsdefizit-/Hyperaktivitätsstörung. Die Versuchspersonen absolvierten zweimal ein standardisiertes Verfahren, um ihre Aufmerksamkeit zu messen. Der Test misst unter anderem das Reaktionszeitverhalten auf akustische Reize (meist in Form von Tönen oder gesprochenen Buchstaben oder Wörtern). In der Studie wurde er unter zwei Bedingungen durchgeführt: einmal im Ruhemodus, während die Versuchspersonen saßen. Und einmal im Bewegungsmodus, während die Versuchspersonen auf einem Laufband gingen. Das Band hatte eine Geschwindigkeit von fünf Kilometern pro Stunde, und die Reihenfolge der Bedingungen (erst sitzen, dann laufen oder umgekehrt) wurde für jede Gruppe zufällig festgelegt, um mögliche Verzerrungen zu vermeiden. Die Ergebnisse verglichen die Forschenden dann mit denen einer Kontrollgruppe, in der die Menschen kein ADHS hatten. Heraus kam: Die ADHS-Gruppe zeigte während des Gehens eine signifikant schnellere Reaktionszeit und weniger Auslassungsfehler im Vergleich zur sitzenden Position. Während der Bewegung erreichte diese Gruppe nahezu die gleiche Leistungsfähigkeit wie die Kontrollgruppe ohne ADHS. Bei der Kontrollgruppe war es andersherum: Während sie Sport trieben, verschlechterte sich ihre Aufmerksamkeit etwas. Ich finde: Solche Ergebnisse werfen noch mal ganz neue Fragen auf, zum Beispiel für den Umgang mit Schülerinnen und Schülern, die ADHS haben. Das ewige Stillsitzen scheint sich auf sie besonders negativ auszuwirken.

Zugegeben, das alles klingt fast ein bisschen nach Biologieunterricht aus einem Paralleluniversum: dass Sport nicht nur Muskeln stärkt, sondern auch Nervenzellen wachsen lässt. Aber genau das passiert. Unser Gehirn, so zeigt die Forschung, reagiert auf Bewegung mit Umbau. Und das ziemlich ambitioniert. Aber was steckt dahinter?

Da ist zum Beispiel ein Prozess namens Neurogenese – das ist das Bilden neuer Nervenzellen. Früher dachte man, das sei etwas, das nur Babys können. Heute weiß man: Wir bilden unser ganzes Leben lang neue Neuronen, vor allem im Hippocampus, dem Zentrum für Lernen und Gedächtnis. Und Bewegung ist einer der stärksten Auslöser dafür. Eine Schlüsselrolle spielt dabei das Protein BDNF (Brain-Derived Neurotrophic Factor, auf Deutsch etwa »vom Gehirn abgeleiteter neurotropher Faktor«). Das ist eine Art Wachstumsdünger fürs Gehirn. Studien zeigen, dass Sport das Ausschütten von BDNF steigert und damit auch die Fähigkeit des Gehirns, sich neu zu verdrahten.

Auch Sauerstoff spielt hier eine Rolle. Bewegung kurbelt die Durchblutung an und damit die Leistungsfähigkeit des Gehirns. Mehr Sauerstoff heißt: mehr Energie, bessere Signalübertragung, klareres Denken. Das dritte Puzzlestück ist passend dazu Neuroplastizität. Das ist die Fähigkeit des Gehirns, sich selbst zu verändern, neue Verbindungen zu knüpfen, alte zu verstärken oder zu verwerfen, sich anzupassen, umzubauen und so: zu lernen. Alles, was wir erleben (und sogar alles, was wir denken), verändert die Verbindungen zwischen unseren Nervenzellen. Sport wirkt wie ein Katalysator dieser Prozesse. Intensive Bewegung aktiviert Gene, die das Bilden neuer Synapsen, das Wachstum von Blutgefäßen und die Flexibilität unseres Denkens unterstützen. Kurz gesagt: Wer läuft, denkt anders. Wer schwitzt, lernt schneller. Und wer sich regelmäßig bewegt, verändert das eigene Denken, Schritt für Schritt, Synapse für Synapse.

Bleibt die Frage: warum all das? Also warum sind wir Menschen überhaupt so gebaut, dass Sport unser Denken verbessert? Wenn wir heute joggen, radeln oder spazieren gehen, dann tun wir das schließlich meistens nicht, um zu überleben. Manche tun es, um länger zu leben, ja. Aber viele auch, um fit zu bleiben, runterzukommen oder einfach, weil es draußen schöner ist als drinnen. Aber unser Körper, und vor allem unser Gehirn, versteht Bewegung immer noch wie früher: als Ausnahmesituation. Als Moment der Herausforderung, der Veränderung, des Lernens.

Das sogenannte Modell der Anpassungsfähigkeit (englisch »Adaptive Capacity Model«), das der Evolutionsbiologe David Raichlen und der Neurowissenschaftler Gene E. Alexander 2017 vorgeschlagen haben, dreht die klassische Vorstellung um: Bewegung verbessert nicht einfach zufällig unsere kognitiven Fähigkeiten. Unser Gehirn hat sich evolutionär genau dafür entwickelt: um durch Bewegung klüger zu werden.

Das Modell stützt sich auf die Erkenntnis, dass sich das menschliche Gehirn in einer Phase der Evolution besonders stark entwickelt hat, in der Menschen begannen, sich ausdauernd zu bewegen. Der Homo sapiens war kein Sprinter, er war eher Dauerläufer; er lief über Savannen, durch unbekanntes Gelände, immer auf der Suche nach Nahrung, Wasser und Schutz. All das war allerdings mit mehr verbunden als nur mit der reinen Schrittzahl. Dieses Leben im Dauerlauf bedeutete: Entscheidungen treffen, sich erinnern, navigieren, Risiken einschätzen, zusammenarbeiten. Mit anderen Worten: Körperliche Aktivität war immer auch geistige Arbeit.

Das Modell geht deshalb davon aus, dass Bewegung nicht nur zeitgleich mit kognitiver Entwicklung stattfand, sondern dass sich das Gehirn gerade deshalb weiterentwickeln konnte, weil Bewegung so viel kognitive Anpassung erforderte. Es war ein biologischer Selektionsdruck: Nur wer durch Bewegung lernte, vorausschaute, reaktionsfähig blieb, der hatte auch Überlebensvorteile. Daraus leiten Raichlen und Alexander ab: Unser Gehirn ist darauf programmiert, Bewegung als Signal für erhöhte kognitive Anforderungen zu interpretieren. Wer sich bewegt, soll sich anpassen; an neue Umgebungen, neue Aufgaben und neue Herausforderungen.

Heute ist das ein biologischer Irrtum, der uns zugutekommt. Denn wenn wir morgens laufen gehen, vermutet unser Gehirn immer noch, dass wir uns gleich orientieren, planen oder Entscheidungen treffen müssen. Es fährt seine Plastizität hoch, es schüttet Neurotransmitter aus, aktiviert Netzwerke, die sonst im Leerlauf blieben. Man könnte sagen: Bewegung täuscht das Gehirn mit einem uralten Trick, und das Gehirn reagiert bereitwillig.

Wie viel Sport muss es denn sein?

Wenn Sport so ein Wundermittel ist, stellt sich natürlich die Frage, wie viel Sport du treiben solltest, um all diese positiven Effekte mitzunehmen. Hier liefert Wendy Suzuki wichtige Erkenntnisse. Suzuki ist Professorin für Neurowissenschaften und Psychologie an der New York University. Eigentlich hatte sie zum menschlichen Gedächtnis geforscht, bis sie etwas getan hat, das Wissenschaftlerinnen und Wissenschaftler fast nie machen: Sie hat ihr komplettes Fachgebiet über den Haufen geworfen und sich einem anderen gewidmet. Warum? Weil sie gesehen hat, wie Sport sich auf das Gehirn auswirkt. Davon war sie so fasziniert, dass sie beschloss, sich künftig nur noch damit auseinanderzusetzen. Sie sagt: Man müsse kein Triathlet werden, um von den positiven Effekten des Sports zu profitieren. Ihre Faustregel: drei- bis viermal die Woche Bewegung für dreißig Minuten. Laut Suzuki gehe es vor allem darum, das Herz-Kreislauf-System in Wallung zu bringen, nicht darum, sich komplett zu übernehmen und mit brennender Lunge und kaputten Beinen den Rest des Tages auf dem Sofa zu verbringen.

Die optimale Intensität körperlicher Betätigung für das Verbessern kognitiver Funktionen könnte eng mit der anaeroben Schwelle zusammenhängen. Die anaerobe Schwelle ist der Punkt, an dem Bewegung so anstrengend wird, dass dein Körper nicht mehr vor allem Sauerstoff zur Energiegewinnung nutzen kann (sondern vor allem Glukose, also Zucker). Wer unterhalb dieser Grenze trainiert, bleibt im sogenannten aeroben Bereich, in dem der Stoffwechsel stabil und das Gehirn optimal mit Sauerstoff versorgt bleibt Das unterstützt Lern- und Konzentrationsprozesse. Aerobes Training strengt deinen Körper zwar an, aber es überfordert ihn nicht. Deshalb ist dein Gehirn nicht zusätzlich noch mit Regulationsaufgaben wie Temperaturausgleich, Sauerstoffmanagement oder Stressbewältigung beschäftigt. Studien zeigen, dass aerobes Training die Durchblutung im Hippocampus und im präfrontalen Kortex besonders effektiv steigert.

Wer beim Sport den Puls also im aeroben Bereich hält, erhöht die Wahrscheinlichkeit, dass sich das Bewegen positiv auf seine Denkprozesse auswirkt. Das Problem: Die Schwelle liegt bei jedem Menschen woanders. Ich gucke deshalb beim Training regelmäßig auf meine smarte Uhr. Die sagt mir dann, ob ich mich gerade noch im aeroben Bereich oder schon im anaeroben Bereich befinde. Und ja, wenn mein Puls zu hoch ist, höre ich auch mal auf zu joggen und gehe so lange, bis er sich wieder beruhigt hat. Das hat sich beim ersten Mal komisch angefühlt und beim zweiten Mal auch, aber mittlerweile kann ich meinen Stolz hinunterschlucken. Die anderen Menschen interessieren sich sowieso nicht dafür, ob ich gehe, sprinte oder rückwärts hüpfe. Dass Bewegung dich smarter macht, ist aber nur ein Grund, warum du regelmäßig Sport treiben solltest. Ein weiterer ist vielleicht noch wichtiger.

Warum Sport bei psychischen Erkrankungen hilft

Meine Freundin und ich haben einen Running Gag. Immer, wenn wir uns nicht aufraffen können zum Sport, sagt der oder die jeweils andere: »Es hat noch nie jemand Sport gemacht und es danach bereut.« Dieser Satz hilft mir eigentlich immer dabei, mich doch noch aufzuraffen. In letzter Zeit muss sie den Satz aber immer seltener sagen. Ich habe etwas geschafft, was ich jahrelang vergeblich versucht habe: eine Sportroutine aufgebaut. Drei- bis viermal die Woche schaffe ich es, mich zu bewegen. Montags gehe ich abends mit einem Freund ins Fitnessstudio, freitags mache ich das Gleiche, aber allein, und an den anderen Tagen jogge oder schwimme ich.

Das schreibe ich nicht, um anzugeben, sondern weil ich tatsächlich stolz darauf bin. Und weil ich gelernt habe, wie wichtig Sport ist. Nicht nur für unser Gedächtnis und unsere Konzentration. Sport wirkt sich auch auf unser Stresslevel und auf unsere mentale Gesundheit aus. Es gibt neue Erkenntnisse, die darauf hindeuten, dass Sport bei Depressionen die gleiche Wirkung haben könnte wie Psychotherapie – oder sogar eine stärkere. Lies den Satz noch mal: *die gleiche Wirkung wie Psychotherapie – oder sogar eine stärkere!* Die World Health Organization schätzt, dass 3,5 Millionen Fälle von Depressionen in Europa bis 2050 vermeidbar sind, wenn sich die Bevölkerung ausreichend bewegt. Nur wie? Und was weiß die Wissenschaft darüber, wie man es tatsächlich ein für alle Mal schafft, regelmäßig Sport zu treiben?

Fangen wir mit dem Stress an. Weiter vorne im Buch habe ich schon mal die HHN-Achse erwähnt. Das ist eine Verbindung zwischen dem Hypothalamus, der Hypophyse (einem kleinen Organ unterhalb des Hypothalamus) und der Nebennierenrinde. Bei einer Stressreaktion wird vom Hypothalamus das sogenannte Corticotropin-Releasing-Hormon ausgeschüttet. Dieses gelangt über das Blut zur Hypophyse und aktiviert dort die Ausschüttung eines weiteren Hormons (namens Adrenocorticotropin), was wiederum dazu führt, dass die Nebennierenrinde das Stresshormon Cortisol ausschüttet. Und wir? Werden unruhig und gestresst.

Dieser Ablauf ist eine der wichtigsten Kettenreaktionen, die es im Gehirn gibt, wenn es um Stress geht. Ein Forschungsteam aus Berlin und Bonn konnte zeigen, dass bereits eine dreißigminütige Ausdauersession auf dem Laufband die ANP-Konzentration steigert. ANP ist ein Hormon, das im Herzen gebildet und freigesetzt wird. Umso mehr, wenn wir einen erhöhten Puls haben, zum Beispiel durch Sport. ANP könnte dafür sorgen, dass die Ausschüttung der Hormone der HHN-Achse reduziert wird.

Apropos Angst. Auch hier legen Erkenntnisse nahe, dass Sport die Symptome lindern kann. In einer Studie aus den USA untersuchte ein Forschungsteam, ob körperliches Training dabei helfen kann, physische Angstsymptome wie Herzklopfen oder Schwitzen nicht als gefährlich zu bewerten. Sechzig Personen mit hoher Angstempfindlichkeit wurden dafür in drei Gruppen eingeteilt: Eine absolvierte zwei Wochen lang dreimal wöchentlich eine zwanzigminütige Einheit auf dem Laufband, die zweite bekam zusätzlich dazu eine kognitive Trainingskomponente, die dritte war eine Kontrollgruppe und machte nichts von beidem. Das Ergebnis: Bei beiden Trainingsgruppen reduzierte sich die Angstempfindlichkeit deutlich stärker als bei der Kontrollgruppe. Die Forschenden interpretierten das als Hinweis darauf, dass körperliche Aktivität dabei helfen kann, die übermäßige Reaktion auf Angstsymptome zu mildern, was wiederum auch die allgemeinen Angst- und Depressionswerte senken kann.

Ein anderes Forschungsteam ging der Frage nach, ob körperliches Training auch bei einer diagnostizierten Angststörung helfen kann. Dafür untersuchten sie dreißig Patientinnen, die aktuell keine Psychotherapie machten, aber Medikamente einnahmen. Zwei Gruppen trainierten, die eine machte Krafttraining, gezielt für den Unterkörper. Die andere saß auf dem Fahrradergometer. Zwei Einheiten pro Woche, sechs Wochen lang. Und dann? Maßen die Forschenden, ob die Sorgen, diese ungerichteten Gedankenschleifen, die für die Angststörung typisch sind, durch den Sport weniger wurden. Das Ergebnis: Sowohl das Ausdauertraining als auch die Kraftübungen reduzierten die Symptome im Vergleich zur Kontrollgruppe deutlich. Aber beim Krafttraining war der lindernde Effekt auf Anspannung und Reizbarkeit noch etwas klarer.

Kommen wir zur Königsdisziplin. Wie so oft zeigen gerade Metaanalysen, in welche Richtung die Forschung deutet. Die Frage ist: Lindert Sport die Symptome bei Depressionen? Und die Antwort ist, laut einer neueren Metaanalyse eines Teams von der Universität Potsdam: ziemlich sicher ja. Sie haben 41 Studien mit insgesamt mehr als 2.000 Versuchspersonen ausgewertet und kommen zu dem Ergebnis, dass Sport einen mittleren bis starken lindernden Effekt auf depressive Symptome hat. Das könnte man tatsächlich mit der Wirkung von Medikamenten oder Psychotherapie vergleichen. Sie schreiben: »Bewegung sollte als evidenzbasierte Behandlungsoption angeboten werden.« Eine Übersichtsarbeit eines Teams aus Australien geht da sogar noch weiter. In ihr heißt es, dass körperliche Bewegung bis zu 1,5-mal effektiver als Medikamente oder Psychotherapie sein kann. Auch dieses Team kommt zu dem Schluss: »Körperliche Aktivität sollte eine der wichtigsten Maßnahmen bei der Behandlung von Depressionen, Angstzuständen und psychischen Problemen sein.«

Das ist auch deshalb wichtig, weil diese Erkenntnisse in der Bekämpfung von Depressionen noch nicht angekommen sind. Einerseits, weil der Satz »Mach doch einfach mal ein bisschen Sport« lange eher die Symptome herunterspielen als wirklich hilfreich sein sollte. Andererseits, weil die offiziellen Leitlinien zur Behandlung von Depressionen Sport zwar als unterstützende Maßnahme empfehlen, aber nicht als eigenständige und vollwertige Behandlung anerkennen.

Aber warum hilft Sport überhaupt bei psychischen Erkrankungen? Abschließend geklärt ist das nicht. Es gibt aber Thesen. Eine davon hat, mal wieder, mit Neuroplastizität zu tun.

Die Idee: Bei Depressionen und Angststörungen sei diese eingeschränkt. Das Gehirn sei weniger anpassbar. Das könnte an einem Mangel des Proteins BDNF liegen, das ich eben schon erwähnt habe. Wer mehr Sport treibt, bildet auch mehr BDNF und kann so leichter Neues lernen. Das wiederum kann es Menschen mit Angststörung erleichtern, Alltägliches nicht mehr als Bedrohung wahrzunehmen. Denn dafür müssen sie Muster und Zusammenhänge, die sie verinnerlicht haben, wieder *verlernen.* Und dafür wiederum braucht es Neuroplastizität.

Wenn man depressiv ist, kann sich das Leben oft grau und starr anfühlen. Man zieht sich zurück, grübelt und denkt in Schleifen. Und genau diese Starre spiegelt sich auch im Gehirn wider, besonders im Hippocampus, der daran beteiligt ist, Erlebnisse sinnvoll einzuordnen, neue Erfahrungen abzuspeichern und ihnen eine emotionale Bedeutung zu verpassen. Bei Menschen mit Depression, das zeigen Forschungsergebnisse, ist der Hippocampus oft messbar kleiner. Genau dort entstehen aber neue Nervenzellen, und genau hier setzt Bewegung an: Studien zeigen, dass regelmäßiger Sport die Neubildung von Nervenzellen im Hippocampus anregen kann. Wenn im Hippocampus neue Nervenzellen entstehen, kann das Gehirn wieder flexibler reagieren. Man wird empfänglicher für neue Erfahrungen, kann Gedanken besser verarbeiten und Gefühle anders einordnen.

Wie du dein Gehirn davon überzeugst, regelmäßig Sport zu treiben

Spätestens jetzt weißt du, warum ich Sport eben als Wundermedizin bezeichnet habe. Das Problem ist: Menschen mit psychischen Störungen bewegen sich im Schnitt weniger als alle anderen Gruppen. Selbst Krebserkrankte und Menschen mit Herz-Kreislauf-Problemen sind körperlich aktiver. Es gibt aber

Methoden, die dabei helfen können, sich mehr zu bewegen. Folgende fünf Ansätze sind gut belegt, sie beziehen sich nicht auf Menschen mit psychischen Erkrankungen, sondern eigentlich auf alle. Ich fange mit der Methode an, die mir persönlich am meisten geholfen hat.

Erstens: Entwickle eine Routine. Wenn du zum Beispiel mit dem Joggen anfangen willst, musst du nicht viermal die Woche zehn Kilometer joggen. Erst mal geht es nur darum, drei- bis viermal die Woche überhaupt loszulaufen. Total egal wie weit. Auch wenn du erst mal nur einen Kilometer joggst oder zunächst damit startest, Joggen und Gehen abzuwechseln. Das Wichtigste ist, dass dein Körper sich daran gewöhnt, dass er mehrmals die Woche bewegt wird.

Zweitens: Setze dir Ziele und mache dir einen Plan. Ein klarer Plan mit spezifischen, erreichbaren Zielen fördert die langfristige Einhaltung von Bewegung. Regelmäßige, strukturierte Aktivitäten wie Aerobic und Krafttraining sind besonders effektiv.

Drittens: Suche dir soziale Unterstützung. Binde deinen besten Freund, deine beste Freundin oder deine Familie in deine Routine mit ein, suche dir jemanden, der mit dir trainiert. Oder trete in Sportgruppen ein – das erhöht die Motivation und hilft, den Fokus aufrechtzuerhalten. Seit ein guter Freund und ich uns für einen Halbmarathon angemeldet haben, schicken wir uns fast täglich Instagram-Videos hin und her, die sich ums Joggen drehen. Das – und das gemeinsame Trainieren – motiviert ungemein.

Viertens: Sorge für Vielfalt in der Bewegung. Verschiedene Trainingsmethoden wie Intervalltraining, Ausdauer- und Krafttraining verhindern Langeweile und helfen dir so dabei, Sport langfristig als Teil deines Alltags zu etablieren. Als ich im Sommer 2024 im Wanderurlaub war, sind wir deshalb an einem Tag auch einfach mal Tennisspielen gegangen. Die Kombination aus frischer Luft und einer Sportart, die ich jahrelang nicht mehr betrieben hatte, war genial.

Fünftens: Konzentriere dich auf kleine Fortschritte und steigere dich allmählich. Das langsame Erhöhen der Intensität und Dauer hilft, Verletzungen zu vermeiden und das Training in den Alltag zu integrieren.

Und sechstens: Sorge für positive Verstärkung. Belohnung und positive Selbstwahrnehmung für das Erreichen von Meilensteinen helfen dir dabei, deinen Sport langfristig durchzuziehen und nicht nach der nächsten Erkältung direkt wieder den Rhythmus zu verlieren.

Ich finde: Wir sollten jede einzelne Sporteinheit feiern. Trotzdem fällt es uns oft schwer, uns aufzuraffen. Der innere Schweinehund kann hartnäckig sein. Selbst wenn man gute Methoden kennt, die einem dabei helfen, Sport zur Routine zu machen – die Herausforderung bleibt für viele zu hoch. Warum? Ist ihre Willenskraft etwa zu schwach? Um diese Frage zu beantworten, muss man erst mal wissen, was Willenskraft überhaupt ist. Denn wie sich herausstellt, ist Willenskraft erstaunlich oft gar keine Frage des Willens.

Wovon deine Selbstkontrolle abhängt

Spulen wir mal kurz zurück zum Anfang des Buches. Statt durch deine Träume zu wandeln, stehen um drei Uhr nachts auf einmal kleine grüne Außerirdische neben deinem Bett. Sie wecken dich auf und nehmen dich mit auf ihr Raumschiff, in dem sich ein hochmoderner OP-Saal für Neurochirurgie befindet. Dort liegst du nun, und die Aliens müssen entscheiden, welches ihrer Experimente sie an dir durchführen wollen, bevor sie dich wieder auf die Erde schicken. Entweder verändern sie dein Gehirn so, dass du dauerhaft alle Impulse, Triebe, Wünsche und Emotionen verlierst – oder so, dass sie all diese Fähigkeiten zwar intakt lassen, dir aber die Fähigkeit nehmen, sie zu kontrollieren.

Eine schwierige Entscheidung, logisch. So schwierig, dass die kleinen grünen Aliens netterweise dir die Wahl überlassen. Uff. Wie würdest du dich entscheiden? Gegen deine Emotionen und Impulse oder gegen die Fähigkeit, diese zu kontrollieren? Du würdest versuchen zu fliehen, okay. Das Raumschiff befindet sich aber in einer Höhe von mehreren Kilometern über der Erde, du kannst nicht weg. Also: Was wäre dir wichtiger? Nach kurzem Überlegen wäre meine Wahl klar: Scheiß auf Selbstkontrolle. Die Folgen wären heftig, ich würde mich nach meiner Rückkehr zur Erde regelmäßig blamieren, mein Verhalten wäre peinlich. Aber was wäre ich ohne meine Emotionen und Impulse? Wäre ich noch ich selbst? Wahrscheinlich nicht. Woher sollte ich wissen, was ich will? Wonach würde ich mein Handeln steuern, Entscheidungen treffen? Emotionen stechen Selbstkontrolle.

Aber Moment. Bevor die Aliens die Operation durchführen, perfektionieren sie plötzlich ihre neueste Technologie (auch das noch). Durch sie können sie nicht nur dein Gehirn verändern, sondern die Gehirne der Menschen einer ganzen Stadt. Und das, während sie schlafen! Aber du hast Glück, die Außerirdischen entscheiden: Du darfst beides behalten, Emotionen und Selbstkontrolle. Keine Ahnung, warum die so sprunghaft sind. Sind halt Aliens.

Bevor du zur Erde zurückkehren darfst, musst du aber eine noch schwierigere Entscheidung treffen. Du stehst wieder vor einer Wahl. Diesmal: Sollen alle Menschen deiner Stadt Emotionen und Impulse verlieren oder die Fähigkeit, diese in Schach zu halten? Wie auch immer du entscheidest, es wird alle betreffen. Du kommst also entweder zurück in eine Stadt voller hochimpulsiver, emotionaler Menschen oder in eine Stadt voller nicht-impulsiver, immer kontrollierter Menschen. Meine Entscheidung wäre wieder klar, aber dieses Mal würde ich mich anders entscheiden. Ich würde nicht in einer Stadt leben wollen, in der die Leute einfach wahllos Dinge zerschlagen, wenn sie wütend sind. Oder ihre Chefin schubsen, weil sie das Meeting verlegt hat. Das wäre ätzend und gefährlich. Ein bisschen so, als würdest du für den Rest deines Lebens im großen Festzelt des Oktoberfests wohnen. Will man nicht.

Genug Alien-Gedankenspiele. Diese zwei Szenarien hat sich der US-amerikanische Sozialpsychologe und Neurowissenschaftler Matthew D. Lieberman ausgedacht, ein Pionier der sozialen Neurowissenschaften. Die Aliens zeigen seines Erachtens etwas Wichtiges: Selbstkontrolle ist mir bei anderen Menschen wichtiger als bei mir selbst. Andersherum stimmt das auch: Anderen Menschen ist es wichtiger, dass ich meine Emotionen im Griff habe, als dass sie ihre eigenen in Schach halten können. Von meiner Selbstkontrolle profitieren vor allem sie.

Was genau Emotionen und Impulse sind, ist kompliziert zu definieren. Unsere Fähigkeit zur Selbstkontrolle kann man einfacher zusammenfassen: Es ist der Konflikt zwischen einem übergeordneten und einem untergeordneten Ziel. In der Praxis ist es eher wie ein innerer Konflikt zwischen zwei Versionen von dir: Der Jetzt-Mensch, der sofort will. Und der Später-Mensch, der sich beim Blick auf die Waage über die tägliche Portion Eis ärgert. Selbstkontrolle, das sagt ja der Name schon, scheint viel mit uns selbst zu tun zu haben. Und damit, ob wir unsere Gelüste unterdrücken können, um ein größeres Ziel zu erreichen. In der westlichen Welt sind wir besessen davon, unsere Ziele zu erreichen, und vor allem davon, dass wir selbst dafür verantwortlich sind, wenn es klappt. Wir sind auch überzeugt davon, dass wir Kontrolle über unsere Entscheidungen haben.

Ich meine, du hast dich ja wohl dafür entschieden, dieses Buch zu lesen, oder etwa nicht? Das will ich dir gar nicht absprechen. Obwohl, doch: zum Teil. Denn wie wir uns entscheiden oder verhalten, hängt erschreckend oft gar nicht von uns selbst ab.

Ich zeige dir, was ich meine. Stell dir dafür mal eine Kaffeeküche an deiner Arbeitsstelle vor. Dort steht eine kleine Box, in die du für jedes Getränk, das du dir machst, Geld einwerfen sollst. An der Wand steht sogar, welches Getränk wie viel kostet. Niemand sonst ist mit dir im Raum, niemand würde sehen, wenn du zu wenig Geld einwirfst. Würdest du immer den vollen Preis bezahlen? Und meinst du, es würde dich beeinflussen, wenn über der Kaffeemaschine ein kleines Poster mit einem großen Augenpaar wäre, das dich anstarrt? Keine Überwachungskamera, kein Text auf dem Blatt, keine Warnung, nur der stumme Blick eines fotografierten Gesichts. In einem cleveren Feldexperiment an der Newcastle University platzierten die Verhaltensforscher:innen Melissa Bateson, Daniel Nettle und Gilbert Roberts so ein Poster über der Kaffeemaschine ihres Instituts. In der Woche darauf beobachteten sie, ob die Mitarbeitenden ehrlicher in die Kaffeekasse zahlten. Das Ergebnis: Die freiwilligen Zahlungen verdreifachten sich im Vergleich zu den Wochen, in denen über der Kasse ein neutraler Blumenstrauß abgebildet war. Und das, obwohl sich am Setting sonst nichts geändert hatte. Es gab keine neue Kamera, kein Hinweis auf Kontrolle und auch keine Strafandrohung. Nur der Eindruck, beobachtet zu werden.

Das Forschungsteam schließt daraus: Schon symbolische Hinweise auf soziale Kontrolle, etwa ein paar aufgedruckte Augen, genügen, um das Verhalten von Menschen messbar zu verändern. Unser moralisches Verhalten hängt also nicht nur von unseren inneren Werten ab, also nicht nur von uns selbst. Sondern auch von dem Gefühl, nicht allein zu sein.

In einer weiteren Studie wurden Kinder herausgefordert, die an Halloween von Haus zu Haus gingen, um Süßigkeiten abzugreifen. An einem der Häuser öffnete der Besitzer zwar die Haustür, gab aber vor, zurück zu seiner Arbeit zu müssen. Die Kinder sollten einfach selbst zur Süßigkeitenbox gehen. Aber, wie er betonte: Jeder durfte sich nur ein einziges Teil herausnehmen. Das ist natürlich verlockend. Der Besitzer sieht nicht mal, wenn man sich mehr als ein Teil nimmt. Dass die Kinder beobachtet wurden, konnten sie nicht ahnen. Und tatsächlich: 46 Prozent der Neun- bis Zwölfjährigen und 72 Prozent der über Dreizehnjährigen nahmen mehr als eine Süßigkeit heraus. Eine Schweinerei! Das änderte sich aber, wenn hinter der Box ein Spiegel hing, in dem sich die Kinder selbst sehen konnten. Dann nahmen weniger als zehn Prozent der Kinder mehr als ein Teil aus der Box. Der Spiegel machte es für die Kinder also ungefähr fünfmal unwahrscheinlicher, eine soziale Norm zu brechen.

Matthew D. Lieberman schreibt in seinem Buch *Social: Why Our Brains Are Wired to Connect:* »Uns selbst so zu sehen, wie andere uns sehen würden (das heißt unsere sichtbare Erscheinung), reicht aus, um unsere Selbstbeherrschung zu aktivieren und unsere unsozialen Impulse zu überwinden, damit wir uns den gesellschaftlichen Erwartungen anpassen.«

Unsere Selbstkontrolle hängt eben nicht nur von uns selbst ab, die äußeren Umstände spielen ebenso eine Rolle dabei, wie wir uns entscheiden und welchen Impulsen wir nachgehen. Eines der berühmtesten Experimente in der Geschichte der Psychologie verkannte lange, dass äußere Umstände wichtig sind. Vielleicht kennst du es, ich spreche vom Marshmallow-Experiment des US-amerikanischen Persönlichkeitspsychologen Walter Mischel und seines Teams. Der Ablauf war simpel: Man führte Kinder in einen Raum. Dort gab man ihnen ein Marshmallow und versprach ein zweites, wenn sie das erste fünfzehn Minuten lang nicht aßen. Dann verließen die Erwachsenen den Raum. Nur rund dreißig Prozent der Kinder konnten warten und entschieden sich für das zweite Marshmallow (also: Sie verzichteten auf die sofortige Belohnung, um später eine größere zu bekommen). Der Rest entschied sich für die sofortige Belohnung – sie aßen das Marshmallow, bevor der Versuchsleiter zurückkam. Dieses Ergebnis war aber eigentlich nebensächlich.

Der Versuch war berühmt, weil man lange Zeit davon ausging, durch diesen Test der kindlichen Selbstkontrolle voraussagen zu können, wie intelligent oder erfolgreich man als erwachsene Person mal werden würde. Denn diejenigen, die auf das Marshmallow verzichten konnten, waren später erfolgreicher. Man muss fairerweise sagen, dass schon in der Originalstudie stand, dass eine größere Anzahl an Kindern die Korrelation verkleinern könnte. Außerdem würden die Ergebnisse nicht bedeuten, dass es Kinder später erfolgreicher macht, wenn man ihnen Geduld beziehungsweise Selbstkontrolle beibringt. Im Interview mit *Gehirn & Geist* sagte Mischel 2015: »Die Vorstellung, man könne die Zukunft eines Menschen sicher vorhersagen, etwa durch die simple Tatsache, wie lange er sich eine Belohnung versagen kann, ist Unfug.«

Genau das stellte auch der Psychologe Tyler W. Watts von der New York University fest, als er das Experiment wiederholte. Zum Glück waren Watts und sein Team so vorausschauend, die familiären Hintergründe, die häusliche Situation und das Verhalten der mehr als 900 getesteten Kinder zu betrachten. Denn wie sich herausstellte, konnten Kinder aus reichem Elternhaus den Verzehr des Marshmallows besser aufschieben als Kinder mit armen Eltern.

Haben arme Menschen also gelernt, mit Knappheit umzugehen? Nehmen sie, was sie können, bevor es zu spät ist? Selbst das scheint nur die Hälfte der Wahrheit zu sein, wenn überhaupt. Die andere Hälfte könnte Stress heißen. Denn Armut ist Stress. Das stimmt nicht nur intuitiv, sondern auch aus Sicht der Hirnforschung. Wie du gesehen hast, verändert Stress unser Gehirn auf vielfältige Art und Weise. Eine Auswirkung könnte sein, dass unser präfrontaler Kortex schlechter arbeitet. Eine Hauptaufgabe dieses Hirnareals scheint darin zu bestehen, unsere emotionalen Reaktionen auf Stress zu kontrollieren. Der präfrontale Kortex spielt auch eine wichtige Rolle beim Lernen und für unser Gedächtnis. Und er ist laut Studien auch dann besonders aktiv, wenn wir unsere Impulse oder persönlichen Gelüste unterdrücken, um ein größeres Ziel zu erreichen. Stress sorgt dafür, dass wir schlechter darin werden. Und könnte so auch unsere Fähigkeit der Selbstkontrolle beeinflussen. Außerdem kam eine Metaanalyse von 2019, die mehr als 30.000 Zwillinge betrachtet hat, zu dem Schluss, dass die Fähigkeit zur Selbstkontrolle und Willenskraft teilweise genetisch bedingt ist. Wie gut Kinder widerstehen können und wie willensstark sie später als Erwachsene sind, ist also nicht nur persönliche Verantwortung. Die Umwelt und das Elternhaus spielen ebenfalls eine große Rolle.

All diese Erkenntnisse legen nahe: Ja, du hast dich selbst dafür entschieden, dieses Buch zu lesen. Aber unzählige unterbewusste Vorgänge haben dazu beigetragen, dass du dich so entschieden hast. Gleichzeitig fände ich es enorm unbefriedigend, wenn jede Art der Entscheidungsfindung und der Selbstkontrolle ausschließlich von äußeren Faktoren abhängt. Und so ist es auch nicht. Einiges hast du selbst in der Hand.

Kannst du Willenskraft trainieren?

Du betrittst einen Raum, und es duftet unglaublich lecker nach frisch gebackenen Keksen. Auf einem Tisch stehen zwei Schüsseln. Eine mit noch warmen, frisch aus dem Ofen kommenden Keksen. Du weißt schon, die mit kleinen Schokosplittern und Nüssen drin. Und dann – direkt daneben – steht eine Schüssel mit … Radieschen. Jetzt sagt dir jemand: Du darfst nur Radieschen essen! Die Kekse sind für dich tabu.

Klingt übel, oder? Genau das war ein Experiment in den 90er-Jahren. Die eine Gruppe von Teilnehmenden durfte zwar an den Keksen riechen, aber essen mussten sie die Radieschen.

Die zweite Gruppe durfte die Kekse vernaschen. Und dann, nachdem beide Schüsseln leer waren, bekamen sie ein unlösbares Rätsel vorgelegt. Sie sollten bestimmte geometrische Figuren zeichnen, ohne den Stift abzusetzen oder eine Linie zweimal zu ziehen. Du kannst ja mal versuchen, auf diese Weise einen Würfel zu zeichnen. Das geht einfach nicht. Die wahre Frage war allerdings auch nicht, wie gut die Teilnehmenden Radieschen oder Kekse essen oder Rätsel lösen konnten. Es ging um Willenskraft. Die Forschenden wollten herausfinden, wie lange die Radieschen-Gruppe beim unlösbaren Rätsel durchhalten würde – im Vergleich zu denen, die die Kekse essen durften.

Jetzt könnte man denken, die Radieschen-Gruppe hält länger durch, weil Radieschen so unfassbar viele Vitamine enthalten. Aber so war es nicht. Diejenigen, die die Kekse essen durften, hielten mehr als doppelt so lange durch und machten fast doppelt so viele Versuche bei dem unlösbaren Rätsel wie die Radieschen-Gruppe. Die Forschenden vermuten, dass die, die den Keksen widerstehen mussten, einen großen Teil ihrer Willenskraft für dieses Widerstehen aufgebraucht haben. Als würde Willenskraft wie eine Art Smartphone-Akku funktionieren, dessen Ladestand immer weiter sinkt, je mehr Willenskraft wir aufwenden müssen. Die Radieschen-Gruppe, so die Erklärung der Forschenden, war deshalb beim Rätsel viel schneller frustriert. Die Kekse-Gruppe konnte ihre volle Wissenskraft dagegen komplett dem Rätseln widmen.

Zum ersten Mal las ich von diesem Experiment in einem Artikel, den meine Kollegin Theresa Bäuerlein bei *Krautreporter* geschrieben und den ich als Redakteur betreut hatte. Sie beschäftigt sich in ihm intensiv mit dem Zusammenhang von Zucker und Willenskraft, aber auch mit der Frage, wovon Willenskraft noch abhängt – und ob man sie trainieren kann.

Nachdem das erwähnte Experiment Ende der 1990er-Jahre veröffentlicht wurde, begannen Wissenschaftler und Wissenschaftlerinnen, anders über Willenskraft nachzudenken. Zuvor war sie als Persönlichkeitsmerkmal angesehen worden, das man entweder hat oder eben nicht. Doch auf einmal schien es so, als könnte man Willenskraft beeinflussen. Schnell lag der Fokus auf Zucker. Wie du weiter vorn gesehen hast, braucht das Gehirn davon einiges, denn Aufgaben, die uns beanspruchen (egal ob Willenskraft, konzentrierte Arbeit oder hitziges Diskutieren), sind körperlich zehrend, wir verbrauchen dabei viel Energie, das senkt den Blutzuckerspiegel.

Eine Studie von 2011 fand ich besonders ausgefuchst: Dort mussten die Versuchspersonen Aufgaben der Selbstkontrolle durchführen, wie den Stroop-Test. Falls du ihn nicht kennst: Dabei werden dir ausgeschriebene Wörter präsentiert, deren Farbe du benennen sollst. Handelt es sich dabei um Farbwörter, die nicht ihrer Druckfarbe entsprechen (wenn also zum Beispiel das Wort »blau« in roter Farbe abgedruckt wird), steigen typischerweise die Reaktionszeit und die Fehlerzahl. Ein Teil der Teilnehmenden bekam nach der Selbstkontrollaufgabe ein zuckerhaltiges Getränk, die anderen ein süß schmeckendes, aber zuckerfreies Placebogetränk. Anschließend mussten sie weitere Aufgaben bearbeiten, die starke kognitive Kontrolle erforderten. Das Ergebnis: Wer Zucker getrunken hatte, schnitt bei den anschließenden Tests besser ab. Der Zucker verstärkte also die Fähigkeit der kognitiven Kontrolle, was ein guter Gradmesser für unsere Willenskraft ist.

Meine Kollegin Theresa hat noch einen weiteren Faktor gefunden, der unsere Willenskraft beeinflusst. Und ich muss sagen, mit ihm hätte ich nicht unbedingt gerechnet. Deshalb erst mal, wie sollte es anders sein, eine Studie: Bei einem Experiment bekamen die Versuchspersonen entweder eine einfache Aufgabe (sie mussten etwa alle »e«-Buchstaben in einem Text durchstreichen) oder eine schwierige Aufgabe, für die sie sich stark konzentrieren mussten und bei der sie keine Fehler machen durften. Anschließend bekamen sie weitere Aufgaben. Das Erstaunliche:

Wenn die erste Aufgabe vergleichsweise leicht war, schnitten die Versuchspersonen bei der schwierigen Aufgabe gut ab. War die erste Aufgabe aber schwierig, machten sie bei der nächsten viel mehr Fehler – allerdings nur dann, wenn sie davon überzeugt waren, dass ihre Willenskraft begrenzt war. Wenn die Teilnehmenden das nicht glaubten, machten sie auch bei der zweiten Aufgabe nur wenige Fehler. Das heißt: Willenskraft scheint doch nicht einfach wie ein Smartphone-Akku zu sein. Sie scheint von äußeren Umständen (wie Zucker) und inneren Überzeugungen abhängig zu sein. Carol Dweck, die an der US-amerikanischen Stanford University Psychologie lehrt und die Studie durchgeführt hat, sagt: Willenskraft ist eine begrenzte Ressource, aber nur, wenn man daran glaubt, dass es so ist. Aus dieser Erkenntnis ergibt sich auch eine erste Methode, wie man seiner Willenskraft einen Boost geben kann. Eine, die Dweck nachgewiesen hat. Ihre These: Jeder Mensch kann dazu gebracht werden, die eigene Willenskraft für weniger begrenzt zu halten. Um das zu testen, ließen sie und ihr Team Versuchspersonen vor einer schwierigen kognitiven Aufgabe Aussagen wie diese lesen: »Manchmal kann die Arbeit an einer anstrengenden geistigen Aufgabe dazu führen, dass man sich für weitere herausfordernde Aktivitäten gestärkt fühlt.«

Anschließend tranken sie zuckerhaltige Getränke. Das Ergebnis: Menschen, die daran glaubten, dass Willenskraft eine begrenzte Ressource ist (also schnell erschöpft werden kann), profitierten tatsächlich von einer Glukosegabe – sie konnten sich danach besser konzentrieren und selbst kontrollieren. Menschen hingegen, die glaubten, dass Willenskraft nicht so leicht aufgebraucht wird, zeigten keinen zusätzlichen Nutzen durch Glukose. Sie behielten ihre Selbstkontrollleistung auch ohne Zuckerschub bei. In einem Artikel der *New York Times* erklärt Dweck das so: »Menschen, die die Botschaft erhalten, dass die Willenskraft nicht so begrenzt ist, fühlen sich vielleicht müde, aber das ist für sie kein Zeichen aufzugeben – es ist ein Zeichen, tiefer in sich zu graben und mehr Ressourcen zu finden.« Willenskraft ist also nicht nur biologisch, sondern auch psychologisch geprägt.

Wie meine Kollegin Theresa schreibt, zeigen neuere Studien, dass eine bestimmte Struktur immer wieder auftaucht, wenn es um Willenskraft geht: der anteriore mittlere cinguläre Kortex (der als »aMCC« abgekürzt wird), ein Bereich der Großhirnrinde, der im vorderen Teil des Gehirns zwischen den beiden Gehirnhälften liegt.

Kurzer Einschub: Wie du vielleicht weißt, besteht das menschliche Gehirn aus zwei Hälften – der linken und der rechten Hemisphäre –, die über ein dickes Nervenbündel, das sogenannte *Corpus callosum,* miteinander verbunden sind. Beide Hemisphären arbeiten eng zusammen, übernehmen aber zum Teil unterschiedliche Aufgaben: Während die linke eher an Sprache, Logik und Analyse beteiligt ist, ist die rechte stärker bei räumlichem Denken, Intuition und Kreativität aktiv. Diese Trennung ist allerdings funktional, nicht absolut. Fast alle komplexen Aufgaben benötigen beide Seiten.

Die Struktur namens aMCC jedenfalls spielt eine wichtige Rolle bei der sogenannten Allostase. So heißt der Prozess, in dem das Gehirn das Energiebudget des Körpers regelt. So können wir uns flexibel an wechselnde Anforderungen der Umwelt anpassen. Laut der bereits erwähnten Neurowissenschaftlerin Lisa Feldman Barrett ist Allostase die Hauptaufgabe des Gehirns und nicht das Denken. Mein Verlag und ich haben uns trotzdem gegen den Titel »Wer Allostase betreibt, ist klar im Vorteil« entschieden – ich denke, du verstehst, warum. Das Gehirn sammelt für die Allostase ununterbrochen Informationen: Es überwacht sowohl die äußeren Bedingungen als auch den inneren Zustand des Körpers und vergleicht sie mit gespeicherten Erfahrungen. Auf dieser Grundlage versucht es vorherzusagen, welche Reaktion für unser Überleben am sinnvollsten ist, und löst dann vorab – also noch bevor tatsächlich etwas passiert –

bestimmte Reaktionen aus. Dieses Prinzip nennt man »prädiktive Regulation«. Ein Beispiel: Wenn du verfolgt wirst, gleicht dein Gehirn Erfahrungswerte und Informationen zum Verfolgtwerden ab und berechnet, mit welcher körperlichen Reaktion du am ehesten überlebst. Es stellt deshalb blitzschnell den Gehirnregionen besonders viel Energie zur Verfügung, die du zum Weglaufen oder Kämpfen brauchst. Noch bevor du wirklich rennen oder kämpfen musst.

Für dieses Berechnen des Energiebudgets ist der aMCC eng mit dem präfrontalen Kortex, der Insula und dem Hypothalamus vernetzt. Sie regulieren gemeinsam Körperfunktionen wie Herzschlag, Atmung oder Verdauung in Abhängigkeit von der konkreten Situation und der Erwartung. Aber das tun sie eben nicht nur bei solchen lebensbedrohlichen Szenarien, sondern ständig. »Deswegen ist der aMCC für Willenskraft so wichtig: Er sorgt dafür, dass wir die Energie haben, um Ziele zu verfolgen, wie einen Marathon zu laufen, eine komplizierte Matheaufgabe durchzurechnen oder einen Haufen Pralinen links liegen zu lassen«, schreibt Theresa.

Jetzt kommt das Entscheidende: Eine Übersichtsarbeit von 2020 kam zu dem Schluss, dass Menschen mit einer ausgeprägten aMCC-Struktur und -Funktion mehr Durchhaltevermögen im Leben haben. Bevor du jetzt dankend abwinkst und sagst: »Ja toll, woher soll ich wissen, wie ausgeprägt mein aMCC ist? Und was hilft mir das?«, noch eine letzte Sache. Es könnte sein, dass man seinen aMCC trainieren kann. Das klingt komisch, ist es aber nicht. Denn wie ich schon ein paarmal erwähnt habe, verändert sich das Gehirn ständig, mit allem, was wir machen. Die Frage ist nur: Wie kann man seinen aMCC verändern?

Drei Wissenschaftler aus China liefern dafür Hinweise. Ihr Experiment klingt fast wie ein Soziologiekrimi. In China gibt es nämlich eine genetisch bedingte Alkoholintoleranz, die bei einem Teil der Population zu einer körperlichen Abwehrreaktion gegen Alkohol führt. Die Forscher nutzten diesen Umstand als »natürliches Experiment«: Männer, die wegen dieser Unverträglichkeit regelmäßig in sozialen Situationen Alkohol ablehnen mussten (also sich in Selbstkontrolle üben mussten), zeigten langfristig auch in völlig anderen Kontexten bessere Impulskontrolle, zum Beispiel in Spielaufgaben, bei denen sie kurzfristige Gewinne aufschieben mussten. Das zeigt: Wer regelmäßig durch äußere Zwänge zur Selbstkontrolle gezwungen wird, trainiert diese Fähigkeit unbewusst und überträgt sie auf neue Bereiche.

Bei dem Experiment wurden keine Gehirn-Scans gemacht. Aber andere Studien legen nahe, dass dieser Zusammenhang auch neurobiologisch Sinn ergibt. Der aMCC scheint nämlich vor allem dann sein Volumen zu erhöhen, wenn wir Dinge tun, die uns weder Spaß machen noch leichtfallen. Um seine Willenskraft zu trainieren, so scheint es, muss man also Dinge tun, die viel Willenskraft erfordern. Vielleicht denkst du daran, wenn du das nächste Mal früh aufstehen, dich gesund ernähren oder Sport treiben willst: Das ist nicht nur in der Gegenwart eine gute Sache, sondern könnte dir sogar dabei helfen, dass die Überwindung künftig nicht mehr so groß ist.

Was disziplinierte Menschen gemeinsam haben

Die Gene, die Herkunft, das Gehalt der Eltern, die Frage, ob gerade zufällig ein Spiegel in der Nähe ist, Alkoholintoleranz: Unsere Selbstkontrolle und Disziplin hängen von vielen verschiedenen Dingen ab. Auch von der Größe unseres aMCC. Ein paar letzte Faktoren will ich dir aber nicht unterschlagen. Ich finde sie beruhigend, wenn ich mich mal wieder frage, warum es anderen anscheinend so leichtfällt, ihre Ziele zu verfolgen. Warum manche es schaffen, an den Feiertagen jeden Morgen joggen zu gehen, während andere gerade so den Weg vom Bett auf die Couch schaffen (will jetzt keine Namen nennen).

Erstens: Menschen, die besser in Selbstkontrolle sind, genießen das, was anderen schwerfällt, regelrecht. Gesunde Ernährung, stundenlang für eine Klausur lernen, ins Fitnessstudio gehen, auf Alkohol verzichten – das ist für sie nicht die Hölle, sondern voll okay, geradezu angenehm. Kein Wunder, dass es ihnen leichter fällt. Für sie ist vieles davon gar keine Frage der Willenskraft.

Zweitens: Menschen, die besser in Selbstkontrolle sind, scheinen oftmals auch gute Gewohnheiten zu haben: Sie trainieren regelmäßig, schlafen gut und gleichmäßig, haben viele Routinen. Menschen mit hoher Selbstkontrolle geraten seltener in ernste Willenskonflikte, weil sie ihr Verhalten, ihre Gewohnheiten und sogar ihre Wahrnehmung von Versuchungen so automatisieren, dass Disziplin sich weniger wie Verzicht anfühlt und mehr wie Selbstverständlichkeit. Das fanden zwei Forschende anhand von sechs Studien mit über 2.000 Versuchspersonen heraus. Den Wecker auf die andere Seite des Zimmers zu stellen, um morgens aus dem Bett zu kommen, hat nämlich nicht viel mit Selbstkontrolle beim Aufstehen zu tun, sondern mit guter Planung und einer Routine, die einem dabei hilft.

Drittens: Menschen, die besser in Selbstkontrolle sind, haben weniger starke Impulse oder Gelüste: Manche Menschen sind nun mal hungriger als andere, manche lieben Glücksspiele, manche stehen nicht so auf Schokolade. Nicht alle haben Gelüste in der gleichen Stärke, manche haben genetisch einfach Glück gehabt.

Der Besuch des Fitnessstudios nach der Arbeit lohnt sich also mehrfach: Er macht dich fokussierter, verbessert deine Aufmerksamkeit, dein Gedächtnis, er hilft deiner mentalen Gesundheit auf die Sprünge, und er verbessert deine Willenskraft – jedenfalls dann, wenn der Gang zum Sport für dich zumindest etwas Willenskraft erfordert. Das Bewegen hat dir gutgetan: Du spürst deine Muskeln in den Armen vom Nackenzug und deine Beinmuskeln vom Ergometer. Du bist frisch geduscht, ziehst deine Jacke hoch, denn der Wind bläst dir um die Ohren. Noch geht es nicht nach Hause. Du bist noch mit deinem besten Freund auf ein Bier in eurer Lieblingskneipe verabredet. Und darauf freust du dich schon die ganze Woche.

20:00 UHR

ENDLICH EIN FEIERABENDBIER MIT DEINEM BESTEN FREUND

Hat dein Gehirn Humor?

Du bist etwas spät dran, zehn Minuten nach der verabredeten Zeit stolperst du in die Kneipe. Dein bester Freund hat sie mal als »ehrlich« bezeichnet. Hier gibt es keine Sofas, wie sie in den hippen Bars heutzutage so oft rumstehen, keine fancy Longdrinks für vierzehn Euro und keine Erdnüsse in kleinen Schälchen. Hier gibt es selbst gebrautes Bier, klein oder groß. Und wer Hunger hat, kann sich eine Bockwurst bestellen. Du dürftest hier rauchen, wenn du wolltest, machst es aber nicht. Dein bester Freund sitzt schon an einem kleinen Tisch hinten in der Ecke. Ihr umarmt euch zur Begrüßung, er hat dir schon ein großes Bier mitbestellt, das jetzt vor dir steht. Ihr stoßt an, nehmt einen kräftigen Schluck und seid schon mittendrin. Ihr braucht nie lange, um eine gute Unterhaltung zu führen.

»Heute waren es nur sechs«, sagt er. Was er meint: Heute hat er nur sechs News-Meldungen gelesen, die ihn früher dazu gebracht hätten, gespannt vor dem Teletext zu hängen, um die neuesten Entwicklungen nicht zu verpassen. »Heute ist alles Krise und alles schlimm«, hat er mal zu dir gesagt. Und ihr habt angefangen, die Katastrophenmeldungen mitzuzählen.

»Das Einzige, das mir noch hilft«, sagt er, »ist Humor.« Darauf stoßt ihr noch mal an. Er fragt dich, ob du schon das neue Programm von Till Reiners gesehen hast. Das sei großartig. Hast du nicht. Aber du hast es vor. Ihr konntet schon immer über die gleichen Dinge lachen. Das ist ein großer Teil eurer Freundschaft, und die hält immerhin schon seit vielen Jahren.

Warum ist das eigentlich so? Warum teilen wir mit unserem Freundeskreis den gleichen Humor? Es könnte ja auch ganz anders sein. Wir könnten auch einen Freundeskreis haben, mit dem wir uns super verstehen, mit dem wir beim Humor aber Welten auseinanderliegen. Das kommt mit Sicherheit vor, ist aber die absolute Ausnahme. Meistens gehen Freundschaft und Humor Hand in Hand. Und das hat Gründe.

Der amerikanische Neuropsychologe Robert Provine hat zehn Jahre lang wissenschaftlich den Alltag von Menschen beobachtet und herausgefunden: Frauen lachen bis zu 126 Prozent mehr als Männer. Wenn Frauen älter werden, lachen sie weniger. (Bei Männern ist das nicht so.) Und nachmittags lachen wir mehr als zu allen anderen Tageszeiten.

Unser Körper reagiert ziemlich komisch, wenn wir lachen. Lachen ist seltsam. Sehr seltsam. Wir machen unkontrollierte Geräusche, klingen dabei manchmal wie Tiere, wir werden knallrot und kriegen kaum noch Luft. Und schon lachen wir nicht mehr über einen Witz, sondern darüber, wie jemand über einen Witz lacht. Nicht nur Menschen lachen. Primaten lachen, selbst Ratten lachen. Wo auch immer jemand oder etwas lacht, hat es ähnliche Auslöser: wenn man gekitzelt wird. Wenn man spielt. Und fast immer hat es mit sozialer Interaktion zu tun. Wenn du in Gesellschaft von jemandem bist, ist es dreißigmal wahrscheinlicher, dass du lachst. Es ist also fast schade, dass du dieses Buch wahrscheinlich allein liest.

Lachen ist aber natürlich nicht gleich Humor. Lachen hat nur einen großen Vorteil: Man kann es sehen, es ist eine körperliche Reaktion. Im Gegensatz zu Humor. Wie viel Humor hast du? Ein Humor, drei Humor? Das ist schwer zu beziffern. Aber die Lachwissenschaft (kann man wirklich so nennen, heißt aber offiziell »Gelotologie«) kann dabei helfen, Humor zu verstehen. Wenn man Menschen fragt, was ihnen an ihrem Partner oder ihrer Partnerin wichtig sei, sagen sie oft: der Humor. Wir fetzen uns mit unserem Kollegen, weil der den Auftritt von Dieter Nuhr gar nicht so schlimm fand. Oder noch schlimmer: weil er über Mario Barth lacht! Und wir loben andere Kollegen (ja, meistens die männlichen, dazu gleich mehr) für ihren tollen Humor. Wenn wir unserem Freund ein superwitziges Video schicken und er nur müde lächelt, kränkt uns das.

Und trotzdem wissen wir erstaunlich wenig darüber, warum wir manche Dinge witzig finden und andere beleidigend unkomisch. Außerdem endet jede Debatte immer gleich: Humor ist halt Geschmackssache. Wenn wir das Lachen und den Humor verstünden, könnte uns das eine Menge Stress ersparen. Humor ist nämlich nicht nur *nice to have.* Humor dient auch als sozialer Klebstoff. Insiderwitze halten Gruppen zusammen. Humor ist ein Eisbrecher. Er folgt Regeln, die man lernen kann. Möglicherweise bist du nach diesem Kapitel sogar ein paar Prozentpunkte witziger! Denn natürlich hat sich auch die Hirnforschung schon damit auseinandergesetzt, warum wir über manche Dinge lachen und über andere nicht.

Bei Humor geht es darum, wie wir mit widersprüchlichen Informationen umgehen, mit Konflikten. Ich meine jetzt nicht den Nahostkonflikt. Als ich den Komiker Till Reiners mal interviewt habe, sagte er: »Ich erzähle einen Konflikt, und dann biete ich eine Lösung an. Die Lösung ist Lachen. Die Lösung ist Humor. So wird aus einem Konflikt plötzlich Harmonie. Was gibt es Besseres in Krisenzeiten? Da ist die Verbindung zum Publikum aber sehr wichtig. Wenn die Witze nicht zünden, ist da nur Konflikt und keine Harmonie.«

Aus Sicht der Hirnforschung geht es aber um noch viel kleinere Konflikte, um solche im Gehirn. Wie bereits erwähnt, hat die Hirnforschung in den vergangenen Jahrzehnten erkannt, dass Menschen permanent Hypothesen aufstellen. Wir berechnen ständig, was als Nächstes passieren wird und wie sich jemand als Nächstes verhält. Damit wir wissen, was wir als Nächstes tun sollen.

Ein einfaches Beispiel: »Ich esse meine Suppe am liebsten mit einem großen Fahrrad.«

Bei jedem Wort dieses Satzes berechnet dein Gehirn, welches Wort als Nächstes kommen könnte. Du hast schon einige Suppen gegessen und weißt deshalb einiges über die Tätigkeit des Suppeessens. Deshalb bist du dir auch relativ sicher, dass am Ende des Satzes »Löffel« kommt. Stattdessen: »Fahrrad«. Dein Gehirn löst ein Fehlersignal aus. *Et voilà:* ein Konflikt im Gehirn. Oder, umgangssprachlich: eine gebrochene Erwartung, ein Vorhersagefehler. Oder, hochwissenschaftlich: eine Inkongruenz. Das klingt stressig, ist aber, wie wir gesehen haben, eigentlich eine Belohnung. Das Gehirn schüttet Dopamin aus, wenn eine der vielen tausend Minihypothesen, die wir täglich aufstellen, gebrochen wird. Wie beim Sex oder beim Schokoladeessen. Überraschungen gehören zu den positivsten Emotionen, die wir überhaupt erleben können.

Du lachst aber nicht immer, wenn dich etwas überrascht. Eine gebrochene Erwartung ist erst dann witzig, wenn sie zwei »Skripte« miteinander vermischt, die normalerweise nicht vermischt werden. Das habe ich gelernt, als ich ein Buch des amerikanischen Kognitionswissenschaftlers Scott Weems gelesen habe. Es trägt den passenden Titel: *Ha! The Science of When We Laugh and Why*, handelt also von der Wissenschaft, wann wir lachen und warum.

Skripte sind demnach abstrakte allgemeine Erinnerungen für die typischen Aktivitäten, die bei Routineereignissen auftreten. Weems erklärt das so: Wenn wir an eine klischeehafte Einbruchsszene aus einem Film denken, ist in unserem Gedächtnis alles abgespeichert, was wir damit verbinden. Das Haus ist dunkel, ein Einbrecher macht sich an der Tür zu schaffen, jemand wird mitten in der Nacht überrascht. Und nun ein Witz: *Neulich habe ich einen Einbrecher in meinem Pyjama verjagt. Warum er meinen Pyjama trug, weiß ich nicht.*

In unserem Gedächtnis gibt es Skripte über Einbrecher und über Pyjamas. Nur: Normalerweise gehört das Skript des Pyjamas zu dem Bewohner des Hauses. Der Witz vermischt die Skripte. Das überrascht und zeigt uns eine Perspektive auf die Welt, die wir bis dahin noch nicht hatten (ein Einbrecher in meinem Pyjama?). Diese neue Perspektive auf die Welt nennt Weems »Auflösung«, durch den Konflikt entsteht ein neues Bild in unserem Kopf.

Wir haben übrigens so viel intuitives Wissen darüber, wie Humor funktioniert, dass wir auch Erwartungen an die Struktur von Witzen haben. Wenn diese gebrochen werden, kann das witzig sein: *Ein Rabbi, ein Priester und ein Mönch gehen in eine Bar. Sagt der Barkeeper: »Was ist das? Ein Witz?«*

Der US-amerikanische Psychologe Peter Derks hat sich eine Formel ausgedacht, die beantworten soll, warum wir manche Dinge lustig finden und andere nicht:

Humor = Salienz (Merkmal + Zustand) x Inkongruenz + Auflösung.

Klingt erst mal kompliziert, aber ich erkläre es dir. Über den hinteren Teil dieser Formel haben wir gerade schon gesprochen: Wir lachen über Dinge, die uns überraschen, weil sie einen Widerspruch enthalten (Inkongruenz oder Konflikt), und die uns dazu bringen, Dinge in einem neuen Licht zu sehen (Auflösung beziehungsweise eine nachvollziehbare Wendung, die alles zusammenbringt), weil beides gemeinsam Skripte vermischt, die wir normalerweise nicht vermischen. Beim vorderen Teil geht es nicht um den Witz selbst, sondern um uns, um das Publikum. Mit Salienz ist gemeint, wie sehr etwas unsere Aufmerksamkeit auf sich zieht – also wie auffällig oder herausstechend ein Reiz ist. Sie beantwortet die Frage, ob wir einen Witz als Witz wahrnehmen. Dafür muss er sich abheben.

Ob wir einen Witz als Witz erkennen, hängt von uns ab, laut obiger Formel von unseren »Merkmalen« und »Zuständen«. Viele Merkmale sind konstant: Ich bin 1,82 Meter groß, weiß, männlich, ein leidenschaftlicher Basketballer. Mein Zustand hingegen ist flexibel: Ich bin heute Morgen etwas verklatscht aufgewacht, weil ich enorm schlecht geschlafen habe. Das passiert mir aber glücklicherweise nicht jede Nacht, sonst wäre das schon ein Merkmal (so weit sollte es nicht kommen).

Ob wir etwas witzig finden, hängt aber nicht nur von unseren Merkmalen und Zuständen ab, sondern auch von unserer Einstellung zum Thema des Witzes und davon, ob wir gerade gut drauf sind. Wenn mein Chef mir den Urlaub cancelt, finde ich gerade überhaupt nichts witzig. In der Wissenschaft spricht man zusammenfassend vom Referenzrahmen.

Scott Weems erklärt: Wenn der Referenzrahmen gleich ist, dann ist die Wahrscheinlichkeit schon mal höher, dass du und dein bester Freund über einen Witz lachen. Wenn der Referenzrahmen nicht gleich (oder zumindest ähnlich) ist, dann kommt es zu großen Unterschieden. Manche lachen dann über den Komiker Mario Barth, andere finden ihn überhaupt nicht witzig. Beides sagt etwas darüber aus, woher wir kommen, was uns wichtig ist und welche Erfahrungen wir in unserem Leben bisher gemacht haben.

Es gibt viele Theorien dazu, warum es so etwas wie Humor überhaupt gibt. Sehr viele sogar. Ich kann sie unmöglich alle erklären. Aber drei dieser Theorien sind sehr bekannt; sie nicht zu erwähnen wäre töricht.

Da ist zum einen die Überlegenheitstheorie: Sie geht auf den griechischen Philosophen Aristoteles zurück und beleuchtet eher die dunkle Seite des Humors. Wir lachen immer dann, wenn wir uns einem Mitmenschen gegenüber überlegen fühlen. Wenn ein Comedian über seine oder seinen Ex spricht und das Publikum lacht, dann oft deshalb, weil die Menschen im Publikum sich selbst nicht in dieser peinlichen Lage befinden. Sie fühlen sich über der Situation. Das Gleiche gilt für viele klassische Slapstickszenen: Wenn jemand auf einer Bananenschale ausrutscht oder gegen die Glastür rennt, lachen wir, weil es uns gerade nicht passiert ist. Es ist ein kurzer Moment der Abgrenzung: »Zum Glück bin ich das nicht!«

Auch Witze über Autoritätspersonen funktionieren oft so: der Lehrer, der sich blamiert. Der Politiker, der sich verheddert. Wir lachen, weil jemand, der sonst »über uns« steht, kurzzeitig unter uns rutscht. Wir genießen diesen Perspektivwechsel, weil er uns für einen Moment überlegen fühlen lässt. Und sogar Schadenfreude zählt zur Überlegenheitstheorie. Wenn beispielsweise jemand scheitert, den wir als arrogant wahrnehmen, erleben wir das als soziale Korrektur – und lachen. Das ist nicht immer schön, aber menschlich.

Dann gibt es noch die Entladungstheorie: Sie geht zurück auf den Psychoanalytiker Sigmund Freud. Ihm zufolge dient Humor dazu, psychologische Spannungen oder Hemmungen aufzulösen: Wer lacht, legt unterdrückte Wünsche offen. Deswegen lacht man zum Beispiel über gesellschaftliche Autoritäten wie Donald Trump (weil man sie insgeheim gerne abschaffen würde).

Nicht zuletzt ist da die Inkongruenztheorie, bekannt unter anderem durch den römischen Rhetoriker Cicero. Sie besagt, dass wir immer dann lachen, wenn ein überraschender Wechsel zu einer anderen, meist trivialeren Sichtweise stattfindet. Eine Situation wird also aus einer für uns neuen Perspektive beurteilt. In diese Kategorie fallen eigentlich alle Witze, die ich in diesem

Buch bisher gemacht habe. Sie ist auch die Theorie, die man am häufigsten in der modernen Forschung findet.

Seit Aristoteles und Cicero ist aber einige Zeit vergangen, und Forschende haben weiter gegrübelt, wieso der Mensch Humor hat. Der Kognitionsforscher Matthew Hurley und der Psychologe Reginald Adams haben gemeinsam mit dem Philosophen Daniel Dennett ein Modell vorgeschlagen, das Humor als eine Art Fehlerdetektor des Gehirns beschreibt. Ihr Gedanke: Wir lachen, wenn das Gehirn eine unbewusste Annahme als falsch entlarvt – und zwar gerade so noch rechtzeitig. Übertragen auf einen Witz heißt das: Erst denken wir in eine bestimmte Richtung, dann kippt der Kontext, und wir merken: Ah, falsch gedacht! Genau in diesem Moment feuert das Gehirn ein kleines Belohnungsfeuerwerk ab. Hurley nennt das eine kognitive Sicherheitskontrolle, wie ein internes Warnsystem, das uns belohnt, wenn wir uns selbst beim Irrtum ertappen.

Das passt zu neueren fMRT-Studien, die zeigen, dass humorvolle Reize tatsächlich das dopaminerge Belohnungssystem aktivieren, vor allem den *Nucleus accumbens,* den du bereits kennst. In einer der bekanntesten Studien dazu zeigte das Forschungsteam den Versuchspersonen Cartoons, während sie im Hirnscanner lagen. Das Ergebnis: Je lustiger die Personen den Cartoon fanden, desto stärker war die Aktivierung der Regionen, die Dopamin ausschütten.

Aber Humor ist nicht nur ein kognitives Spiel, er ist auch ein soziales Schmiermittel. Der Evolutionsbiologe Glenn Weisfeld hat die These entwickelt, dass Humor ursprünglich entstand, um Kooperationspartner zu identifizieren und Bindung zu fördern. Der Witz wirkt demnach wie ein Bewerbungsgespräch: Wer ihn versteht, teilt unsere Werte und unsere Perspektive. Lachen wird so zu einem wichtigen Signal: Wir gehören zusammen. Das würde erklären, warum Humor oft eine Pointe auf Kosten Dritter hat – denn das »Wir« funktioniert nur in Kombination mit einem »Die«.

Es gibt also viele Erklärungen, warum etwas als lustig empfunden wird, aber eine allumfassende Humortheorie, die jedes Auftreten von Humor erklärt, existiert nicht. Worüber wir zum Beispiel noch gar nicht gesprochen haben, ist, welche Rolle Anspannung spielt. Wir lachen auch dann, wenn sich gesammelte Anspannung entlädt. Auch darüber haben wir intuitives Wissen. So viel, dass es uns wahnsinnig stresst, wenn Anspannung mal nicht aufgelöst wird. Am besten kann man das an einem Beispiel von Hannah Gadsby sehen. Die australische lesbische Komikerin hat die Anspannung in ihrem Programm »Nanette« auf die Spitze getrieben. In dem Programm kündigt sie an, mit Comedy aufzuhören. Weil sie auf ihren Touren in erster Linie Witze auf ihre eigenen Kosten gemacht habe und das nicht mehr machen wolle.

An einer Stelle erzählt sie, wie ein Typ an einer Bushaltestelle sie mal fast geschlagen hätte, weil er dachte, sie würde mit seiner Freundin flirten. Der Typ hat sie geschubst, bis die Freundin dazwischengegangen ist (»Stopp! Das ist doch ein Mädchen!«). Dann hat er sofort aufgehört (»Ich schlage keine Mädchen«). Gegen Ende des Programms bekennt Hannah Gadsby, dass sie diese Geschichte nie ganz zu Ende erzählt hat. Sie habe weggelassen, dass der Typ, der sie an der Bushaltestelle beleidigt habe, zurückgekommen sei und sie verprügelt habe. »He beat the shit out of me and nobody stopped him!«, schreit sie. Also: »Er hat mich verprügelt, und niemand hat ihn aufgehalten!« Sie sagt, dass sie nicht die Polizei gerufen habe und nicht ins Krankenhaus gegangen sei, weil sie gedacht habe, sie sei es nicht wert. Gadsby hat dabei Tränen in den Augen, und im Saal ist es komplett still. Dann sagt sie: »Diese Anspannung gehört jetzt euch. Ich helfe euch damit nicht mehr. Ihr müsst lernen, wie sich das anfühlt. Denn diese Anspannung tragen Nicht-Normale immer in sich.«

Ein paar Sekunden später macht sie dann doch noch einen Witz und löst die Anspannung auf. Es ist immer noch ein Comedy-Programm, wenn auch ein außergewöhnlich emotionales.

Ich will hier aber nicht die Stimmung verderben. Ein paar harte Fakten: Die witzigsten Witze der Welt sind 103 Zeichen lang. Das witzigste Tier der Welt: die Ente. Die witzigste Uhrzeit ist 18.03 Uhr. Woher wir das wissen? Der britische Psychologe Richard Wiseman ließ in seinem sogenannten LaughLab Menschen online darüber abstimmen, wie witzig sie vorgegebene Witze finden. Sie konnten auch eigene Witze einreichen. Als er die Daten auswertete, kam das dabei heraus: Um 18.03 Uhr fanden die Menschen auf der Webseite die Witze durchschnittlich am witzigsten. Und von allen Tierwitzen kamen die Entenwitze am besten an. Das heißt aber auch, dass es einen Witz gab, der insgesamt am besten ankam. Und da über 1,5 Millionen Menschen mitgemacht haben, könnte man diesen durchaus als den witzigsten Witz der Welt bezeichnen. Also … Trommelwirbel! Hier kommt er:

> *Zwei Jäger gehen durch den Wald. Plötzlich bricht einer zusammen. Der andere ruft sofort den Notarzt. »Ich glaube, mein Freund ist tot! Was soll ich machen?« Der Notarzt sagt: »Vergewissern Sie sich zunächst, dass er wirklich tot ist.« Daraufhin ertönt ein Schuss. »Okay«, sagt der Jäger zum Notarzt, »und jetzt?«*

Okay, ich gebe zu: Das soll der lustigste Witz der Welt sein? Über ein kurzes Schmunzeln ging es bei mir nicht hinaus. Vielleicht liegt das aber auch daran, dass er mir nicht von Angesicht zu Angesicht erzählt wurde. Bei Humor spielen Timing, Mimik, Gestik und das Gefühl für die, die zuhören, eine große Rolle. Aber im Witz oben steckt noch eine weitere Lektion: Es gibt keinen einzigen Witz auf der Welt, den ausnahmslos alle witzig finden. Stichwort: Referenzrahmen! Und gleichzeitig können wir, unter den richtigen Umständen, fast über alles lachen.

Robin Lakoff, eine der angesehensten Sprachwissenschaftlerinnen der Welt, hat mit ihrem Buch *Language and Woman's Place* im Jahr 1975 eine der frühesten und einflussreichsten Grundlagen für die geschlechterbezogene Humorforschung gelegt. Ihr Verdienst lag weniger darin, Humor selbst zu analysieren, als vielmehr darin, den wissenschaftlichen Diskurs über Sprache, Geschlecht und Machtverhältnisse zu öffnen. Und Humor als ein sprachliches Feld sichtbar zu machen, in dem sich altbekannte Machtstrukturen manifestieren.

In besagtem Buch schrieb Lakoff sinngemäß: Frauen können keine Witze erzählen – sie versauen die Pointe, bringen die Reihenfolge durcheinander, und überhaupt verstehen sie keine Witze. Kurz: Frauen haben keinen Humor.

Natürlich meinte sie das nicht ernst, sondern gab damit die gesellschaftlichen Vorurteile wieder, die sie kritisierte. Sie hat gezeigt, dass Humor nicht einfach neutral oder universell ist, sondern tief eingebettet in soziale Strukturen; insbesondere in die Geschlechterverhältnisse. In einer Zeit, in der der öffentliche Raum, und damit auch der Raum des sichtbaren Humors, weitgehend männlich dominiert war, zeigte Lakoff, wie Frauen oft auf die Rolle der Zuhörerinnen reduziert wurden. Sie waren diejenigen, die über die Witze der Männer lachten. Lakoff öffnete damit den Blick auf Humor als ein Machtinstrument: Wer lacht, und wer bringt andere zum Lachen? Und wer darf überhaupt als lustig gelten? Das war neu. Und unbequem – vor allem für Männer.

Allan Reiss, ein amerikanischer Neuropsychologe, hat untersucht, ob Frauen- und Männergehirne unterschiedlich auf Witze reagieren. Dafür hat Reiss den Versuchspersonen Cartoons gezeigt, die entweder witzig oder überhaupt nicht witzig waren und mit einem Magnetresonanztomografen bei den Testpersonen gemessen, welche Gehirnregionen wann aktiv waren. Die Ergebnisse: Der rechte *Nucleus accumbens* und Teile des linken präfrontalen Kortex waren bei Frauen aktiver. Allan Reiss erklärt sich das so: Frauen scheinen eine geringere Erwartungshaltung zu haben, belohnt zu werden. Wenn sie die Pointe des

Witzes verstanden haben, ist der »Belohnungs-Vorhersagefehler« (der schon mehrfach Thema war) deshalb größer.

Interessanterweise zeigen bildgebende Studien, dass Humor besonders stark im medialen präfrontalen Kortex verarbeitet wird. Der wird auch mit sozialem Verhalten und Empathie verbunden. Das gilt unabhängig davon, ob du eine Frau oder ein Mann bist oder dich weder als das eine noch als das andere definierst. Wie gesagt: Der Mensch ist ein soziales Wesen. Und Humor ist eine Facette davon.

Wie Alkohol dein Gehirn verändert

Zurück in die Kneipe. Du sitzt immer noch mit deinem besten Freund in eurer Lieblingskneipe, mittlerweile steht aber schon das zweite Bier vor dir, und das hast du auch schon zur Hälfte getrunken.

Vor vier Jahren habe ich zum ersten Mal einen ganzen Monat lang auf Alkohol verzichtet. Mir fiel das nicht besonders schwer. Aber es gab nervige Momente. Zum Beispiel als meine damalige Mitbewohnerin in einer Kneipe ihren Geburtstag gefeiert hat und ich auch nach dem dritten zuckerhaltigen Getränk irgendwie nicht in Stimmung kam und übersüßt nach Hause ging. Alkoholfreie Biere waren damals noch nicht so verbreitet wie heute. Deshalb wollte ich wissen, ob sich der ganze Verzicht eigentlich lohnt. Also habe ich recherchiert, was im Gehirn passiert, wenn wir Alkohol trinken. Und was soll ich sagen: Die Recherche hat gewirkt. Seitdem mache ich den Dry January jedes Jahr, und es kam auch schon vor, dass ich ihn bis in den Sommer hinein verlängert habe. Lass uns also, wenn du schon in einer Kneipe sitzt, dem Alkohol folgen, vom Bierglas ins Gehirn. Und schauen, wie genau er es schafft, uns betrunken zu machen.

Du stößt noch mal mit deinem Freund an, nimmst einen großen Schluck von dem Bier, das immer noch vorzüglich schmeckt. Und los geht die Reise.

Alkohol landet erst mal im Magen. Von dort aus gelangt er ins Blut, aber nicht immer gleich gut. Wenn du vorher ordentlich gegessen hast, dringt weniger Alkohol ins Blut, weshalb wir tatsächlich auch weniger beziehungsweise langsamer betrunken werden. Vom Blut aus wandert der Alkohol in die Organe, vor allem in die beiden Organe, die am stärksten durchblutet werden: die Leber und das Gehirn, in dieser Reihenfolge. Die Leber ist ziemlich damit beschäftigt, ihre Enzyme auf die Alkoholmoleküle zu werfen, um das Gift loszuwerden. Sie kommt aber meistens nicht hinterher, deshalb landet auch etwas im Gehirn.

Erst mal passiert etwas Schönes, wenn wir trinken: Der Dopaminspiegel im sogenannten *Nucleus accumbens* steigt. Dieser ist Teil des Belohnungssystems im Gehirn, und der Neurotransmitter Dopamin (da ist er wieder!) sorgt dafür, dass wir uns nach dem ersten Bier super fühlen; glücklicher, motivierter, mit einem gesteigerten Selbstwertgefühl. Tipptopp. Es passiert aber noch viel mehr. Wie schon öfter erwähnt, besteht unser Gehirn aus wahnsinnig vielen Nervenzellen (86 Milliarden an der Zahl), und jede davon hat circa 10.000 Verbindungen zu anderen Zellen. Wie diese Nervenzellen miteinander kommunizieren, bestimmt so ziemlich über alles, was wir als Menschen können.

Um zu verstehen, wie genau Alkohol unser Gehirn manipuliert – und das tut er –, müssen wir noch mal kurz zurück zu den Basics: Unsere Neuronen können entweder erregt werden – oder gehemmt. Erregte Neuronen sorgen dafür, dass ein elektrisches Signal an das nächste Neuron weitergegeben wird. Gehemmte Neuronen machen genau das Gegenteil: Sie geben das Signal mit geringerer Wahrscheinlichkeit an die nächste

Nervenzelle weiter. Die Balance zwischen dieser Erregung und Hemmung ist wichtig, und zwar: für so ziemlich alles, was uns ausmacht. Alkohol sorgt dafür, dass diese Balance ins Straucheln gerät. Wie Betrunkene (sorry!).

Denn Alkohol macht sich an etwas zu schaffen, das darüber entscheidet, ob Neuronen erregt oder gehemmt werden: an den Neurotransmittern. Noch mal zur Erinnerung: Das sind chemische Botenstoffe, die Signale zwischen den Gehirnzellen übertragen und so Informationen durch den Körper schicken. Davon gibt es so einige (zum Beispiel das Dopamin, wie oben schon erwähnt), die beiden wichtigsten für das Verständnis von Alkohol sind GABA (das steht für Amino-Buttersäure) und Glutamat.

Also: Wie genau schafft es der Alkohol mithilfe von Neurotransmittern, dass wir plötzlich lallen, Schlangenlinien laufen oder dem Gespräch nicht mehr folgen können? Ich erkläre es so, dass du es beim nächsten Bier deinem Kumpel erklären könntest: Wenn du Alkohol trinkst, wirkt er wie ein Verstärker für eine bestimmte Art von Bremssystem im Gehirn, die GABA-Rezeptoren. Diese Rezeptoren sitzen auf den Nervenzellen und funktionieren wie Türsteher, die entscheiden, ob bestimmte Ionen – das sind kleine elektrisch geladene Teilchen – in die Zelle reindürfen oder nicht. GABA ist ein hemmender Botenstoff. Wenn er an seinen Rezeptor andockt, öffnet sich eine Art Tor in der Zellwand, durch das negativ geladene Ionen (meist Chlorid) in die Zelle strömen. Und je mehr negative Ladung in einer Zelle, desto »müder« wird sie. Sie feuert dann seltener ein Signal ab. Alkohol sorgt nun dafür, dass diese Tore länger oder weiter geöffnet bleiben als sonst. Das heißt: Es fließen mehr dieser negativen Ionen in die Zelle. Das Innere der Nervenzelle wird dadurch stärker negativ geladen und reagiert entsprechend träger.

Das reicht dem Alkohol aber noch nicht. Gleichzeitig behindert er nämlich Glutamatrezeptoren, die normalerweise positiv geladene Ionen in die Zellen lassen und sie so eigentlich erregen. Auch dadurch werden Zellen innen negativer, als sie es eigentlich wären. Durch beides sinkt die Wahrscheinlichkeit, dass ein ankommendes Signal an die nächste Nervenzelle weitergeleitet wird.

Wie gesagt: Neurotransmitter schicken Informationen durch deinen Kopf. Und das nicht nur in einer bestimmten Region, sondern praktisch überall. Für ein Organ, dessen Grundaufgabe das Weiterleiten von Signalen ist, ist es ein Problem, wenn dieses Weiterleiten plötzlich ausgebremst wird. Das ist dann so, als würde dein Auto im Feierabendverkehr von jetzt auf gleich nur noch zwanzig Kilometer pro Stunde fahren. Du kommst zwar vorwärts. Aber alle (Nüchternen) um dich herum sind viel schneller.

Die konkreten Folgen: Du fühlst weniger, du nimmst deine Umwelt schlechter beziehungsweise langsamer wahr (versuch mal, nach ein paar Bier Tischtennis zu spielen), du kannst dich schlechter konzentrieren (was hat der Typ da gesagt?), und du erinnerst dich schlechter. Kurz: Du bist betrunken. Und das manchmal so sehr, dass du am nächsten Morgen nicht mehr weißt, wie du eigentlich nach Hause gekommen bist. Du hast einen Filmriss.

Warum du einen Filmriss hast, wenn du zu viel trinkst

Mein früherer Mitbewohner hat bei unserer eigenen Silvesterparty vor einigen Jahren zum ersten Mal in seinem Leben als DJ aufgelegt. Sein Slot: ab 4.30 Uhr, morgens, für eine halbe Stunde. Für Berliner Silvesterpartys ist das eine ganz normale Uhrzeit. Es gab auch Drinks an unserer Bar (in der Küche): Sekt, Wodka Soda, Gin Tonic, Bier, Mate, alles da. Und wie es sich für eine Party so gehört, hatte mein DJ-Mitbewohner um 4.30 Uhr schon ein paar dieser Drinks intus. Um halb fünf also bestieg er die Bühne (ja, die hatten wir wirklich) und spielte sein Programm ab. Die Leute tanzten, einige johlten, mein Mitbewohner strahlte.

Am nächsten Tag habe ich ihn gefragt, wie das für ihn so gewesen sei. Seine Antwort: »Keine Ahnung.« Er erinnerte sich nicht mehr an seinen Auftritt. Zu viel Alkohol. Klassischer Filmriss.

Da du jetzt schon weißt, warum Alkohol uns so langsam macht, liegt die Frage nahe: Warum kommt es vor, dass wir uns an nichts mehr erinnern, wenn wir zu viel getrunken haben? Und wie kannst du das verhindern?

Ich muss kurz erklären, was ich mit Filmriss meine. Ich meine das Aussetzen der Erinnerung, wenn wir am nächsten Morgen aufwachen. Dieses eklige Gefühl, nicht mehr zu wissen, wie man nach Hause gekommen ist. Der Umstand, *dass* man nach Hause gekommen ist, ist aber interessant. Er zeigt nämlich: Das Gehirn hört nicht komplett auf zu arbeiten. Die Motorik und damit der motorische Kortex scheinen noch zu funktionieren. Genauso die verschiedenen Areale, die zur Sprachverarbeitung und -produktion beitragen. Wir lallen zwar, aber wir können uns noch unterhalten. Wir erinnern uns nur am nächsten Tag an nichts mehr davon.

Um zu verstehen, wie Alkohol das schafft, müssen wir noch mal kurz über unser Gedächtnis sprechen. Wenn wir uns an etwas erinnern, werden bestimmte Neuronen in einem bestimmten zeitlichen Muster aktiviert. Diese können über das ganze Gehirn verteilt sein. Nehmen wir als Beispiel die Erbsensuppe deiner Oma, an die du dich ein Leben lang erinnern wirst. Als du sie zum ersten Mal gegessen hast, musste dein Gehirn den Geruch, den Geschmack und das Aussehen der Suppe über dein sensorisches Ultrakurzzeitgedächtnis aufnehmen und sich kurz merken. Damit du dich später an die Suppe erinnern kannst, müssen die Verbindungen zwischen den beteiligten Nervenzellen »konsolidiert« werden, das heißt: Sie werden gefestigt. Je öfter du also die Erbsensuppe deiner Oma isst, desto solider werden deine Erinnerungen daran. Eine entscheidende Rolle spielt dabei der Hippocampus. Er liegt im Temporallappen des Gehirns und hat Verbindungen zu vielen anderen Regionen, unter anderem zum präfrontalen Kortex und zum Thalamus (dem Bereich, der sich um die sensorische Verarbeitung kümmert). Diese Verbindungen sorgen dafür, dass Erinnerungen irgendwann außerhalb des Hippocampus, in der Großhirnrinde, gespeichert werden.

Wie beschrieben, macht Alkohol sich an verschiedenen Neurotransmittern zu schaffen und sorgt so dafür, dass unser Gehirn langsamer Informationen von Nervenzelle zu Nervenzelle transportiert. Genau das wird für unser Gedächtnis zum Problem. Auch Nervenzellen im Hippocampus scheint der Alkohol zu erreichen und stört sie auf mehreren Wegen: direkt, indem er sich auf die Schaltkreise innerhalb des Hippocampus auswirkt, und indirekt, indem er die Interaktionen zwischen dem Hippocampus und anderen Hirnregionen beeinträchtigt. Durch das Manipulieren von Neuronen und sogenannten Pyramidenzellen im Hippocampus scheint Alkohol dafür zu sorgen, dass eine Kurzzeiterinnerung nicht zu einer Langzeiterinnerung werden kann. In einer feuchtfröhlichen Nacht erinnern wir uns oftmals noch an den Satz, den unser Gesprächspartner gerade gesagt hat, am nächsten Tag aber schon nicht mehr.

Auf den ersten Blick scheint es merkwürdig, wenn wir nach einer durchzechten Nacht einen Filmriss haben, obwohl wir an anderen Abenden genauso viel trinken und uns an alles erinnern können. Aber nur auf den ersten Blick. Entscheidend scheint der Blutalkoholspiegel zu sein. Und der ist von vielen Dingen abhängig. Unter anderem davon, wie viel du gegessen hast. Mit leerem Magen gelangt deutlich mehr Alkohol in dein

Blut und damit in die Leber und das Gehirn. Du wirst also nicht nur schneller betrunken, sondern erhöhst auch das Risiko eines Filmrisses, wenn du vor dem Trinken nicht ordentlich isst. Deshalb Tipp Nummer eins: nie auf leeren Magen trinken.

Der Blutalkoholspiegel ist auch von der Trinkgeschwindigkeit abhängig. Haust du dir zu Beginn des Abends direkt fünf Schnaps rein oder stürzt drei Bier in einer halben Stunde, steigt das Risiko eines Filmrisses. Je langsamer du trinkst, desto eher kommt deine Leber hinterher, desto weniger macht sich der Alkohol an den Pyramidenzellen in deinem Hippocampus zu schaffen. Tipp Nummer zwei also: langsam trinken.

Gleiches gilt, wenn du zum Beispiel nach jedem Glas Alkohol ein Glas Wasser trinkst – das ist Tipp Nummer drei.

Und zu guter Letzt ist dein Blutalkoholpegel niedriger, wenn du ein Mann bist. Studien kommen zu dem Ergebnis, dass Frauen anfälliger für Filmrisse sind und teilweise nur die Hälfte an Getränken brauchen, um sich am nächsten Tag nicht mehr zu erinnern. Ein Grund: Frauen haben im Durchschnitt einen höheren Fettanteil und somit weniger Körperwasser als Männer. Bei Frauen macht Wasser etwa 50 bis 55 Prozent des Körpergewichts aus und bei Männern 60 bis 65 Prozent. Da Alkohol sich im Körper vor allem im Wasser verteilt, führt dieselbe Menge bei Frauen zu einer höheren Blutalkoholkonzentration. Und das wiederum sorgt dafür, dass er den Hippocampus härter treffen kann.

Es fühlt sich aber nicht richtig an, dir hier ohne weitere Einordnung Tipps zum gehirngerechten Alkoholkonsum zu geben. Denn Alkohol ist genau genommen niemals gehirngerecht. Je häufiger und je mehr du trinkst, desto stärker greift Alkohol in die Struktur deines Gehirns ein. Studien mit bildgebenden Verfahren zeigen: Menschen, die über Jahre hinweg viel trinken, verlieren Substanz. Und zwar nicht irgendwo, sondern genau dort, wo es richtig wehtut: im präfrontalen Kortex, im Hippocampus und im Kleinhirn, das Bewegungsabläufe koordiniert und zunehmend ins Straucheln gerät.

Gehirne von Alkoholabhängigen schrumpfen im wörtlichen Sinne; das nennt man Hirnatrophie. Und das passiert wieder bei Frauen schneller als bei Männern, obwohl sie im Schnitt weniger trinken.

Aber es ist nicht nur die Anatomie, die sich verändert. Menschen, die über Jahre hinweg immer wieder Alkohol trinken, berichten nicht nur von Gedächtnislücken, sondern auch von Konzentrationsproblemen, wechselnder Stimmung und Schlafstörungen. Die Impulskontrolle nimmt ab, das Belohnungssystem wird umgebaut. Wer einmal das Gefühl hat, dass der erste Drink die Welt leichter macht, neigt dazu, auch am nächsten Tag die Flasche zu öffnen.

Dabei sind nicht nur die gemeint, die so abhängig sind, dass sie schon morgens zum Bier greifen. Auch moderates, aber regelmäßiges Konsumieren führt nach Jahren zu kognitiven Einbußen. Vor allem bei der Fähigkeit, sich an persönliche Erlebnisse zu erinnern. Die Geschichten des eigenen Lebens verschwimmen. Und das ist kein metaphorischer Verlust, sondern ein neuronaler. In einer groß angelegten Bildgebungsstudie an über 25.000 Personen zeigte sich, dass bereits ein bis zwei alkoholische Getränke pro Tag mit messbar reduzierter Gehirnmasse einhergehen, besonders im Frontal- und Temporallappen, also dort, wo Planung, Sprache und Gedächtnis organisiert werden.

Die gute Nachricht ist wieder: Das Gehirn ist plastisch. Es kann sich erholen, zumindest teilweise. Studien zeigen, dass nach Monaten oder Jahren der Abstinenz manche Strukturen wieder an Volumen zulegen und dass Funktionen zurückkommen. Aber es braucht Zeit. Und die Bereitschaft, dem Gehirn das zu geben, was es wirklich braucht: Schlaf, Sauerstoff und eigentlich möglichst wenig Alkohol.

Die Botschaft der aktuellen Hirnforschung lautet also: Es gibt keine klare Schwelle, unter der Alkohol garantiert harmlos ist.

Vielmehr scheint das Risiko, dass Effekte auftreten, mit jedem weiteren Glas anzusteigen. Das macht den abendlichen Schluck nicht automatisch zum Drama. Wir Menschen machen ständig Dinge, von denen wir wissen, dass sie uns nicht guttun. Aber sie sollten keine Gewohnheit sein.

21:00 UHR

DU ERINNERST DICH AN DEINEN ERSTEN SCHWARM

Was in deinem Gehirn passiert, wenn du dich verliebst

Dein bester Freund und du entscheidet euch gegen das dritte Bier, ihr müsst beide morgen früh wieder arbeiten. Als er gerade davon erzählt, dass er wieder mit dem Joggen angefangen hat, geht eine Frau links an eurem Tisch vorbei. Dein Blick fällt direkt auf sie, sie geht zur Bar und bestellt sich einen Rotwein. Du hörst zwar, dass dein bester Freund weiterredet, aber deine Aufmerksamkeit ist jetzt voll auf dieser Frau. Sie dreht sich um, ihr Blick durchsucht den Raum, eure Blicke treffen sich. Ihr guckt euch an, sie lächelt. Du lächelst zurück. Jetzt weißt du auch, warum du ihr hinterhergeschaut hast. Die Frau hat dich sofort an deinen ersten Schwarm erinnert. Der Gang, die Haare und diese Augen. Damals, in der zehnten Klasse, war das. Die Frau, die an der Bar steht, ist aber nicht dein erster Schwarm. Ihr Blick löst sich, sie schnappt sich ihren Rotwein, geht an eurem Tisch vorbei und verschwindet im hinteren Teil der Kneipe. Und du erinnerst dich an die Zeit damals zurück, du hast lange nicht mehr daran gedacht. Aber du weißt noch ganz genau, wie stark deine Gefühle damals waren.

Es gibt wenige Dinge, die sich so intensiv anfühlen wie das Verlieben. Meine erste Liebe hieß Fanny, und sie war Französin. Sie kam in unsere norddeutsche Kleinstadt, weil sie einen Schüleraustausch gemacht hat, für drei Monate. Sie hatte schwarze, wellige Locken, war klein, sportlich, und vor allem: *tough.* Sie ließ sich von uns deutschen Jungs nichts sagen und brachte einen Spruch nach dem anderen. Ich war sofort verliebt. Ich konnte an kaum etwas anderes mehr denken als an sie. Und immer, wenn ich wusste, dass ich sie gleich sehen würde, wurde ich glücklich. Damals, mit sechzehn, war ich das erste Mal so richtig verliebt. Natürlich nicht zum letzten Mal. Aber ich weiß noch heute, wie mich dieses Gefühl überwältigt hat.

Was ist da damals in meinem Gehirn passiert? Wenn wir über Liebe reden wollen, müssen wir noch mal über Dopamin sprechen. Wie wir schon gelernt haben, ist das Molekül nicht einfach ein Glücksbotenstoff, der uns wohlig fühlen lässt, wenn wir etwas Schönes erleben. Dopamin ist ein Botenstoff des Lernens und der Antizipation. Es markiert nicht das Erleben, sondern die Aussicht auf etwas, das es zu erreichen lohnt. Es ist das neuronale Versprechen, dass da gleich etwas Gutes passieren wird. Das heißt: Den Dopaminschub bekommen wir vor allem bei vielversprechenden Überraschungen. Zum Beispiel wenn wir eine Mail von einem Freund bekommen, von dem wir lange nichts gehört haben. Wenn wir durch eine fremde Stadt laufen und einen unfassbar guten Sandwichladen entdecken. Oder wenn unter den Austauschschülerinnen auf einmal Fanny dabei ist.

Wie gesagt, machen wir ständig Vorhersagen über das, was als Nächstes kommt. Wenn man weiß, dass das Gehirn süchtig nach Vorhersagen ist und dass es Folgen hat, wenn diese übertroffen werden, erklärt das viele Phänomene, die unseren Alltag prägen. Dopamin reagiert stark, wenn etwas besser läuft als erwartet. Wenn eine Belohnung größer ausfällt, schneller kommt oder aus dem Nichts erscheint. In diesen Momenten signalisiert das Gehirn: »Das war gut – davon will ich mehr, merk dir das mal.« Es ist nicht das sehr leckere Sandwich per se und auch nicht Fanny an sich. Es ist nicht der Genuss. Es ist die Aussicht auf Genuss.

Nur: Warum ist das so? Was haben wir davon? Unser Gehirn scheint die Außenwelt zu verwalten, indem es sie in getrennte Bereiche unterteilt: den peripersonalen und den extrapersonalen Bereich. Du kannst dir das vorstellen als einen nahen Bereich und einen fernen Bereich. Der peripersonale Raum umfasst alles, was sich in Reichweite befindet, alles, was du gerade mit deinen Händen anfassen kannst. Das ist alles, was gerade real ist. Der extrapersonale Raum bezieht sich auf alles andere. Alles, was du gerade nicht berühren kannst. Es ist der Bereich des Möglichen.

In ihrem Buch *Ein Hormon regiert die Welt,* aus dem ich diese Unterscheidung habe, vereinfachen die beiden Wissenschaftler Daniel Z. Lieberman und Michael E. Long dieses Bild sogar noch weiter. Sie sprechen einfach nur von »Oben« und »Unten«. Wenn du an dir hinunterguckst, also nach »unten«, sei das der Bereich des Realen, die Zufriedenheit mit dem, was du hast. Wenn du hochguckst, sei das der Bereich des Möglichen (weil: außer Reichweite), oben ist das Streben nach mehr. Lieberman und Long argumentieren: Wenn man nach unten schaut oder es um etwas geht, das man schon hat, wird das Gehirn von Stoffen gesteuert, die mit Erfahrungen im Hier und Jetzt zu tun haben. Diese Moleküle helfen dir, das zu genießen, was du hast, und deine unmittelbare Erfahrung zu verarbeiten.

Drei Moleküle sind im Hier und Jetzt besonders wichtig. Serotonin ist wie dein innerer Friedensstifter. Es sorgt dafür, dass du dich entspannt, glücklich und zufrieden fühlst. Wenn du ein leckeres Essen genießt oder dich mit Freunden wohlfühlst, ist Serotonin aktiv. Es ist besonders wichtig für das emotionale Gleichgewicht und macht das Hier und Jetzt lebenswert. Oxytocin ist ein Bindungshormon. Es wird bei sozialer Nähe, Berührungen oder während liebevoller Beziehungen ausgeschüttet und spielt eine große Rolle bei der Frage, wann Beziehungen halten und wann nicht (dazu kommen wir gleich). Es macht dich treu und stärkt soziale Verbindungen. Es sagt deinem Gehirn: »Alles ist gut, bleib hier.« Endorphine wiederum sind natürliche Schmerzmittel und Wohlfühlverstärker, sie werden bei Bewegung (zum Beispiel beim Laufen) oder Genuss (zum Beispiel von Schokolade) freigesetzt.

Wenn es aber um den extrapersonalen Raum geht, übernimmt unter anderem Dopamin. Dinge in der Ferne, Dinge, die wir noch nicht haben, können (noch) nicht benutzt oder konsumiert werden, sondern nur begehrt. Lieberman und Long erklären, Dopamin habe eine ganz bestimmte Aufgabe: die Maximierung der Ressourcen, die uns in der Zukunft zur Verfügung stehen werden. Also: das Streben nach besseren Dingen. Es ergebe, aus evolutionärer Sicht, also Sinn, dass wir einen Botenstoff haben, der sich immer dann einmischt, wenn etwas in Aussicht ist, das unser Leben verbessern könnte. Diese Dynamik hat eine zeitliche Komponente: Was wir *jetzt* noch nicht haben, können wir bekommen – aber erst *später*. Bei Dopamin geht es also um unsere Zukunft. Genau deshalb spielt es auch eine so große Rolle beim Verlieben. Die Person, die es uns angetan hat, ist (zumindest noch) Teil der Zukunft, nicht Teil unserer Gegenwart. Diese Person könnte unser Leben verbessern! Und weil kaum etwas so großen Einfluss auf unser Leben hat wie die Person, mit der wir unseren Alltag verbringen, gibt es auch kaum ein Gefühl, das wir so intensiv fühlen, wie verliebt zu sein.

Ich möchte an dieser Stelle mit einem gewissen Stolz erwähnen, dass Fanny, die Französin, und ich ein Paar wurden. Wir verbrachten viel Zeit miteinander, knutschten rum, fuhren gemeinsam ins Schwimmbad oder an den Badesee. Es war Frühling, dann Sommer, und das ist ja sowieso die beste Zeit. Nur: Nach drei Monaten musste sie zurück nach Frankreich. Wir blieben zunächst ein Paar. Aber die Entfernung vom schleswig-holsteinischen Itzehoe zum Nordwesten Frankreichs war für zwei Sechzehnjährige dann doch etwas zu weit. Von Fanny bleibt vor allem die Erinnerung an drei superintensive Monate.

Wäre sie geblieben, wäre die Erinnerung wahrscheinlich eine andere. Denn: Wenn das, was mal Zukunft war (und Dopamin ausgeschüttet hat), zur Gegenwart wird, also zu einem regelmäßigen Ereignis, verblassen die Neuartigkeit und damit auch der Dopaminrausch. Genau das passiert, wenn wir aus der ersten Verliebtheitsphase herauswachsen. Dieses intensive Verlangen nach der anderen Person nimmt ab, wenn sie nicht mehr Teil einer Zukunft ist, sondern beständiger Teil unserer Gegenwart. Wir müssen sie nicht mehr begehren, sie macht unser Leben nicht in der Zukunft besser – sie ist schon längst dabei. Wie lang diese Verliebtheitsphase dauert? Das weiß niemand so genau, man schätzt, zwischen zwölf und achtzehn Monaten. Aber auch danach spielen die Moleküle im Gehirn eine entscheidende Rolle dabei, wie die Beziehung verläuft. Und manchmal wird das richtig unangenehm.

Wie dein Gehirn eifersüchtig wird

Wir machen mal kurz einen Test. Auf einer Skala von 1 (sehr zufrieden) bis 7 (sehr verärgert) – wie würdest du auf folgende Situationen reagieren?

Dein Partner/deine Partnerin erwähnt, wie attraktiv er/sie eine Person des anderen Geschlechts findet.

sehr zufrieden	1	2	3	4	5	6	7	sehr verärgert

Dein Partner/deine Partnerin ist sehr interessiert/sehr aufgeregt, wenn er/sie mit einer speziellen Person des anderen Geschlechts redet.

1	2	3	4	5	6	7

Dein Partner/deine Partnerin lächelt eine Person des anderen Geschlechts sehr freundlich an.

1	2	3	4	5	6	7

Eine Person des anderen Geschlechts versucht ständig, sich deinem Partner/deiner Partnerin zu nähern.

1	2	3	4	5	6	7

Dein Partner/deine Partnerin flirtet mit einer Person des anderen Geschlechts.

1	2	3	4	5	6	7

Dein Partner/deine Partnerin umarmt und küsst eine Person des anderen Geschlechts.

1	2	3	4	5	6	7

Das ist ein kleiner Ausschnitt aus der sogenannten Multidimensionalen Eifersuchtsskala. Dass dort immer von Personen des anderen Geschlechts gesprochen wird, liegt am Original. Natürlich könnte man den Test auch umformulieren für alle, die nicht auf andere Geschlechter stehen. Die Skala stammt aus dem Jahr 1989. In der Wissenschaft wollte man damit bestimmen, wie eifersüchtig jemand ist. Denn wie so viele Gefühle gibt es bei Eifersucht ein weites Spektrum: von gar nicht eifersüchtig über etwas eifersüchtig bis pathologisch, also krankhaft, eifersüchtig.

Irgendwo auf dieser Skala tauche auch ich auf. Und das macht so überhaupt keinen Spaß. Es gibt kaum ein Gefühl, bei dem ich mich, noch während ich es habe, so darüber aufrege, dass ich es fühle. Eifersucht kann einen zermürben. Die einen fressen das Gefühl in sich rein, andere fahnden in den Chats des Partners oder der Partnerin nach Beweisen dafür, dass er oder sie fremdgeht. Und viel zu oft führt Eifersucht dazu, dass Männer (es sind oftmals Männer) aggressiv und gewalttätig werden. 2021 gab es laut Bundeskriminalamt 143.016 Fälle von Gewalt in Partnerschaften. Über achtzig Prozent der Opfer waren weiblich.

Obwohl Eifersucht schon in den ältesten Theaterstücken eine Rolle spielt und auch der Fragebogen oben schon vor über dreißig Jahren erschienen ist, weiß man erstaunlich wenig darüber, was genau im Gehirn passiert, wenn wir eifersüchtig sind. Ein paar Dinge weiß man aber doch. Vorher jedoch eine kurze Definition. Was ist Eifersucht überhaupt?

Wissenschaftler und Wissenschaftlerinnen schaffen es, alltägliche Gefühle sehr kompliziert auszudrücken. Demnach ist Eifersucht »eine Wahrnehmung der Bedrohung durch den Verlust einer geschätzten Beziehung zu einem realen oder eingebildeten Rivalen, die affektive, kognitive und verhaltensbezogene Komponenten umfasst«. Ich würde vereinfacht sagen: Wir haben Angst davor, jemanden zu verlieren. Und das fühlt sich richtig übel an. Auch wenn wir bei Eifersucht meistens an romantische Beziehungen denken, ist das Gefühl nicht auf solche beschränkt. Schon kleine Kinder im Alter von sechs Monaten werden ungehalten, wenn ihre Mutter sich einem anderen Baby widmet. In einem Experiment wendeten sich Mütter einer realistischen Puppe zu. Und ihre Babys mussten dabei zugucken. Die ignorierten Kinder weinten und verzogen das Gesicht. Es lag aber nicht nur daran, dass die Mütter ihren Kindern für ihre Begriffe zu wenig Aufmerksamkeit schenkten. Wenn die Mütter lediglich aufhörten, auf die Babys zu reagieren, kam es deutlich seltener zu Wutanfällen der Babys.

Ein Großteil der Menschen im Westen lebt monogam, und genauso geht es einigen Tierarten. Forschende untersuchen die Auswirkungen von Eifersucht deshalb auch immer wieder bei Primaten. Zum Beispiel bei Springaffen, einer monogamen Spezies, die eine ähnliche Einstellung zu romantischen Beziehungen hat wie der Mensch.

In einem Experiment machte ein Forschungsteam männliche Springaffen eifersüchtig, indem sie ihre Partnerinnen in Sichtweite neben ein unbekanntes Männchen stellten. Es gab auch eine Kontrollgruppe. Dort sahen die Männchen ein fremdes Weibchen neben einem fremden Männchen. Dann haben die Forschenden alle Interaktionen dreißig Minuten lang gefilmt und anschließend Gehirnscans und Hormonmessungen durchgeführt. Sie fanden heraus, dass die männlichen Affen in der »Eifersuchtsbedingung« eine erhöhte Aktivität im cingulären Kortex aufweisen. Der erstreckt sich wie ein Gürtel über dem *Corpus callosum,* der Verbindung zwischen den beiden Gehirnhälften. Beim Menschen wird diese Region mit sozialem Schmerz in Verbindung gebracht. Außerdem war das laterale Septum aktiv, das beim Menschen mit der Verarbeitung von Emotionen, sozialen Verhaltensweisen und Stressreaktionen in Verbindung gebracht wird. Aber auch mit der Bindung in Paarbeziehungen. Es sieht so aus, als ob das Gefühl der Eifersucht stark mit dem Gefühl der sozialen Ablehnung verbunden ist. Und die wiederum ähnelt im Gehirn sehr der Reaktion auf tatsächlichen physischen Schmerz. Eifersucht tut also weh, buchstäblich.

Die eifersüchtigen Männchen im Experiment wiesen auch erhöhte Werte der Hormone Testosteron und Cortisol auf. Cortisol ist ein Indikator für sozialen Stress. Das Level war bei denjenigen am höchsten, die die meiste Zeit damit verbrachten, ihre Partnerin neben einem fremden Männchen zu beobachten.

Zurück zum Menschen. Wie so oft in der Hirnforschung hilft es, Gehirne von Patienten und Patientinnen anzuschauen, bei denen bestimmte Hirnregionen verletzt wurden. Es gibt Berichte über Menschen mit Schlaganfall, die eine besondere Form der Eifersucht entwickelt haben, das sogenannte Othello-Syndrom, benannt nach einem Shakespeare-Stück. Bei diesem Syndrom beschuldigen Menschen ihren Ehepartner fälschlicherweise der Untreue. Studien zeigen, dass bei vielen Menschen mit Othello-Syndrom Veränderungen im rechten frontalen Kortex vorliegen.

Ob Eifersucht im Gehirn unterschiedlich verarbeitet wird, hängt auch vom Geschlecht ab. Das zeigte eine viel zitierte Studie eines japanischen Forschungsteams aus dem Jahr 2006. Darin untersuchte es, wie Männer und Frauen auf zwei verschiedene Formen der Untreue reagieren: die körperliche und die emotionale. Gemeint ist damit der Unterschied zwischen »Er hat mit ihr geschlafen« (körperliche Untreue) und »Er hat ihr alles erzählt, was er sonst nur mir erzählt« (emotionale Untreue).

Die Versuchspersonen, allesamt heterosexuelle Erwachsene, bekamen kurze Szenarien zu lesen: Manche beschrieben sexuelle Untreue, andere emotionale, wieder andere waren neutral, etwa »Dein Partner verbringt einen Abend mit Freunden«. Während sie sich diese Szenarien lebhaft vorstellen sollten, wurden ihre Gehirne per funktioneller Magnetresonanztomografie gescannt. Danach gaben sie an, wie stark sie dabei Eifersucht, Wut, Traurigkeit oder andere Emotionen empfanden.

Die Ergebnisse: Obwohl es keinen Geschlechterunterschied bei der Selbsteinschätzung der Eifersucht für sexuelle und emotionale Untreue gab, zeigten Männer und Frauen unterschiedliche Gehirnaktivierungsmuster als Reaktion auf die beiden Arten von Untreue. Männer reagierten bei sexueller Untreue besonders stark mit Aktivität in der Amygdala und im Hypothalamus, also in Hirnregionen, die mit sexuellen Trieben, Aggression und hormoneller Steuerung verbunden sind. Bei Frauen hingegen wurden die Nervenzellen in der hinteren oberen Schläfenfurche aktiver, einem Areal, das vor allem bei der sozialen Wahrnehmung, Empathie und Interpretation zwischenmenschlicher Signale eine Rolle spielt.

Die Interpretation ist, dass Männer biologisch sensibler auf sexuelle Bedrohungen reagieren, während Frauen stärker auf emotionale Bedrohungen der Bindung reagieren. Aus evolutionärer Sicht ergibt das durchaus Sinn: Für Frauen war es früher eine größere Bedrohung, wenn der Mann sich emotional an eine andere Frau gebunden hat und dann als Partner verschwunden ist, als wenn er nur Sex mit ihr hatte. Die stärkere Amygdala-Aktivierung bei Männern könnte mit der evolutionären Notwendigkeit zusammenhängen, die eigene Vaterschaft zu sichern. Welches generell das eifersüchtigere Geschlecht ist, ist übrigens unklar. In den meisten Studien scheint es da keine nennenswerten Unterschiede zu geben. Die oben beschriebenen Geschlechterunterschiede scheinen aber in gleichberechtigten und gebildeten Gesellschaften abzunehmen. Und: Gebildetere Personen verfallen weniger in gesellschaftlich vorgegebene Rollenmuster, wie es scheint.

Ich finde es beruhigend zu wissen, dass Eifersucht auf uralten Instinkten beruht, die uns unser Überleben sichern sollten. Wie so oft entwickelt sich die Gesellschaft manchmal schneller als die Gehirne. Immer häufiger führen Menschen auch nichtmonogame Beziehungen miteinander. Und: Heute liegt unser Fokus viel weniger auf der Fortpflanzung. Wir unterwerfen nicht all unsere Lebensentscheidungen der Frage, ob sie unsere Chancen erhöhen, Nachkommen zu schaffen. Gleichzeitig gibt uns diese Erkenntnis keinen Freifahrtschein. Das Gehirn kann sich verändern, jederzeit. Also sind wir auch unserer Eifersucht nicht hilflos ausgeliefert. Simple Tipps, die jedem helfen, gibt es aber nicht. Oftmals sind die Gedankenmuster, die hinter Eifersucht stecken, so tief eingebrannt, dass sie nur in einer Therapie aufgelöst werden können. Und wenn das nicht gelingt? Ich kannte schon Paare, deren Beziehung an Eifersucht zerbrochen ist.

Was in deinem Gehirn passiert, wenn du verlassen wirst

Drehen wir noch eine schmerzhafte Runde im liebenden Gehirn. Es ist jetzt ein paar Jahre her, dass ich zum letzten Mal unglücklich verliebt war. Wobei die ganze Sache überhaupt nicht unglücklich startete. Ich war sehr verknallt in eine Frau, die ich in einer Bar kennengelernt hatte. Und wie das so ist, wenn man verliebt ist, habe ich an kaum etwas anderes gedacht. Mein Gehirn hat den Dopaminhaushalt aber so was von hochgefahren. Und weil Dopamin wenig mit Genuss und mehr mit Antizipation zu tun hat, malte ich mir regelmäßig (im Sinne von: mehrfach täglich, stündlich) aus, wie unsere gemeinsame Zukunft aussehen könnte – eine Zukunft als Paar. Wie wir ins Theater gehen würden, ins Kino, wie wir zusammen kochen, die Familien des jeweils anderen kennenlernen würden. Wie kreativ man plötzlich ist.

Irgendwann passierte es: Wir fingen was miteinander an. *Strike!* Ein, zwei Monate sahen wir uns ziemlich oft, verbrachten mal Tage zusammen, mal Nächte. Ich erzählte meiner damaligen Mitbewohnerin: Ich. Bin. Verliebt. Du ahnst schon, wie die Geschichte weitergeht. Oder eben: nicht weitergeht. *Long story short:* Die Frau entschied sich gegen mich. Ich gehe jetzt nicht ins Detail, wie sich das angefühlt hat. Du kennst das wahrscheinlich. Man redet nicht umsonst von einem gebrochenen Herzen. Und was bricht, tut weh. Eigentlich aber müssten wir von einem gebrochenen Gehirn sprechen.

Abgelehnt zu werden tut nämlich wirklich weh. Ich überdramatisiere hier nicht. Wenn wir zurückgewiesen werden – vor allem obwohl wir verliebt sind –, ähnelt die Aktivität im Gehirn der von körperlichen Schmerzen verblüffend. In beiden Fällen wird unter anderem der anteriore cinguläre Kortex aktiv, der mit der emotionalen Verarbeitung von physischem Schmerz verbunden ist. Auch die vordere Inselrinde, eine tief gelegene

Hirnstruktur, die an der seitlichen Oberfläche des Gehirns verborgen ist, ist beteiligt. Das Gehirn verarbeitet emotionale und körperliche Schmerzen zwar nicht exakt auf die gleiche Weise, aber die Reaktionen auf beides sind sehr ähnlich. Wenn jemand zum Beispiel körperlichen Schmerz empfindet, werden im Gehirn Opioide freigesetzt, die den Schmerz hemmen. Wenn eine Person sich von anderen gekränkt oder abgelehnt fühlt, scheint das Gleiche zu passieren. Ob wir gut mit Trennungen oder sozialer Ablehnung klarkommen, hängt maßgeblich davon ab, wie viel Opioide wir produzieren.

Forschende der University of Kentucky untersuchten 2010, ob man diesen Mechanismus vielleicht ausnutzen und künstlich erzeugen könnte. Die Versuchspersonen bekamen über einen Zeitraum von drei Wochen täglich entweder tausend Milligramm Paracetamol oder ein Placebo. Paracetamol ist zwar kein Opioid, aber ein wirksames Schmerzmittel. Die Versuchspersonen führten ein Tagebuch, in dem sie die Intensität sozialer Schmerzen bewerteten, die sie erlebten. Die Forschenden interessierten sich dabei für alltägliche Erfahrungen von Ablehnung oder Zurückweisung und wie diese die Versuchspersonen emotional belasteten. Die Ergebnisse zeigten: Wer Paracetamol einnahm, hatte über die Wochen hinweg weniger starke soziale Schmerzen, während die Placebogruppe keine Veränderung im Vergleich zu vorher zeigte. Da es kaum eine stärkere soziale Ablehnung gibt, als wenn wir jemanden lieben, der uns nicht zurückliebt, könnte Paracetamol also auch in diesem Fall helfen. So schlimm war es bei mir damals glücklicherweise nicht. Ich kam auch ohne Schmerzmittel zurecht.

2010 wollte ein Team um Helen Fisher wissen, welche Regionen im Gehirn besonders aktiv sind, wenn unser Herz gebrochen wird. Fisher war eine renommierte Anthropologin und Neurowissenschaftlerin, die vor allem für ihre Forschung zu Liebe, Beziehungen und menschlichem Paarungsverhalten bekannt geworden ist. Sie hat sich intensiv mit den biologischen Grundlagen von romantischen Gefühlen, Anziehung und Bindung beschäftigt, gilt als eine der führenden Expertinnen auf diesem Gebiet und wird uns gleich noch öfter begegnen.

In dem erwähnten Experiment haben sie und ihr Team fMRT-Scans von Menschen untersucht, denen kürzlich das Herz gebrochen wurde. An der Studie nahmen zehn Frauen und fünf Männer teil, die vor Kurzem von einem Partner abgelehnt worden waren, aber berichteten, immer noch intensiv verliebt zu sein. Sie wurden über Flyer rekrutiert, die fragten: »Wurden Sie gerade in der Liebe abgelehnt, können aber nicht loslassen?« Alle Versuchspersonen berichteten, über 85 Prozent ihrer Wachzeit an die Person zu denken, die sie abgelehnt hatte, und sie sehnten sich danach, wieder zusammen zu sein. Der Ablauf des Experiments war ziemlich fies. Die Versuchspersonen lagen im MRT-Gerät und mussten sich abwechselnd ein Foto der Person betrachten, die sie abgelehnt hatte, und ein Foto einer vertrauten, aber emotional neutralen Person.

Das Ergebnis: Es gab signifikante Aktivierungen in Bereichen, die mit Belohnung, Sucht, Craving und Emotionsregulation assoziiert sind. Unter anderem das bilaterale ventrale tegmentale Areal, das auch bei glücklich Verliebten aktiv ist. Außerdem waren Teile des Belohnungssystems aktiv: das rechte ventrale Striatum, einschließlich der Region des *Nucleus accumbens*, des ventralen *Globus pallidus* und des ventralen *Putamens*.

Was Fisher wusste: Normalerweise spielen diese Regionen vor allem in Situationen eine große Rolle, in denen es um Risikoeinschätzung und Belohnung geht, beim Glücksspiel beispielsweise. Je mehr auf dem Spiel steht, desto aktiver sind diese Regionen. Fisher fand heraus: Bei der zerbrochenen Liebe schalten sie sich auch dazu. Denn wann steht schon mehr auf dem Spiel als bei der Frage, mit wem wir unsere Zukunft verbringen?

In ihrer Studie ging Fisher noch einen Schritt weiter. Sie wollte die Gehirnaktivitäten von Menschen, deren Herz gerade gebrochen wurde, mit Menschen vergleichen, die gerade auf Kokainentzug waren. Warum auch nicht? Sie wusste schließlich, wie wichtig die Risikoregionen und der Belohnungskreislauf des Gehirns bei Trennungen sind und auch dass sie bei Süchten eine große Rolle spielen. Ältere Studien hatten die Gehirnaktivität bei Kokainentzug bereits untersucht.

Und tatsächlich: Sie entdeckte auffallend ähnliche Muster. Helen Fisher und Team schrieben: »Diese Studie zur Bildgebung des Gehirns von Personen, die immer noch in ihren zurückweisenden Partner verliebt waren, liefert weitere Beweise dafür, dass die Leidenschaft der ›romantischen Liebe‹ eher ein zielgerichteter Motivationszustand als eine spezifische Emotion ist. […] Die Ergebnisse stehen im Einklang mit der Hypothese, dass romantische Ablehnung eine spezifische Form der Sucht ist.« Eine spezifische Form der Sucht. Ja, so ungefähr hat sich das vor ein paar Jahren bei mir angefühlt, als die Freundin, die ich in der Bar kennengelernt hatte, mich nicht mehr wollte.

Was dagegen hilft? Meistens ist das Gehirn sehr gut darin, früher oder später selbst damit klarzukommen. Wie oben erwähnt, produziert es sogar selbst Opioide, um den Schmerz zu lindern. Seit dem ersten Kapitel weißt du auch, dass es hilft, von der Trennung zu träumen, um darüber hinwegzukommen. Wahrscheinlich ist beides zusammen die neurowissenschaftliche Version dieser Zeilen von Liedermacher Bodo Wartke:

Ich hab wohl einfach noch nicht die Zeit gefunden,
Zeit, von der es heißt, sie heile Wunden.
Denn die Zeit, die lässt mich ja, so viel ist sicher, nicht im Stich,
das heißt, irgendwann denk ich dann an was weiß ich,
nur an eins nicht: an dich.

Die Liebesexpertin Helen Fisher gab aber auch Tipps, um sich von einem gebrochenen Herzen zu erholen. Sie fasste sie so zusammen: *Novelty, novelty, novelty!* Also Neuheit, Neuheit, Neuheit!

Wie bei anderen Suchtmitteln steht bei Liebe Dopamin im Mittelpunkt, und wenn das Dopamin wegfällt, muss man es woanders herbekommen. Also: Dinge machen, die man bisher noch nie gemacht hat – und das Gehirn so dazu bringen, Dopamin zu produzieren. Zum ersten Mal eine neue Sportart im Verein ausprobieren, nach Jahren wieder ins Theater gehen, einen Töpferkurs machen, sich beruflich etwas Neues suchen oder ungewöhnliche Rezepte ausprobieren. Kurz: sich ins Leben stürzen. Das helfe laut Fisher nicht nur dabei, die verlorene Liebe zu verarbeiten, so könne man sich dann auch irgendwann wieder auf jemand anderen einlassen.

So einfach kann es manchmal sein. Auch wenn es sich überhaupt nicht einfach anfühlt. Das Ziel der meisten Beziehungen ist schließlich, gar nicht erst zu zerbrechen. Und dafür hatte Helen Fisher auch Tipps parat, die denen zur zerbrochenen Liebe sehr ähneln.

So halten Beziehungen – laut der Hirnforschung

Wie eben schon beschrieben, schleicht sich das spektakuläre Verliebtsein mit der Zeit aus der Beziehung. Erst ist alles unfassbar einzigartig und toll, aufregend, so war es noch nie, diesmal ist es wirklich anders, mein Gott, diese Person ist wirklich der Hammer. Befremdliche oder nervige Ticks und Tücken der anderen Person werden dabei so was von ignoriert. Wolke sieben. Alles schwebt. Und irgendwann nervt es auf einmal doch, wie er schmatzt beim Essen. Oder wie sie ständig dieses eine Wort verwendet. Was hat Philipp Dittberner gemeint, als er diese Zeilen gesungen hat:

Lass uns die Wolke vier bitte nie mehr verlassen
Weil wir auf Wolke sieben viel zu viel verpassen
Ich war da schon einmal, bin zu tief gefallen
Lieber Wolke vier mit dir als unten wieder ganz allein

Dass ich in diesem Buch ausschließlich im Kapitel über Liebe mehrfach Liedermacher zitiere, ist kein Zufall. Achte mal darauf: Die meisten Songs handeln von neuer, alter oder verflossener Liebe und Leidenschaft.

Wie gesagt: Wenn wir uns verlieben, produzieren wir eine ganze Menge Dopamin. Dopamin hat eine ganz bestimmte Aufgabe: die Maximierung der Ressourcen, die uns in der Zukunft zur Verfügung stehen werden; das Streben nach besseren Dingen. Dopamin geht es um die Zukunft. Allerdings: Das Gefühl von Neuheit, das Dopamin auslöst, hält nicht ewig an. Wenn man Dopamin fragen würde, fände das Molekül es wahnsinnig langweilig, etwas bereits zu haben, zum Beispiel: eine Partnerin oder einen Partner. Wenn du in einem WG-Zimmer wohnst, will Dopamin, dass du dir eine eigene Wohnung zulegst. Wenn du in einer Wohnung lebst, will Dopamin ein Haus. Wenn du im Haus wohnst, wäre eine Villa eigentlich noch viel besser. Das Dopaminmotto ist: mehr! Das gilt auch für die Liebe.

Aber was Liebe angeht, haben wir die Wahl (und ehrlich gesagt: was viele andere Dinge angeht, auch): Wir können dem nächsten Dopaminkick hinterherlaufen und nach zwölf bis achtzehn Monaten sagen: Ciao und auf Wiedersehen, war schön mit dir! Oder wir entscheiden uns für etwas, das man »Companionate Love« nennt, also kameradschaftliche oder partnerschaftliche Liebe. Eine Art von Liebe, die weniger von Leidenschaft geprägt ist, dafür aber durch tiefe emotionale Bindung, Vertrauen, Respekt und gemeinsame Werte. Damit die Liebe über die Verliebtheitsphase hinaus bestehen bleibt, schreiben die oben schon erwähnten Daniel Z. Lieberman und Michael E. Long, müsse sich die Art der Liebesbeziehung ändern, weil sich die chemischen Abläufe dahinter verändern. Um die Dinge zu genießen, die wir haben, müsse unser Gehirn von zukunftsorientiertem Dopamin zu gegenwartsorientierten Chemikalien übergehen, einer Sammlung von Neurotransmittern, die Lieberman und Long die Hier-und-jetzt-Moleküle nennen.

Ich habe sie schon erwähnt: Serotonin, Oxytocin, Endorphine (so eine Art selbst produziertes Morphium) und Endocannabinoide (eine Art selbst produziertes Marihuana). Im Gegensatz zum Vergnügen der Vorfreude durch Dopamin vermitteln diese Chemikalien uns Freude an Empfindungen, Berührungen und Gefühlen.

So wie Dopamin das Molekül der Sehnsucht und der Zukunft ist, sind Oxytocin und Vasopressin die Moleküle, die am ehesten mit langfristigen Beziehungen in Verbindung gebracht werden. Oxytocin ist bei Frauen aktiver, Vasopressin bei Männern. Beides sind keine klassischen Neurotransmitter, sondern sogenannte Neuropeptide, die sowohl als Hormone im Blutkreislauf als auch als Signalmoleküle im Gehirn fungieren. Sie wirken langsamer als Neurotransmitter wie Dopamin oder Serotonin, und können Signale oft über längere Distanzen im Gehirn übertragen. Forschende haben diese Neuropeptide im Labor immer wieder bei Tieren untersucht. Als zum Beispiel Oxytocin in das Gehirn von weiblichen Wühlmäusen injiziert wurde, gingen die Tiere eine langfristige Bindung mit dem Männchen ein, das gerade zufällig in der Nähe war. Ziemlich praktisch. Als Forschende den männlichen Nagergehirnen ein Gen für den Vasopressinrezeptor in eine bestimmte Hirnregion einschleusten, begannen sie plötzlich, sich treu zu verhalten. Ein Weibchen fürs Leben, zumindest für eine Weile.

Jetzt sind wir aber keine Wühlmäuse, und ich nehme an, du hast ähnlich wie ich erst mal nicht vor, deine Vasopressinrezeptoren manipulieren zu lassen. Bleibt also die Frage, wie man seine Beziehung außerhalb eines Labors so gestaltet, dass das Gehirn »zufrieden« ist, sprich: dass Dopamin nicht einfach komplett verschwindet und die Hier-und-jetzt-Moleküle weiter produziert werden. Zum Glück hat Helen Fisher ein paar Dinge herausgefunden. In einer ihrer Studien haben sie und ihr Team MRT-Scans des Gehirns von siebzehn Menschen gemacht, die in einer Langzeitbeziehung waren. Alle waren zwischen 39 und

67 Jahren alt und durchschnittlich 21 Jahre lang verheiratet. Und bei allen waren im Gehirn die Regionen aktiv, die auch bei Verliebten aktiv sind: Das ventrale tegmentale Areal, das mit unserer Belohnung und Motivation in Verbindung gebracht wird, produzierte Dopamin. Aber auch Regionen, die mit Ruhe und Sicherheit in Verbindung stehen, waren aktiv. Diese Paare scheinen das zu schaffen, wovon so viele träumen: Der Langzeitpartner scheint weiterhin für Belohnungsreaktionen im Gehirn zu sorgen – aber ohne die starke Obsession vom Anfang des Kennenlernens. Fisher sagt auch in diesem Fall: »Wenn du die Gefühle intensiver romantischer Liebe aufrechterhalten möchtest: Neuheit, Neuheit, Neuheit.«

Das Neue, die Vorfreude, das, was Dopamin produziert, muss dabei nicht immer von unserem Partner oder unserer Partnerin selbst ausgelöst werden. Unserem Gehirn ist es egal, warum es Dopamin produziert. Fisher rät: Fahr mit dem Fahrrad zum Restaurant, erkunde einen Stadtteil, den du noch nicht kennst, mach den Sommerurlaub dort, wo du ihn noch nie gemacht hast. Also eigentlich: Verhalte dich schon während der Beziehung so, als würdest du gerade eine Trennung verarbeiten und dich ins Leben stürzen. (Aber ohne das viele Weinen und Zweifeln.) Und wenn du zusätzlich die tiefe Verbundenheit mit deinem Partner oder deiner Partnerin aufrechterhalten willst, wenn du also die Hier-und-jetzt-Moleküle hervorheben willst (und ohne die werden wir kaum eine langfristige Beziehung führen), rät sie, in Verbindung zu bleiben. Und zwar wortwörtlich. Also: Händchen halten, sich küssen, beim Spaziergang Arm in Arm laufen. Und hier kommt der pragmatischste Tipp: Beim Fernsehen direkt nebeneinandersitzen, Schulter an Schulter auf einem Sofa, vielleicht unter einer Decke, statt in zwei verschiedenen Sesseln. Jede Art von Berührung – die wir selbst gerne wollen – aktiviert unsere Wohlfühlmoleküle.

22:00 UHR

NOCH KURZ LESEN VOR DEM SCHLAFENGEHEN

Warum du dein Handy nicht weglegen kannst

Die zwei Bier waren lecker, und es tat dir gut, deinen Freund wiederzusehen. Aber die Jahre, in denen du unter der Woche einfach sitzen geblieben bist und noch zwei, drei Runden mehr bestellt hast, sind vorbei. Du weißt genau: Ein Bier mehr oder eine Stunde länger in dieser Kneipe, und du würdest morgen mit einem dicken Schädel aufwachen. Nein, danke. Du läufst nach Hause, trinkst noch ein Sicherheitsglas Wasser, putzt deine Zähne und haust dich ins Bett. So richtig müde bist du noch nicht. Du schnappst dir dein Smartphone und beantwortest noch ein paar Nachrichten, die sich in den letzten Stunden angestaut haben. Du bekommst eine Push-Nachricht: Irgendein sehr reicher amerikanischer Mann hat irgendwas sehr Dummes über irgendeinen deutschen Politiker gesagt. »Hm«, denkst du, »wie kann man denn so was Dämliches sagen?« Du klickst auf den Artikel, in dem detailliert beschrieben ist, was der reiche Mann wann über wen gesagt hat, und checkst, ob es schon Reaktionen gab. Du wechselst zu X und Instagram, wo schon ausführlich über die Äußerungen diskutiert wird. Du scrollst. Und scrollst. Und plötzlich ist eine halbe Stunde vergangen. Das passiert dir immer öfter. Und damit bist du nicht allein.

Wenn du im deutschen Durchschnitt liegst, verbringst du 150 Minuten am Tag mit dem Smartphone. Das sind 1.050 Minuten in der Woche – also 17,5 Stunden. Aufs Jahr gerechnet sind das etwa 38 Tage. Mal ehrlich: Wie viel dieser Zeit nutzt du dein Smartphone so, dass es dein Leben wirklich besser macht? Und wenn du deinen Handykonsum im Griff hättest, würdest du wirklich so oft auf den Bildschirm gucken? Es gibt darauf eine Antwort: Wenn du könntest, würdest du dein Handy wahrscheinlich etwa 31 Prozent weniger nutzen. Auf diese Schätzung kam ein Forschungsteam im Jahr 2021, als es Versuchspersonen fragte, wie viel Zeit sie gern am Handy verbringen würden und wie viel Zeit tatsächlich dafür draufginge. Warum gelingt uns das so selten, unseren Willen durchzusetzen? Warum verbringen wir viel mehr Zeit mit dem Handy, als wir eigentlich wollen? Und gibt es Erkenntnisse, die einem wirklich dabei helfen, die Kontrolle über seine Zeit am Smartphone wiederzuerlangen? (Ja, gibt es!)

Du hast schon gesehen, wie mächtig Dopamin sein kann. Aber: Allein wäre es ziemlich überfordert. Oftmals wird die Dynamik hinter Social Media so dargestellt: Push-Nachricht kommt, Dopamin fließt, wir sind süchtig. Aber so einfach ist es nicht. Ja, Dopamin spielt beim ewigen Scrollen eine Rolle. Aber es ist nicht der Bösewicht im Alleingang, eher ein Teil eines ziemlich cleveren Netzwerks. Der frühere Facebook-Präsident Sean Parker gab mal ziemlich offen zu, dass man bei der Entwicklung von Facebook eine Frage im Kopf hatte: »Wie können wir möglichst viel von Ihrer Zeit und bewussten Aufmerksamkeit beanspruchen?« Die Antwort war: mit kleinen, unvorhersehbaren Belohnungen. Likes, Nachrichten, neue Reels. Dinge, die sich wie ein Gewinn anfühlen. Das erinnert an Glücksspielautomaten, und genau solche Reize aktivieren unser dopaminerges System. Aber: Studien zeigen auch, dass Menschen, die besonders oft auf soziale Apps schauen, mitunter weniger Dopamin auf Vorrat im Hirn produzieren und sich über Likes und Co. quasi »auffüllen« müssen.

Das allein erklärt also noch nicht, warum wir nicht aufhören können zu scrollen. Angst, etwas zu verpassen? Soziale Bestätigung? Algorithmisch verstärkte Überraschungen? Das ist alles mit dabei. Unser Gehirn lernt dabei ständig mit und justiert seine Erwartungen neu. Wenn etwas besser ist, als wir dachten, schüttet es mehr Dopamin aus. Und genau das macht soziale Medien so tricky: Sie geben dir nicht immer genau das, was du willst, und das ganz absichtlich. Diese kleinen, unerwarteten Treffer machen es so schwer, vom Handy loszukommen. Bücher, Gespräche oder ein Spaziergang bieten das seltener. Aber anders als beim Lesen eines Buchs kann das Gehirn beim Handy fast nicht aufhören zu rufen: »Vielleicht kommt da gleich noch was Gutes … scroll lieber weiter!«

Weil unser Gehirn sich anpasst, also lernt, bringt es auch nichts, kurzzeitig auf das Smartphone zu verzichten. Wir müssen langfristig unsere Zeit am Handy reduzieren, wenn wir etwas verändern wollen. Eine Studie der Duke University hat ergeben, dass 45 Prozent unseres täglichen Verhaltens automatisch ablaufen. Mit anderen Worten: Fast die Hälfte von dem, was du am Tag so treibst, sind Gewohnheiten. Warum ist das so? Unser Gehirn ist ständig darauf aus, Energie zu sparen. Wenn wir Handlungen automatisieren, sie also zu einer Gewohnheit werden, verbrauchen wir deutlich weniger Energie. Bei automatisierten Handlungen nimmt die Aktivität im Gehirn deutlich ab.

Gewohnheiten sind ziemlich nützlich. Wie bereits beschrieben, sind gute Gewohnheiten Grundpfeiler dafür, sich gesund zu ernähren, regelmäßig Sport zu treiben, und eigentlich für alles, was wir nicht ohne ein bisschen Willenskraft und Disziplin sowieso schon gern machen. Nützlich sind Gewohnheiten aber nicht mehr, wenn wir sie eigentlich gar nicht haben wollen. Wie ständig völlig automatisch aufs Handy zu gucken.

Wie wird man schlechte Gewohnheiten also los? In seinem Buch *Die Macht der Gewohnheit* beschreibt der US-amerikanische Journalist Charles Duhigg das an einem Beispiel: Nehmen wir an, du gehst jeden Tag um fünfzehn Uhr zum Bäcker und kaufst dir einen Keks. Dafür kann es verschiedene Gründe geben: Entweder du machst das, um dein Verlangen nach etwas Süßem zu stillen oder um deinen Körper mit Energie zu versorgen oder um auf dem Weg zum Bäcker mit Kolleginnen und Kollegen zu sprechen. Duhigg hat festgestellt, dass er vor allem deshalb zum Bäcker geht, weil er Lust hat auf den Austausch mit seinem Team. Um die Keksgewohnheit loszuwerden, hat er deshalb jeden Tag um fünfzehn Uhr dafür gesorgt, dass er sich mit seinen Kolleg:innen austauschen konnte – ohne dabei einen Keks zu essen. Bei Gewohnheiten muss man sich immer die Frage stellen: Welches Bedürfnis erfülle ich gerade? Und genau dieses Bedürfnis sollte man dann mit einer anderen Handlung erfüllen. Man ersetzt die Gewohnheit einfach durch eine andere.

Das Problem beim Smartphone ist nun: Das Bedürfnis, das wir erfüllen, scheint offensichtlich: Unsere Gier nach Dopamin. Das Ziel ist aber nicht, den Blick aufs Handy einfach durch eine andere Handlung zu ersetzen, die genauso schnell genauso viel Dopamin ausschüttet. Die gibt es nämlich nicht. Und das wäre auch zu kurz gefasst. Denn die Gründe für unsere intensive Smartphonenutzung sind wie gesagt komplizierter, als viele Ratgeber glauben machen wollen. Natürlich gibt es Hinweise, dass unerwartete Belohnungen (neue Likes, neue Nachrichten) das dopaminerge System aktivieren. Aber: In gut kontrollierten Studien mit bildgebenden Verfahren lässt sich der Dopaminanstieg im Alltag oft nicht so eindeutig nachweisen. Stattdessen zeigen neuere Arbeiten, dass es vor allem Angst vor sozialem Ausschluss, Langeweile und schlicht fehlende Selbstregulation sind, die Menschen immer wieder zum Smartphone greifen lassen. Und wenn sie erst mal da sind, geben die Apps alles dafür, dass sie dort bleiben. Dazu kommt: Viele Experimente zu Dopamin wurden mit Tieren durchgeführt, meist mit stark vereinfachten Reiz- und Belohnungssystemen: Hebel drücken, Futter kommt. In der Welt des Smartphones ist die Realität komplexer. Reize sind nicht isoliert, Belohnungen sind sozial kodiert, unsere Erwartungen sind kulturell geprägt. Aber wie zu Beginn des Buches schon gesagt: Wir sind keine Labormäuse.

Wenn wir weniger Zeit am Handy verbringen wollen, muss es deshalb darum gehen, unsere Gewohnheiten zu ändern. Und weil diese Gewohnheiten ein verdammt mächtiger Gegner sind, müssen wir uns selbst austricksen. Ein Trick ist beispielsweise, auf dem Handy den Graustufenmodus zu aktivieren. Allein, dass dann nicht mehr bunte Benachrichtigungen aufploppen, hilft schon dabei, dass man weniger aufs Handy guckt. Ein anderer ist, ein Zopfgummi um dein Handy zu wickeln. Das sorgt beim Draufschauen für eine kurze Irritation, während derer du dich fragen kannst, ob du gerade wirklich etwas Wichtiges am Handy erledigen musst. Außerdem nervt so ein Zopfgummi, wenn man Videos anguckt oder Artikel liest. Noch besser: Log dich jedes Mal neu ein bei den Social-Media-Apps. Ja, das klingt anstrengend. Aber genau das ist der Punkt. Apps leben davon, dass sie reibungslos funktionieren. Du kannst diesen Flow bewusst stören und dein Gehirn daran erinnern, dass das hier keine Notwendigkeit ist, sondern ein Impuls. Und mein persönlicher Favorit: Lass dein Handy schlafen. Wortwörtlich. Leg es abends in eine Schachtel oder unter eine kleine Decke oder in eine Schublade, die du erst am nächsten Morgen wieder aufziehst. Nicht, weil das Handy friert. Sondern weil dein Gehirn Rituale liebt.

Erwarte aber nicht, dass diese Tricks sofort wirken. Laut der Psychiaterin und Suchtmedizinerin Anna Lembke dauert es in der Regel mindestens einen Monat, bis wir von einer festen Gewohnheit ablassen können. Wenn du also wirklich das Ziel hast, weniger Zeit am Handy zu verbringen, rate ich dir, dein Vorhaben als langfristiges Projekt anzusehen.

Als du im Bett liegst und dein Handy beim Scrollen über dem Kopf hältst, glitscht es dir aus den Händen und scheppert gegen deine Stirn. Aua! Du legst es auf den Nachttisch und greifst stattdessen zu dem Buch, das du schon seit Wochen liest. Und machst damit etwas, das du viel öfter tun solltest. Am besten: jeden Tag.

Wie Lesen dein Gehirn verändert

Seitdem ich angefangen habe, sehr viel zu lesen und gleichzeitig sehr wenig auf Social Media und Netflix rumzuhängen, hat sich viel in meinem Leben verändert. Unter der Woche schaue ich abends keine Serien mehr und lege mein Handy weg. Stattdessen nehme ich ein Buch in die Hand und lese, meistens für zwei Stunden. Ich habe vor ein paar Monaten das Gaming aufgegeben, auch, um mehr Zeit zum Lesen zu haben.
All das habe ich jahrelang nicht gemacht. Deshalb erlebe ich den Unterschied zu vorher bewusst und intensiv. Mit dem Lesen habe ich erneut eine Begeisterung für Sprache bekommen, die ich so nur aus meiner Kindheit kenne. Ich lerne jeden Tag neue Wörter und Formulierungen kennen, erfreue mich an lustigen Sätzen und geil geschriebenen Dialogen. Lesen macht mir WIRKLICH Spaß!
Außerdem hat sich meine Fähigkeit, mich beim Arbeiten zu konzentrieren, gefühlt verzehnfacht. Ich kann mich deutlich länger auf eine Sache konzentrieren, auch wenn um mich herum Menschen miteinander sprechen. Ich tauche ab, alles, was um mich herum geschieht, gerät von alleine in den Hin-

tergrund. Das ist toll, denn deshalb setze ich seltener Kopfhörer auf, um mich abzukapseln.
Weil Schreiben mein Job als Journalist ist, bemerke ich auch, dass es mir im Vergleich zu vor einem halben Jahr wesentlich leichter fällt, schnell die richtigen Worte zu finden. Dazu kommt, dass ich in Gesprächen WIRKLICH präsent bin und in Gedanken kaum abschweife (das muss ich mir nicht vornehmen, das passiert einfach). Das heißt: Ich höre dir besser zu, wenn du mit mir sprichst. Und in Gesprächen mit mehreren Menschen kann ich allem besser folgen. Vor einem halben Jahr fühlte ich mich da oft verloren, verstand nur einen Teil des Gesagten.

Das alles hat mir mein bereits erwähnter *Krautreporter*-Kollege Martin Gommel so geschrieben (der, der immer zu Fuß zur Arbeit geht). Und er hat mich etwas gefragt: »Wie kann das alles sein? Das Lesen hat mein Leben verändert!« Und damit hat er recht. Die Hirnforschung zeigt nämlich, dass Lesen nicht nur das Gehirn mit Informationen füllt. Lesen verändert auch die Arbeitsweise des Gehirns. Der Anthropologe Joseph Henrich, Autor des wirklich augenöffnenden Buches *Die seltsamsten Menschen der Welt*, hat das in einem Artikel mal so zusammengefasst: »Martin Luther Rewired Your Brain.« Martin Luther hat dein Gehirn neu verdrahtet, indem er die Bibel in die Alltagssprache übersetzte und damit forderte, dass jeder Mensch selbst lesen, verstehen und glauben sollte. Aber wie genau? Was passiert da eigentlich mit unserem Gehirn, wenn wir lesen?

In einer Studie in den USA wurden neun Tage lang MRT-Aufnahmen von Versuchspersonen gemacht, die am Abend zuvor einen Teil des Romans »Pompeii« gelesen hatten. Die Forschenden wollten wissen, ob das Lesen eines Romans messbare Veränderungen in der Ruhezustands-Konnektivität des Gehirns verursacht und wie lange diese Veränderungen anhalten. Die Forschenden fanden tatsächlich messbare Veränderungen der Ruhezustands-Konnektivität im Gehirn als Folge des Lesens des Romans. Es gab kurzfristige Veränderungen: Zum Beispiel waren Regionen, die mit Sprachverständnis, Perspektivübernahme und Storyverarbeitung in Verbindung gebracht werden, besser miteinander verbunden. Die Studie identifizierte aber auch ein Netzwerk, bei dem die erhöhte Verbindung mehrere Tage nach dem Lesen des Romans anhielt. In der Studie heißt es: Das Lesen eines Romans könnte neuronale Aktivität hervorrufen, die mit körperlichen Empfindungen verbunden ist, möglicherweise indem der Leser sich in den Körper der Hauptfigur versetzt (dazu gleich mehr).

Lesen verdrahtet das Gehirn also neu. Das zeigt auch eine Übersichtsarbeit: Beim Lesen sind verschiedene Hirnareale beteiligt (visuelle, auditive und semantische), die teilweise vergleichsweise weit voneinander entfernt sind, und es entstehen neue Verbindungen in der weißen Materie, insbesondere zwischen Temporallappen und anderen sprachverarbeitenden Regionen. Die weiße Materie im Gehirn besteht hauptsächlich aus Nervenfasern, also den langen Fortsätzen von Nervenzellen, die Axone genannt werden. Diese Axone sind von einer fetthaltigen Schicht umhüllt, der Myelinschicht. Und genau dieses Myelin verleiht der weißen Materie ihren Namen: Es reflektiert Licht und lässt die Gewebestruktur unter dem Mikroskop hell erscheinen. Während die graue Materie im Gehirn hauptsächlich die Zellkörper der Neuronen enthält, ist die weiße Materie das Kommunikationsnetzwerk.

Dass ich entspannter bin, wenn ich viel lese, kommt jetzt vielleicht nicht so überraschend daher. Schließlich lese ich die meisten Bücher, wenn ich im Urlaub bin. Aber es scheint nicht nur der Urlaub zu sein, der meinen Stress reduziert. In einer Studie, die so aussieht, als hätte sie jemand genau für dieses Kapitel entworfen, setzte man 96 Menschen gezielt unter

Stress. Nicht subtil, sondern so richtig offensichtlich: durch Mathematiktests, schwierige Aufgaben oder einen emotional aufreibenden Film. Danach durften sich die Teilnehmenden entspannen. Aber nicht irgendwie. Es gab vier Gruppen, und jede Gruppe entspannte sich anders. Eine machte Tai-Chi, eine meditierte, eine ging spazieren und eine durfte lesen. Aber keinen Roman und kein Drama, sondern einen neutralen Text. Und dann begann das Forschungsteam zu messen: Cortisol, das klassische Stresshormon, die Herzfrequenz, den Blutdruck und die Stimmung.

Das Ergebnis: Alle Gruppen, auch die, die nur ein paar Seiten ruhig vor sich hin las, zeigten eine deutlich geringere Cortisolkonzentration. Und das, ohne zu schwitzen, ohne Atemtechnik, ohne irgendwas zu »können«. Nur durch das Eintauchen in einen Text.

Noch schöner wird's, wenn du nicht allein liest. Wenn du deinen Kindern vorliest, bringt das doppelt Ruhe rein: ins Kind, aber auch in dich. Eine Studie aus den USA mit fast 300 einkommensschwachen Müttern zeigte: Mütter, die ihren Kindern regelmäßig schon ab dem sechsten Lebensmonat vorlasen, hatten ein messbar niedrigeres Stresslevel und reagierten mit mehr Wärme und Sensibilität auf ihre Kinder. Und zwar auch dann, wenn es gerade stressig war.

Wenn wir lesen, ist ein Bereich im Gehirn besonders aktiv: der Okzipitallappen. Der befindet sich am hintersten Teil des Großhirns, also ganz hinten im Schädel, direkt über dem Nacken, und ist wichtig für die Verarbeitung visueller Informationen. Er ist besonders aktiv, wenn wir Belletristik lesen. Wenn wir uns die Romanfiguren und die Umgebungen, die der Autor oder die Autorin beschreibt, vorstellen, hilft uns das, das Gelesene zu verstehen. Das Gehirn holt sich in solchen Momenten Hilfe aus der Ecke, die sonst visuelle Reize verarbeitet. Als würde es sagen: »Ich sehe nichts, also muss ich's mir eben vorstellen.«

Eine Untersuchung ergab außerdem, dass Studierende, die zum Vergnügen lasen, ein höheres Maß an Kreativität aufwiesen, ihre Professor:innen positiver wahrnahmen, lernfreudiger waren und ihre akademischen Ziele leichter erreichten. Kurz gesagt: Je mehr du liest und schreibst, desto kreativer wirst du.

Warum ist das so? Wie oben beschrieben, werden beim Lesen verschiedene Hirnregionen aktiviert und miteinander verbunden. Diese neuen Verbindungen sind die Grundlage von neuen, also kreativen Gedanken.

Lesen verbessert auch dein Gedächtnis. Dabei trainierst du nämlich dein verbales Erinnerungsvermögen und hältst so das Kurzzeitgedächtnis sowie das Langzeitgedächtnis aktiv. Es stärkt aber auch das Arbeitsgedächtnis, also die Fähigkeit, Informationen im Gehirn zu speichern, während man an verschiedenen Aufgaben arbeitet. Beide Arten des Gedächtnisses lassen mit zunehmendem Alter nach. Studien haben aber gezeigt, dass sich bei älteren Personen, die acht Wochen lang täglich lasen, sowohl das episodische als auch das Arbeitsgedächtnis deutlich verbesserten.

Es gibt sogar Studien, die Lesen mit einem niedrigen Risiko in Verbindung bringen, an Demenz zu erkranken. Forschende analysierten dafür Daten aus drei großen internationalen Langzeitstudien aus den USA, aus China und aus Großbritannien mit insgesamt über 30.000 Teilnehmenden über durchschnittlich sieben Jahre. Ziel war es, den Einfluss veränderbarer Lebensstilfaktoren auf das Risiko für Demenz und kognitiven Abbau zu untersuchen. Personen mit höherem Bildungsniveau und geistig stimulierenden Aktivitäten (Lesen, Schreiben, Lernen) hatten ein signifikant niedrigeres Risiko für Demenz. Lesen und andere kognitiv aktive Lebensweisen schützen das Gehirn also. Und zwar nicht nur ein bisschen, sondern in einem Ausmaß, das mit Bewegung, Ernährung und sozialen Faktoren vergleichbar ist. Wer regelmäßig liest, schafft sich so einen kleinen Puffer gegen den Abbau im Alter.

Dass Lesen sich auch positiv auf deinen Wortschatz auswirkt, ist logisch. Ich erwähne es hier der Vollständigkeit halber trotzdem. Wenn du Wörter liest, die du bisher nicht kanntest (oder noch nicht so oft gehört hast), siehst du direkt, in welchem Kontext sie benutzt werden. In einer Studie aus dem Jahr 2015 untersuchten Forschende der University of Iowa und der Florida State University den Wortschatz von Kindern vom Kindergarten bis zur zehnten Klasse. Dabei stellte sich heraus, dass Schülerinnen und Schüler zwischen der vierten und der zehnten Klasse, die überdurchschnittlich viel lasen, einen deutlich höheren Wortschatzzuwachs hatten.

Über die Details streiten einige Wissenschaftlerinnen und Wissenschaftler noch, aber immer wieder zeigen Studien auch, dass Lesen eine Art Empathietraining ist. Warum? Lesen trägt dazu bei, die Perspektive einer anderen Person (die des Protagonisten oder der Protagonistin) einzunehmen. Und das sieht man dem Gehirn auch an. Ein Forschungsteam aus Deutschland und Spanien lud ihre Versuchspersonen zum besten Experiment ein, zu dem man überhaupt einladen kann (aus meiner Sicht). Sie mussten nämlich einfach nur Passagen aus *Harry Potter* lesen. Okay, sie lagen währenddessen mal wieder in einem Magnetresonanztomografen, der größte Lesegenuss entstand dabei wahrscheinlich nicht.

Als sie dort lagen, lasen sie sowohl emotionale (furchtauslösende) als auch neutrale Textstellen aus den Romanen. Danach bewerteten sie, wie stark sie in die Geschichten eingetaucht waren. Beim Lesen emotionaler Passagen zeigten die Versuchspersonen eine verstärkte Aktivierung in Arealen, die für affektive Empathie bekannt sind: insbesondere im mittleren cingulären Kortex. Besonders deutlich war die Reaktion auf Beschreibungen von Schmerz oder persönlichem Leid der Figuren. Das heißt: Lesen von emotional aufgeladenen Geschichten aktiviert im Gehirn dieselben Systeme, die auch bei echter Empathie im sozialen Kontakt aktiv werden.

Warum wir heute anders lesen als früher

Du siehst: Lesen wirkt sich ungemein positiv auf uns aus. Es ist also fast schade, dass der Mensch evolutionär betrachtet erst vor sehr kurzer Zeit angefangen hat zu lesen. Wenn man bedenkt, dass der Homo sapiens seit rund 300.000 Jahren auf diesem Planeten herumläuft, dann war die Erfindung des Buchdrucks durch Johannes Gutenberg um 1450 quasi gestern.

Vor vier Jahren habe ich mit meinem Freund Marco einen Roadtrip durch Spanien gemacht. Wir starteten in Madrid, nahmen uns einen Mietwagen und fuhren erst ans Meer, dann durch die Berge. Unsere letzte Station war Barcelona. Direkt am ersten Tag gingen wir zu Fuß durch die Stadt bis zum Strand. Ich hatte ein Buch dabei: *Was man von hier aus sehen kann* von Mariana Leky. Auf einer Mauer las ich die letzten dreißig Seiten. Dass wir inmitten eines wunderschönen Stadtstrands saßen, blendete ich komplett aus. Irgendwann kamen mir die Tränen, ich las die letzten Wörter und klappte das Buch zu. Wow.

Ich war komplett versunken in Lekys Buch. Das finde ich immer wieder faszinierend: Dieses Abtauchen in eine Welt, die sich jemand ausgedacht hat, mit Personen, die es nicht gibt, und Handlungen, die nie passiert sind. Aber dieses Abtauchen ist eher die Ausnahme als die Regel. Und das, obwohl ich als Journalist den ganzen Tag praktisch nichts anderes mache, als zu lesen. Ich lese News, Studien, Textnachrichten und E-Mails, scrolle durch Instagram und X, und das meistens schon, bevor ich morgens aufstehe. *Shame on me.* Ich habe zwar mal für *Krautreporter* einen Mailkurs konzipiert, der Menschen dabei helfen soll, weniger Zeit am Handy zu verbringen. Aber das heißt nicht, dass ich selbst meine Ziele immer einhalte. Immerhin: Die einzige Social-Media-App, die ich noch auf dem Handy habe, ist Instagram. X, Bluesky, Threads öffne ich (wenn möglich) nur am Laptop und während der Arbeitszeiten.

Das Ding ist: Dieses digitale Lesen unterscheidet sich grundlegend von dem Abtauchen, das ich oben beschrieben habe. *Wie* wir lesen, verdient ebenso viel Aufmerksamkeit wie das, *was* wir lesen, vielleicht sogar noch mehr. Und wie wir lesen, hat sich in nur wenigen Jahren ziemlich verändert. Das digitale Lesen wirkt sich auf unser Gedächtnis, unsere Aufmerksamkeitsspanne und unsere Denkfähigkeit aus. Und es verändert auch, wie wir analog lesen.

Die Idee für dieses Kapitel hatte ich, als ich eine Podcast-Folge von Ezra Klein gehört habe, einem der bekanntesten US-amerikanischen Journalisten bei der *New York Times.* Zu Gast war Maryanne Wolf, Professorin und Leiterin der UCLA School of Education & Information Studies und eine der weltweit führenden Leseforscherinnen. Sie untersucht auch, welche Auswirkungen Lesen auf das Gehirn hat, und hat das Buch *Reader, Come Home: The Reading Brain in a Digital World* geschrieben. Wolf sagt: »Wenn man an Sprache denkt, ist das ein natürlicher Prozess: Es gibt ein genetisches Programm, in dem Sprache sich entfaltet. Für das Lesen gibt es so etwas nicht. Wir waren nie zum Lesen bestimmt.« Und trotzdem tun wir es ungemein oft. Das Erstaunliche am Gehirn ist, dass es sich so gut anpassen kann. Es kann verschiedene Fähigkeiten verbinden, neue Schaltkreise bilden und plötzlich: liest es. Wir lernen lesen, indem wir Teile des Gehirns umfunktionieren, die eigentlich für andere Dinge zuständig sind; für visuelle Verarbeitung, Sprachverständnis und Sprachproduktion. Warum das wichtig ist? Weil wir dadurch sehen, dass diese Schaltkreise – wie so vieles, was wir können – veränderbar sind. Und genau das ist in den letzten Jahren passiert, als wir Schritt für Schritt immer mehr mit Bildschirmen und immer weniger mit Büchern gelesen haben.

Eigentlich sei Lesen ein irreführender Begriff, sagt Maryanne Wolf, denn er sei singulär. Wir lesen, oder wir lesen nicht. Lesen kann aber viele verschiedene Dinge bedeuten und unterschiedlich anstrengend sein. Wenn wir lesen lernen, passiert etwas sehr Wichtiges: Wir verbinden visuelle Prozesse (das Wiedererkennen von Buchstaben oder Zeichen und das Zusammenfügen zu einem Wort) mit dem, was wir über ein Wort wissen. Wir verbinden Sehen und Sprache miteinander. Die Wissenschaft spricht hier von »Dekodierung«. Dabei bleibt es aber nicht. Wir beginnen, diese Schaltkreise auszubauen. Je mehr wir wissen, desto mehr fügen wir diesen Schaltkreisen hinzu. Je mehr Hintergrundwissen wir haben, desto mehr bereiten wir diese Schaltkreise darauf vor, auf immer ausgefeiltere Weise zu wachsen. Das Interessanteste am Lesen sei, sagt Wolf, dass es auf allem basiere, was vorher gewesen sei.

Es gibt verschiedene Ebenen, auf denen wir an einem Text teilnehmen können. Wir können unsere Fähigkeit zum Beispiel nutzen, um eine andere Perspektive einzunehmen. Wir versetzen uns in die Gedankenwelt eines anderen hinein und auch in seine Gefühle. Bei dieser Art zu lesen, beim Abtauchen, gehen wir weit übers Dekodieren hinaus. Manchmal kann ich das beim Lesen spüren: Ich fange an, assoziativ zu denken, ich höre kurz auf zu lesen, weil ich einen Aha-Moment habe. Ich verstehe etwas, das ich vielleicht vor längerer Zeit gelesen habe und bisher nicht verstanden habe. Du hast eben schon gesehen, dass unser Gehirn bei dieser Art zu lesen praktisch überall aktiviert wird. Nicht nur in einzelnen Regionen, die mit Leseverständnis in Verbindung gebracht werden, sondern in ganz vielen verschiedenen Regionen über beide Hemisphären verteilt.

Lesen ist wie ein Feuerwerk im Gehirn. Wenn wir diesen Zustand erreichen, wird ganz viel von dem aktiviert, an das wir uns erinnern. Und nicht nur das, sondern auch das, was darüber hinausgeht: Es entstehen neue Verbindungen. Und wie eben erwähnt, sind diese neuen Verbindungen die Grundlage für neues Denken, für echtes Verstehen und für Kreativität. Mein Problem ist: Mir fällt es immer schwerer, in diesen Zustand des *vertiefenden Lesens* zu kommen. Wenn ich digital lese, und das tue ich wie gesagt jeden Tag mehrere Stunden, lese ich anders. Ich scanne den Text, ich scrolle durch den Text. Und laut Maryanne Wolf hat das Folgen.

Wenn wir Texte scannen oder durch sie scrollen, übersehen wir wichtige Details. Wenn wir gedruckte Bücher lesen, fällt es uns zwar nicht auf, aber wir gehen viel öfter zurück, lesen noch einmal nach, was wir vorher bereits gelesen haben. Wir bewegen uns im Buch nach vorn und nach hinten, wir navigieren. Das führt dazu, dass wir das Gelesene durchdringen und reflektieren.

Digital lesen heißt auch multimedial lesen, mit Hyperlinks, bewegten und interaktiven Grafiken, Animationen. Solche digitalen Leseelemente können das Gehirn stark beanspruchen. Und vor allem: ablenken. Wenn wir Texte digital lesen, lesen wir oftmals schneller, als wenn wir analog lesen. Studien zeigen, dass wir bei Verständnistests schlechter abschneiden, wenn wir schnell gelesen haben. Maryanne Wolf sagt: »Viele von uns sind zu dieser frühesten Form des Lesens zurückgekehrt, bei der wir kaum die Oberfläche dessen, was wir lesen, überfliegen, es kaum im Gedächtnis verankern, und infolgedessen lesen wir tatsächlich weniger von dem, was da ist.«

Wenn wir scrollen, haben wir keine visuellen Marker. Das Problem ist, dass es auf dem Bildschirm oder Display kein »dort« gibt. Das Scrollen bietet keine Anhaltspunkte für den Anfang oder das Ende, während die Grenzen einer bestimmten Seite uns ein Gefühl für einen räumlichen Ort vermitteln. Du erinnerst dich daran, ob etwas oben oder unten auf einer Buchseite stand. Solche Landmarks helfen unserem Gedächtnis dabei, sich Dinge zu merken. Der Text wird also nicht nur gelesen, sondern verortet. Bücher haben eine Art innere Landkarte. Und unser Gehirn liebt Karten.

All das führt mich zu einer Erkenntnis: Die Zeit, die wir mit einem Buch oder Text verbringen, ist wichtig. Deshalb kann ich persönlich auch nicht sonderlich viel mit Apps wie Blinkist anfangen, die Bücher auf das Wesentliche zusammenschrumpfen lassen und nur die entscheidenden Aussagen verraten. Die Zielgruppe dieser Apps sind Menschen, die schnell Wissen aufnehmen oder sich einen Überblick über Bücher verschaffen wollen. Und das mag für manche funktionieren. Maryanne Wolf aber sagt: Selbst wenn ein Buch kürzer sein könnte, um das Gleiche auszusagen, liege ein Teil des Wertes für den Leser in der Zeit, die er sich mit dem Text auseinandersetze. »Die Gefühle, die wir haben, die Gefühle, die ein Autor in uns auslöst, sind ein Teil dessen, was auf dem Weg zur Erkenntnis geschieht.« Und ich finde, da hat sie recht.

Wie du es schaffst, wieder konzentrierter zu lesen

Vielleicht muss ich das an dieser Stelle kurz sagen: Ich bin kein Gegner vom digitalen Lesen, und ich wünsche mir auch nicht, dass wir nostalgisch schwebend in eine Vergangenheit zurückkehren, in der es nur analoge Bücher gibt. Mein ganzes Berufsleben hängt vom digitalen Lesen ab, und ich will mir wirklich nicht vorstellen, wie viel mehr Arbeit es für mich wäre, wenn ich nicht mehr auf dem Laptop oder Handy lesen und schreiben könnte. Gleichzeitig nervt es mich, dass mir das wirklich konzentrierte Lesen heute schwerer fällt. Und ich bin damit nicht allein. Als ich meine Follower auf X mal gefragt habe, ob es ihnen heute schwerer falle als früher, komplett in einen Text abzutauchen, haben das rund 74 Prozent der über 3.000 Antwortenden bejaht. Für alle, denen es ähnlich geht, habe ich die Studien und Beiträge, die sich mit den Auswirkungen vom Lesen aufs Gehirn beschäftigen, nach Tipps durchscannt (haha, ja wirklich!) und bin fündig geworden. Herausgekommen ist eine Art Anleitung fürs konzentrierte Lesen in unserer digitalen Welt in vier Schritten.

Erstens solltest du dir klarmachen, warum du liest. Geht es nur darum, den Kern einer Nachricht oder Handlung schnell zu verstehen? Dann können Scannen und Scrollen völlig ausreichen. Geht es dir aber darum, komplexere Gedankengänge und Argumente zu verstehen, dann solltest du dir die Zeit nehmen, Zeile für Zeile zu lesen. Hierbei solltest du auch kurze Pausen machen, um über das gerade Gelesene nachzudenken.

Zweitens solltest du dir die nötige Mühe geben. Das heißt: Wenn es dir darum geht, Argumente oder Literatur wirklich zu durchdringen, ist dein Job nicht nur das Lesen. Mach dir Notizen, rede mit anderen über das Gelesene, teste dein Wissen. Lesen ist oftmals nur der Anfang einer Erkenntnisreise.

Drittens ist es wichtig, dass du dir Zeit nimmst. Wenn du merkst, dass dein Lesetempo dazu führt, dass du nicht alles sofort verstehst: *Slow down!* Der Text gibt das Tempo vor, nicht der Wille, möglichst schnell mit ihm durch zu sein.

Und zuletzt kannst du auch deine Umgebung anpassen. Wenn du online liest: Sorge dafür, dass du keine Push-Nachrichten bekommst, wenn du liest. Dafür kannst du auch alle Tabs im Browser schließen, um nicht in Versuchung zu geraten, doch noch mal eben schnell woanders nachzugucken. Und leg dein Handy weg. Forschende aus Großbritannien haben herausgefunden, dass es schon unsere Konzentration stört, wenn unser Handy ausgeschaltet (!) auf dem Tisch liegt, während wir versuchen, Aufgaben zu absolvieren.

Maryanne Wolf hat in der Podcast-Folge mit Ezra Klein noch verraten, wie sie das konzentrierte Lesen in ihren Alltag einbindet. Sie startet jeden Tag mit einem kleinen Zeitfenster von zwanzig Minuten, in dem sie Sachtexte liest. Und das Gleiche macht sie abends. Sie schlägt vor, »dass jeder einen geheimen Platz in seinem Tag findet, eine geheime Ecke, vielleicht zehn Minuten, vielleicht zwanzig, wo er sich zurückziehen kann, sei es mit einem Buch oder mit Musik oder mit etwas, das ihm die

Möglichkeit gibt, sich daran zu erinnern, wer er ist, wer sein bestes Selbst ist«.

Das klingt vielleicht hochtrabend. Vor allem aber klingt das nach einer guten Routine. Und damit sollte man immer starten, wenn man etwas in seinem Leben verändern möchte.

Wie dein Gehirn Hörbücher verarbeitet

Uff, schon so spät? Du bist nicht mehr wach genug, um dein Buch weiterzulesen. Aber direkt einschlafen? Das geht auch noch nicht. Also machst du dir noch ein Hörbuch an. Du kuschelst dich ein und schließt schon mal deine Augen.

Ich tue das in letzter Zeit öfter: Hörbücher hören. Jahrelang habe ich mir abends Podcasts angemacht, aber die sind unberechenbar. Man weiß nie, ob die Podcast-Hosts gleich laut loslachen oder eine schrille Werbung um die Ecke kommt und jemand dir erzählt, wie unfassbar gut und – mein Gott! – wie billig erst dieser neue Handytarif ist. Und hast du schon mal bei Hello Fresh bestellt? Da gibt es jetzt einen neuen Rabatt-Code! Wow! Solche Unterbrechungen haben mich schon öfter aus meinem gerade erst gefundenen Schlaf gerissen.

Hörbücher sind da anders. Sie kommen meistens ohne große Soundeffekte oder Musik aus. Wenn sie interessant sind, kann man gut zuhören. Wenn sie uninteressant sind, super einschlafen. Sie sind zurückhaltender, seriöser. Wenn ich Bücher höre, dann Sachbücher. Warum? Was in Sachbüchern steht, will ich auch wissen, wenn ich mal keine Lust oder Energie habe, mich abends nach acht Stunden im Büro auch noch in den Sessel zu setzen und zu lesen. Und so geht es mir oft. Ob ich so ein Sachbuch lese oder höre, wird ja kaum einen Unterschied machen. Ob ich Informationen lese oder höre, ist meinem Gedächtnis sicherlich egal. Dachte ich. Denn natürlich gibt es Forschende, die das herausfinden wollten. Und so ganz eindeutig ist die Studienlage nicht. Was aber weniger an den Prozessen im Gehirn liegt als an den Situationen, in denen wir Hörbücher hören.

Bleiben wir zunächst aber bei den Prozessen im Gehirn. Die grundlegende Frage lautet: Verarbeitet das Gehirn Informationen, die wir lesen, anders als Informationen, die wir hören? Und die Antwort ist: nein. Das sagt zumindest Fatma Deniz. Deniz ist eine Neurowissenschaftlerin und Kognitionsforscherin, die sich auf die Erforschung der Zusammenhänge zwischen Sprache, Gehirn und Informatik spezialisiert hat. Von 2013 bis 2020 forschte sie an der University of California in Berkeley. Mittlerweile ist sie Vizepräsidentin der Technischen Universität in Berlin. »Durch eine Studie im Jahr 2019 wurde sie quasi zur Kronzeugin der Hörbuchverfechter«, heißt es bei *Zeit Online*. Wie wird man das?

Zum Beispiel mit so einer Untersuchung: Sie bat die Versuchspersonen ihrer Studie, Geschichten aus einer Podcast-Serie zu hören. Anschließend lasen sie dieselbe Geschichte auf Papier, während ihre Gehirne mittels MRT gescannt wurden. Als das Forschungsteam die Wörter nach Kategorien gruppierte und die Daten der Lese- und Höraktivitäten verglich, stellte es fest: Beim Hören und Lesen werden mehr oder weniger dieselben Regionen aktiv. Was vor allem ähnlich ist, ist die tiefere Verarbeitung der Informationen. Und das ist logisch. Zu Beginn der Verarbeitung im Gehirn kommen die Informationen über verschiedene Kanäle ins Gehirn. Einmal über die Augen und den primären visuellen Kortex und all die Regionen, die aus den visuellen Reizen ein sinnvolles Bild formen. Du kennst sie aus dem zweiten Kapitel. Wenn du etwas hörst, nehmen die Reize eine andere Route. Sie kommen über die Ohren und den auditiven Kortex. Was Deniz' Forschung nun nahelegt, ist, dass die tieferen Ebenen der Verarbeitung (also die, an die die Signale nach dem visuellen und auditiven Kortex weitergeleitet werden) beim Lesen und Hören entweder enorm ähnlich oder gleich sind. Irgendwann landen die Signale in denselben Regionen, die dem gerade Gehörten oder Gelesenen eine Bedeutung geben.

Ob das wirklich so ist, ist noch nicht final geklärt. Wenn du ein Buch hörst oder liest, spürst du nicht, welche Regionen im Gehirn aktiv sind. Und selbst wenn du das tätest, sagt das noch nichts darüber aus, ob man die Geschichten und Informationen beim Hören und Lesen auch gleich gut versteht. Das Verständnis des gerade Gehörten oder Gelesenen überprüften Deniz und ihre Gruppe nämlich nicht.

Die meisten Studien haben allerdings ergeben, dass wir uns besser erinnern, wenn wir lesen, statt zu hören. Da wäre zum Beispiel eine Studie aus den USA. Im Jahr 2013 durchliefen Studierende drei Bedingungen eines Experiments in zufälliger Reihenfolge: Sie lasen einen Text entweder laut, stumm oder sie hörten ihn. Dann wurde untersucht, wie gut sie den Text verstanden hatten, wie gut sie sich an bestimmte Informationen erinnern konnten und wie sehr sie in Gedanken abdrifteten. Die Ergebnisse: Das Zuhören führte zur höchsten Rate an Gedankenabschweifung. Wenn die Versuchspersonen einen Text hörten, entwickelten sie weniger Interesse für den Inhalt und schnitten bei den anschließenden Tests schlechter ab.

Wenn doch aber das Gehirn die Informationen in beiden Fällen gleich verarbeitet, wieso macht es dann einen Unterschied, ob wir lesen oder hören? Die Antwort könnte im jeweiligen Kontext liegen, in dem wir beides tun.

Starten wir mit dem Hören. Ich höre Sachbücher nicht nur im Bett oder Sessel. Das Tolle am Hören ist schließlich, dass man die Hände frei hat und andere Dinge tun kann. Ich höre Bücher und Podcasts, während ich abwasche, koche, aufräume, Auto fahre, Fahrrad fahre (nicht weitersagen!), beim Zocken, in der U-Bahn und manchmal sogar während ich andere Artikel auf dem Handy lese. Doch der Vorteil beim Hörbuch- und Podcast-Hören ist zugleich auch sein Nachteil. Denn wer andere

Dinge tut, konzentriert sich nicht mehr so sehr auf das, was er da hört. Das Gehirn kann sich nicht gleichzeitig mit zwei oder sogar mehr aufmerksamkeitsstarken Reizen beschäftigen. Auch wenn viele von Multitasking reden: Dein Gehirn kann es nicht sonderlich gut.

Die Hirnforschung liefert dazu vor allem zwei wichtige Erkenntnisse. Zum einen: Wenn du mehrere Aufgaben zur selben Zeit machst, leidet immer eine der beiden Aufgaben. Du erfüllst die Aufgaben gleichzeitig nie so erfolgreich, wie wenn du sie nacheinander in Angriff nehmen würdest. An diese Erkenntnis sollte sich jeder erinnern, der beim Autofahren telefoniert – und sei es nur über die Freisprechanlage. Wenn wir uns auf das Gespräch konzentrieren, leidet darunter immer (!) die Konzentration auf den Straßenverkehr. Die zweite Erkenntnis: Wenn wir multitasken, speichern wir Dinge schlechter ab.

Das Lesen hingegen bringt diese Nachteile nicht mit sich. Im Gegenteil, es hat sogar Vorteile. Denn wer liest und eine Stelle nicht so richtig verstanden hat, springt noch mal zurück, liest die Stelle ein zweites und, wenn es sein muss, ein drittes Mal. Wenn Versuchspersonen Abschnitte zweimal lesen dürfen, schneiden sie signifikant besser bei anschließenden Verständnisfragen ab.

Dass ich vor allem Sachbücher höre, ist also eigentlich Quatsch. Wenn man bei Romanen mal abgelenkt ist von der scharfen Zwiebel, die man gerade schneidet, ist das halb so wild. Bei Sachbüchern kann man allerdings die entscheidende Erklärung verpassen und sich dann fragen, was der Autor oder die Autorin überhaupt meint.

Vielleicht wechsle ich also meine Gewohnheiten und höre künftig die Romane und Podcasts, die mich unterhalten sollen, und setze mich mit den Sachbüchern lieber in Ruhe in meinen Sessel. Vor dem Schlafengehen ist lesen oder Hörbuchhören übrigens eine sehr hilfreiche Gewohnheit. Allein schon deshalb, weil das helle Licht des Handybildschirms deinem Gehirn dann nicht suggeriert, dass der Tag noch lange nicht vorbei ist.

23:00 UHR

ZEIT ZU SCHLAFEN – DIESMAL WIRKLICH

Warum du schlechter schläfst, wenn du gestresst bist

Jeden Sommer fahre ich ins Zeltlager mit über 150 Kindern und Jugendlichen. Das allein könnte meinem Schlaf schon zusetzen: lange Abende, kurze Nächte, früh aufstehen. Aber als wäre das nicht genug, bin ich für den ganzen Kram auch noch verantwortlich. Als Leiter der Ferienfreizeit organisiere ich mit zwei Kollegen zusammen das Zeltlager, sorge dafür, dass ausreichend Betreuerinnen und Betreuer dabei sind (immerhin dreißig Stück), plane den Ablauf der zwei Wochen, verteile die Aufgaben und bin nicht zuletzt im Zeltlager selbst Ansprechperson für: alles. Wann genau wir die Spiele beginnen, die wir geplant haben, was wir mit dem Jungen machen, der sich nicht benimmt, was mit dem Mädchen, das Heimweh hat. Schicken wir die Jungsgruppe nach Hause, wenn wir sie beim Rauchen erwischt haben? Und schmeißen wir um achtzehn Uhr oder zwanzig Uhr den Grill an? Ich kann kaum zwei Meter über den Platz laufen, ohne etwas gefragt zu werden oder etwas entscheiden zu müssen. Ich liebe es. Also das Leben im Zeltlager – nicht so sehr den permanenten Stress.

Denn wie du mittlerweile gesehen haben dürftest, wirkt sich Stress auf alles Mögliche aus; auf die Gesundheit, den Blutdruck, das Wohlbefinden. Und leider auch auf unseren Schlaf. Nur: warum eigentlich? Um das zu verstehen, noch mal eine kurze Erinnerung daran, was Stress ausmacht. Wir haben das im Kapitel über die Auswirkungen von Stress auf unser Essverhalten schon kurz angeschnitten: Wenn das Gehirn mit einer Stresssituation konfrontiert ist, löst es eine Kampf- beziehungsweise Fluchtreaktion aus. Es schüttet Hormone wie Adrenalin aus und erhöht so den Blutdruck, die Muskelspannung, die Atmung, die Herzfrequenz und den Blutzuckerspiegel. Warum macht es das? Stresssituationen sind Situationen, in denen wir einer Gefahr ausgesetzt sind. Oder Situationen, die wir zumindest für gefährlich halten, selbst wenn sie es eigentlich nicht sind. Die körperlichen Reaktionen sorgen dafür, dass wir abhauen und uns in Sicherheit bringen können. Das ist also eigentlich alles ziemlich smart.

In der heutigen Zeit ist unser Leben allerdings selten wirklich in Gefahr. Wir kennen heute eher den psychologischen Stress. Also Stress, der keine direkte körperliche Gefahr darstellt, aber uns trotzdem in die Enge treibt: die Angst, im Matheunterricht an der Tafel zu versagen, den Job zu verlieren, die nächste Rechnung nicht bezahlen zu können oder für alles verantwortlich zu sein, was 150 Kinder und dreißig Betreuerinnen und Betreuer um dich herum gerade treiben. Physischer und psychischer Stress setzen zwar nicht exakt die gleichen Reaktionen im Gehirn in Gang, aber sehr ähnliche.

Was ich bisher aber noch unterschlagen hatte: Die Amygdala, die (wie wir gesehen haben) bei einer Stressreaktion aktiv ist, erregt auch Areale, die Teil des Schlaf-Wach-Zirkels sind. Diese Regionen deines Gehirns werden mit Botenstoffen überschüttet: mit Dopamin, Serotonin, Noradrenalin. Diese sorgen dafür, dass du fokussiert bist und dass du die Stresssituation lösen kannst. Wie weiter vorn beschrieben: Bei dir erhöhen sich der Blutdruck, die Muskelspannung, die Atmung, die Herzfrequenz und der Blutzuckerspiegel.

Den zweiten Teil der Stressreaktion kennst du auch schon: die Hypothalamus-Hypophysen-Nebennieren-Achse (HHN-Achse). Die HHN-Achse umfasst eine Menge von Botenstoffen, darunter Cortisol, das in Stresssituationen in großen Mengen ausgeschüttet wird. Der Spiegel des Stresshormons Cortisol hat ebenfalls Auswirkungen auf den Schlaf-Wach-Rhythmus. Während Cortisol in der Regel abends abnimmt, um uns auf den Schlaf vorzubereiten, weisen Menschen, die unter Schlaflosigkeit leiden, abends einen höheren Cortisolspiegel auf. Das wiederum führt dazu, dass sie nachts öfter aufwachen und schlechter schlafen.

Und irgendwann befindet man sich mitten in einem schlaflosen Teufelskreis: Viel Stress kann zu Schlafproblemen beitragen, und schlechter Schlaf kann die Stressreaktion steigern. Na, danke auch. Menschen, die besser geschlafen haben, empfinden allerdings auch weniger negative Emotionen und können sich schneller von einem stressigen Ereignis erholen. Einen guten Schlafrhythmus zu haben lohnt sich also gleich doppelt. Mindestens. Denn eine weitere Motivation für einen guten, erholsamen Schlaf möchte ich dir noch mitgeben. Hier schließt sich der Kreis zu dem Kapitel, in dem es um unsere Essgewohnheiten ging.

Warum du dich ungesünder ernährst, wenn du schlecht schläfst

Vielleicht kennst du das: Eigentlich hat man sich vorgenommen, sich gesünder zu ernähren. Dann dreht man sich nachts von einer Seite auf die andere, schläft nicht ein und dann nicht durch. Am nächsten Morgen wacht man ziemlich k. o. auf, und aus den guten Vorsätzen wird das Nutella-Brot, das ich zu Beginn des Buches schon erwähnt habe. Menschen, die weniger schlafen, essen tatsächlich anders: oftmals ungesünder, mehr, als sie wollen, kalorienreicher und weniger ausgewogen. Die Forschung hat das inzwischen so oft und so klar belegt, dass man fast meinen könnte: Wer weniger wiegen möchte und schlecht schläft, braucht vielleicht gar keine Diät, sondern erst mal ein Nickerchen.

Beginnen wir mit einer Studie der University of Chicago, die schon 2004 für Aufsehen sorgte. Zwölf junge gesunde Männer schliefen zwei Nächte lang entweder acht Stunden oder wurden auf vier Stunden beschränkt. Danach untersuchten die Forschenden ihre Blutwerte und ihr Hungergefühl. Das Ergebnis: Nach Schlafmangel sank der Spiegel des Sättigungshormons Leptin um achtzehn Prozent, gleichzeitig stieg der des Hungerhormons Ghrelin um nicht mehr so satte 28 Prozent. Die Testpersonen berichteten, dass sie deutlich mehr Appetit auf kalorienreiche Lebensmittel wie Süßes oder Fettiges hatten. Ihr Körper war nicht in einem »Ich hab Hunger«-Modus, sondern in einem »Ich brauch Belohnung«-Modus.

Dass das keine Laborfantasie ist, zeigt eine neuere groß angelegte Studie aus den USA: Ein Forschungsteam analysierte Daten von über 6.000 Menschen aus einer landesweiten Erhebung. Das Ergebnis war ernüchternd: Wer kürzer schlief, berichtete signifikant häufiger, oft auswärts zu essen, Fertiggerichte oder Fast Food zu konsumieren. Vor allem Menschen mit dauerhaftem Schlafdefizit griffen öfter zu Fertigpizza, Pommes, Tiefkühlessen. Schlafmangel verändert also nicht nur unsere Hormone, sondern auch unsere Essensentscheidungen im echten Leben.

Auch Kinder bleiben von diesem Effekt nicht verschont. Eine experimentelle Studie mit über hundert Grundschulkindern in Neuseeland zeigte, dass schon eine Stunde weniger Schlaf pro Nacht zu mehr emotionalem Essen und höherer Kalorienaufnahme aus ultraverarbeiteten Lebensmitteln führte: also beispielsweise Chips, Süßigkeiten und Softdrinks. Die Kinder aßen nicht mehr, weil sie hungrig waren, sondern weil sie müde und reizbarer waren. Und das schon nach wenigen Nächten.

All diese Ergebnisse wiederum könnten auch deshalb zustande kommen, weil unser Schlaf sich auf unsere Selbstkontrolle und unsere Disziplin im Allgemeinen auswirkt. Und Süßigkeiten zu widerstehen hat eben auch damit zu tun.

Was in deinem Gehirn passiert, wenn du zu wenig schläfst

Wie kompliziert Willenskraft ist und wie viele Faktoren man dabei beachten muss, haben wir ja bereits gesehen. Dass wir uns ungesünder ernähren, ist natürlich nicht die einzige Folge von Schlafmangel. Die weiteren Folgen sollen wie eine Mahnung am Ende dieses Buches stehen. Dafür möchte ich dir noch eine letzte Geschichte erzählen. Und zwar die von Randy Gardner.

Als Randy siebzehn Jahre alt war, das war 1965, wollte er nicht nur seine Grenzen austesten, sondern die Grenzen des menschlichen Körpers. Und einen Weltrekord wollte er nebenbei auch noch aufstellen. Und zwar den im Wachbleiben. Randy hatte dabei wissenschaftliche Begleitung durch den Schlafforscher William C. Dement, den kennst du schon aus dem ersten Kapitel. Er war einer derjenigen, die den REM-Schlaf entdeckten. Randy blieb in diesem Experiment ganze 264 Stunden wach, das sind elf Tage. Das Ziel war aber nicht nur, den Rekord zu brechen, sondern auch herauszufinden, wie Schlafmangel den menschlichen Körper und Geist beeinflusst.

Das Experiment begann am 28. Dezember 1963 in San Diego. Während Randy wach blieb, wurde er regelmäßig von Ärzten überwacht. Seine kognitiven, motorischen und emotionalen Fähigkeiten wurden dokumentiert, indem er Aufgaben wie Gedächtnistests, Kopfrechnen oder das Ertasten von Gegenständen durchführte. Seine Mitstreiter sorgten dafür, dass er nicht versehentlich einschlief. Im Verlauf des Experiments zeigte Randy eine beeindruckende Mischung aus körperlicher Ausdauer und zunehmenden Anzeichen mentaler Erschöpfung.

Schon nach zwei bis drei Tagen begann er, Konzentrationsprobleme zu zeigen, seine motorischen Fähigkeiten wurden schlechter. Es fiel ihm schwer, einfache Aufgaben auszuführen, wie Zungenbrecher zu sprechen. Nach vier bis fünf Tagen sah er Dinge, die nicht existierten, wie eine Basketballspielerin, die ihn angeblich verfolgte, oder Straßenlaternen, die sich in Menschen verwandelten. Er halluzinierte. Nach sechs bis sieben Tagen wurde Randy reizbar, paranoid und begann, verschwörerische Gedanken zu entwickeln. Gleichzeitig hatte er Gedächtnislücken und litt zeitweise an Orientierungslosigkeit. Nach zehn bis elf Tagen zeigte er deutliche Anzeichen von Verwirrung und konnte selbst einfache Aufgaben kaum noch bewältigen. Er dachte, er sei ein berühmter Fußballspieler, und seine Sprache wurde immer verwirrender.

Nach dem Experiment machte er das, was jeder tun würde. Er schlief erst mal vierzehn Stunden durch und kehrte nach dem Aufwachen bald zu seinem normalen Schlafrhythmus zurück. Was für ein Einsatz.

Heute wäre es wirklich schwer, so ein Experiment durchzusetzen, noch dazu mit einem Minderjährigen. Aber wir können daraus lernen. Schlafmangel hat tiefgreifende Auswirkungen auf das Gehirn: Die kognitive Leistungsfähigkeit und die emotionale Gesundheit leiden. Wir lernen weniger gut, erinnern uns schlechter, sind übler gelaunt und reagieren langsamer. Schauen wir uns genauer an, was dabei im Kopf passiert.

Vielleicht hast du selbst schon mal beobachtet, wie schwer es dir fällt, dich zu konzentrieren, wenn du mal eine Nacht schlecht geschlafen hast. Studien zeigen genau das. Nach einer schlaflosen Nacht verlangsamt sich nicht nur der Körper, sondern auch der Kopf. Forschende konnten zeigen, dass Versuchspersonen nach Schlafentzug deutlich länger für Entscheidungen brauchten, verglichen mit ihrer eigenen Leistung im ausgeruhten Zustand. Gleichzeitig verschlechterte sich ihr Abschneiden bei klassischen Tests des Arbeitsgedächtnisses, also genau der kognitiven Funktion, die wir brauchen, wenn wir Informationen kurz speichern, vergleichen und verarbeiten müssen. Besonders galt dies für komplexere Aufgaben, bei denen mehrere Dinge gleichzeitig im Kopf behalten und bewertet werden müssen. Müdigkeit, so zeigt sich, wirkt wie ein Weichzeichner für die Klarheit unseres Denkens.

Bei einem anderen Experiment durften dreizehn junge gesunde Erwachsene 35 Stunden lang nicht schlafen. Dabei wurden sie mit funktioneller Magnetresonanztomografie untersucht. Das Ziel war es herauszufinden, wie sich Schlafmangel auf unsere Fähigkeit zu lernen auswirkt. Dafür mussten die Versuchspersonen eine Liste von Wörtern lernen und diese später frei abrufen. Gleichzeitig wurde ihre Gehirnaktivität gemessen. Die Ergebnisse waren zunächst merkwürdig: Nach Schlafmangel zeigte der präfrontale Kortex eine erhöhte Aktivität, während andere Hirnregionen wie der Temporallappen weniger aktiviert wurden. Interessanterweise bestand ein Zusammenhang zwischen der stärkeren Aktivierung des Parietallappens und der besseren Gedächtnisleistung trotz Schlafmangels. Die Autoren der Studie erklären, dass das Gehirn bei Schlafmangel versuchen könnte, durch Kompensation die Leistung aufrechtzuerhalten – und dass sie in ihrem Experiment vermutlich nur diesen kurzen Zeitraum gemessen haben, in dem das Gehirn damit durchkommt. Das ist erst mal praktisch, könnte aber langfristig zu einer Überlastung dieser Hirnregionen führen.

Gehen wir noch einen Schritt weiter. Forschende in Maryland, USA untersuchten gezielt, wie sich Schlafmangel auf emotionale Intelligenz und konstruktives Denken auswirkt. 26 gesunde Erwachsene wurden im Labor sowohl im ausgeruhten

Zustand als auch nach 55 Stunden ohne Schlaf getestet. Sie mussten standardisierte Fragebögen ausfüllen, die messen, wie gut man mit eigenen Gefühlen und zwischenmenschlichen Situationen umgehen kann.

Falls du dich nach einer schlechten Nacht gereizter, fahriger oder weniger diplomatisch fühlst, hier findest du wissenschaftliche Rückendeckung: Nach dem Schlafentzug schnitten die Teilnehmenden in einigen Bereichen der emotionalen Intelligenz messbar schlechter ab. Besonders stark betroffen waren Fähigkeiten wie Impulskontrolle, Empathie, Selbstwahrnehmung und Stressregulation. Selbst die Bereitschaft zu positiver Selbstmotivation und lösungsorientiertem Denken nahm deutlich ab. Die Forschenden vermuten: Das Gehirn versucht zwar, die Kontrolle aufrechtzuerhalten, aber die Ressourcen im präfrontalen Kortex reichen irgendwann nicht mehr aus. Was bleibt, ist ein Denken, das schneller kippt, weniger Rücksicht nimmt und mehr Frust nach außen trägt. Wenn du das nächste Mal einen heftigen Streit hast oder dich schnell provozieren lässt, könnte das also auch daran liegen, dass du schlecht geschlafen hast.

Dass Schlafmangel so viele negative Auswirkungen hat, liegt in erster Linie daran, wie wichtig Schlaf für uns ist – und wie positiv seine Auswirkungen. Der Mensch verbringt durchschnittlich ein Drittel seines Lebens schlafend. Das kann kein Zufall sein und ist es auch nicht. Du hast bereits im ersten Kapitel gesehen, wie wichtig Träume für uns sind. Sie fungieren wie eine Therapie über Nacht, sie sind identitätsstiftend. Du weißt auch, wie wichtig Schlaf für unser Gedächtnis ist. Wenn Schlaf fehlt, gerät ein hochkomplexes System aus dem Gleichgewicht. Die wichtigsten Teile dieses Systems solltest du kennen:

Während des Schlafes werden im Gehirn Stoffwechselabfälle wie Beta-Amyloid (ein Protein, das mit Alzheimer in Verbindung gebracht wird) über das glymphatische System entfernt.

Das ist praktisch die Müllabfuhr des Gehirns, und im Gegensatz zur echten Müllabfuhr arbeitet diese am besten mitten in der Nacht. Schlafmangel führt dazu, dass diese Abfallprodukte liegen bleiben, wie Mülltonnen, die nicht abgeholt werden, was die Signalübertragung zwischen den Nervenzellen beeinträchtigt und das Risiko für neurodegenerative Erkrankungen erhöht, also für Krankheiten, bei denen Nervenzellen im Gehirn oder Rückenmark nach und nach zugrunde gehen.

Der präfrontale Kortex, der bei höheren kognitiven Funktionen wie Entscheidungsfindung, Impulskontrolle und Problemlösung eine Rolle spielt, ist besonders empfindlich gegenüber Schlafmangel. Bei Schlafentzug wird die Kommunikation zwischen ihm und anderen Hirnregionen gestört.

Schlaf ist entscheidend für die Fähigkeit des Gehirns, neue Verbindungen zwischen Neuronen zu bilden und bestehende Verbindungen zu stärken oder zu schwächen. Während des Tiefschlafs werden neue Informationen in den Neokortex übertragen, also in den evolutionär jüngsten Teil der Großhirnrinde, und dort gefestigt. Bei Schlafmangel wird dieser Prozess unterbrochen, was zu Gedächtnisproblemen führt. Außerdem fehlt dem Gehirn so etwas wie die »synaptische Erholung«: Wenn wir wach sind, werden viele Verbindungen zwischen Nervenzellen stärker. Im Schlaf werden diese Verbindungen wieder gezielt abgeschwächt, damit das Gehirn nicht überlastet wird. Dieser nächtliche Abgleich hält das Gleichgewicht im Gehirn aufrecht und sorgt dafür, dass wir am nächsten Tag wieder klar denken und Neues lernen können.

Schlafmangel stört außerdem die Balance wichtiger Neurotransmitter, die für Stimmung, Aufmerksamkeit und kognitive Prozesse entscheidend sind. Ein Beispiel ist Dopamin: Der Schlafmangel erhöht kurzfristig die Dopaminaktivität, was anfänglich Wachheit und Aufmerksamkeit steigern kann. Langfristig führt das aber zu einer Erschöpfung und beeinträchtigt die Motivation und das Belohnungssystem.

Schlafmangel beeinträchtigt auch den Glukosestoffwechsel im Gehirn. Besonders betroffen sind der Thalamus, die Basalganglien, die weiße Materie und das Kleinhirn. Die Folge ist ein lokaler Energiemangel genau da, wo wir am meisten Klarheit brauchen. Es kommt zu regionalen Störungen, die mit Leistungsabfall bei Aufmerksamkeitsaufgaben einhergehen.

Und schließlich: Die Amygdala, die für die Verarbeitung von Emotionen wichtig ist, wird durch Schlafmangel überaktiv – und zwar bis zu sechzig Prozent stärker. Währenddessen nimmt die Kontrolle durch den präfrontalen Kortex ab. Das Ergebnis ist eine verstärkte emotionale Reaktion auf negative Reize.

Ich nehme an, du brauchst jetzt keine weiteren Argumente dafür, warum es so wichtig ist, dass du auf deinen Schlaf achtest. Trotzdem fällt es vielen Menschen (inklusive mir) immer wieder schwer, ein- oder durchzuschlafen. Ich gebe zu: Obwohl ich alle diese Auswirkungen von Schlafmangel kenne, lege ich nicht genug Wert auf meine Schlafhygiene. Da wandert das Handy dann doch mal mit ins Bett, oder ich gucke zum Einschlafen doch noch eine Folge dieser spannenden Serie, zu der ich tagsüber einfach nicht komme. Auch deshalb habe ich noch mal recherchiert, wie man trotz Stresses besser schläft, damit man nicht in einen Teufelskreis aus Schlafmangel und Stress gerät.

Tatsächlich soll es helfen, jeden Tag zur gleichen Zeit ins Bett zu gehen und zu versuchen, zur gleichen Zeit aufzuwachen. Auch an den Wochenenden. Ich habe einen guten Freund, der jeden Abend um Punkt 22 Uhr ins Bett geht. Wir haben uns immer ein wenig über ihn lustig gemacht, aber viel besser hätte er es nicht machen können. Seine Routine stabilisiert den Schlaf-Wach-Rhythmus, und ein stabiler Rhythmus ist nicht so anfällig für Stressreaktionen.

Im Schlafzimmer sollte es so dunkel wie möglich sein. Licht signalisiert dem Gehirn, dass es wach sein sollte. Lange hatte ich Gardinen im Schlafzimmer, die etwas Licht durchgelassen haben. Ich konnte mir nicht vorstellen, dass es mich tatsächlich früher aufwachen lässt, nur weil das Zimmer morgens ein bisschen heller wird. Aber tatsächlich habe ich immer, wenn ich in der alten Wohnung meiner Freundin übernachtet habe, deutlich länger geschlafen. In ihrem Zimmer war es dank ihrer Rollos stockduster.

Es soll auch helfen, achtsam zu sein. Bevor du ins Bett gehst, kannst du eine Entspannungsstrategie anwenden: tiefes Ein- und Ausatmen oder Meditation. Alles, was dich entspannt, hilft.

Dass du die Bildschirme früh ausschalten solltest, habe ich schon erwähnt. Das helle Licht, das von digitalen Geräten wie Fernsehern, Handys, Laptops und Tablets ausgestrahlt wird, kann die innere Uhr deines Körpers durcheinanderbringen. Er schüttet dann die falschen Hormone zur falschen Zeit aus. Und nicht nur das. Die sozialen Medien sind darauf gepolt, dass negative Emotionen verstärkt werden. Die Algorithmen sorgen dafür, dass Posts, in denen Menschen wütend sind oder sich aufregen, vermehrt angezeigt werden. Und das geht abends, wenn wir eigentlich zur Ruhe kommen wollen, nicht spurlos an uns vorbei.

Weiterhin solltest du keine langen Wachphasen im Bett verbringen. Wenn du nachts länger wach liegst, steh auf und mach etwas anderes, Langweiliges. Kehre erst zurück ins Bett, wenn dir wieder die Augen zufallen. So lernt das Gehirn, dass das Bett nur zum Schlafen da ist (und nicht zum ewigen Grübeln).

Und zuletzt: Wenn du eigentlich ziemlich gut schläfst, dann vergiss all das und ändere nichts. *Never change a winning team.* Kaum etwas sollte dir so heilig sein wie eine Routine, die für dich funktioniert.

Zwei letzte Gedanken

Es ist drei Uhr nachts, du liegst seit vier Stunden in deinem Bett, dein Körper ist schon lange zur Ruhe gekommen. Dein Brustkorb hebt und senkt sich in einem langsamen Rhythmus, du atmest durchschnittlich zwölf- bis sechzehnmal pro Minute – ein gleichmäßiges Hauchen, das dich durch die Nacht trägt. Deine Muskeln entspannen sich; wenn du dich bewegst, dann nur, weil du im Schlaf zuckst (oder kurz aufwachst und dich schlaftrunken umdrehst) …

Kleiner Spaß. Hier geht jetzt nicht *Täglich grüßt das Murmeltier*-mäßig wieder alles von vorne los. Auch wenn das durchaus sinnvoll wäre. Denn du hast beim Lesen dieses Buches viele Dinge erlebt, die so oder so ähnlich jeden Tag passieren: Du hast geträumt, bist aufgewacht, hast Kaffee getrunken und gefrühstückt, bist zur Arbeit gegangen, hast dich konzentriert und später Sport getrieben, hast ein Bier getrunken und am Handy gehangen und am Schluss noch ein paar Seiten gelesen. Aber jetzt weißt du auch, was während all dieser Dinge Erstaunliches in deinem Gehirn passiert und wie du dieses Wissen smart für dich einsetzt.

Wie ich im Vorwort schon erwähnt habe, ist jedes Gehirn verschieden, und es kann sein, dass du dich in der einen oder anderen Szene nicht wiedererkannt hast. Vielleicht hast du ADHS, befindest dich irgendwo auf dem Autismus-Spektrum, hast Dyspraxie (also Schwierigkeiten mit Bewegung, Motorik und manchmal Sprache), eine posttraumatische Belastungsstörung oder bist hochsensibel. All das kann dazu führen, dass du Situationen, die ich im Buch beschrieben habe, nicht kennst oder ganz anders wahrnimmst. Erst seit ungefähr fünfzehn Jahren ordnen Menschen solche atypischen neurologischen Entwicklungen als natürliche Unterschiede ein. All die verschiedenen

Formen von Neurodiversität können sich auf Wahrnehmung, Denken, Lernen, Verhalten oder soziale Interaktion auswirken.

Aber auch außerhalb dieses Konzepts ist eine Sache klar: Keine zwei Gehirne sind gleich. Jedes funktioniert im Detail ein bisschen anders. Deshalb werden bei dir einige Tipps aus dem Buch funktionieren, während du mit anderen möglicherweise nichts anfangen kannst. Es macht allerdings unheimlich Spaß, mit den Erkenntnissen aus diesem Buch das eigene Gehirn im Alltag zu beobachten.

Klar, dein Gehirn beobachtet sich dann praktisch selbst, das wirft philosophisch gesehen direkt Fragen auf, aber denk doch beim nächsten Bier mal kurz daran zurück, wie Alkohol die Signalübertragung im Gehirn langsamer macht. Oder schau, wenn du tatsächlich mal morgens zu Fuß zur Arbeit gehst, ob du dich dadurch tagsüber besser konzentrieren kannst. Wenn du das nächste Mal Sport treibst, achte doch mal darauf, wie deine Stimmung anschließend ist. Stell dir beim nächsten Kaffee vor, wie das Koffein sich auf die Adenosinrezeptoren setzt und dich so wachhält. Vielleicht hilft dir die eine oder andere Erkenntnis dabei, dich gesünder zu ernähren, mehr Sport zu treiben oder besser zu schlafen. Denn eins steht fest: Wer sein Gehirn kennt, ist klar im Vorteil.

Danke!

Dieses Buch basiert auf der Arbeit von drei Jahren. So lange ist es her, dass ich mich dafür entschieden habe, meine Leidenschaft fürs Gehirn aus dem Studium auch in meiner journalistischen Arbeit wieder aufzugreifen. In dieser Zeit haben mich so viele Menschen unterstützt, dass ich ganz sicher welche vergesse, wenn ich mich hier bedanke. Ich versuche es trotzdem und arbeite mich in der Zeit zurück. Deshalb zuerst: Danke an meine Lektorin Ilka Heinemann. Schon nach unserem ersten Telefonat war mir klar, dass wir zusammenarbeiten müssen. Ich hätte mir keine bessere Betreuung für dieses Buch wünschen können. Danke an all die lieben Mitarbeiter:innen von Kiepenheuer & Witsch, mit denen ich in den Monaten vor Erscheinen des Buches Kontakt hatte. Egal, ob es um das Cover, die Grafiken oder die Pressearbeit ging – ich habe mich enorm gut bei euch aufgehoben gefühlt. Danke an meine Agentin Eva Semitzidou. Du bist ein Profi durch und durch. Ohne dich hätte ich mich nicht mal getraut, die Idee für dieses Buch auch nur zu haben. Danke an Sebastian Esser. Vor über drei Jahren, als ich den Plan für »Das Leben des Brain« geschmiedet hatte, hast du mir den wichtigsten aller Tipps gegeben: einfach anfangen. Danke an meine *Krautreporter*-Kollegin Theresa Bäuerlein. Du wirfst mir in einer unfassbaren Frequenz Ideen für den Newsletter und den Podcast vor die Füße – dass du beides nicht selbst schreibst beziehungsweise hostest, kann eigentlich nur Zufall sein. Danke an Franziska Bluhm, Thomas Knüwer und Daniel Fiene vom Goldenen Blogger. Hättet ihr (also die Jury und die Zuschauer:innen) »Das Leben des Brain« nicht zum Newsletter des Jahres gekürt, gäbe es (bestimmt) keinen Podcast und gäbe es (vielleicht) kein Buch. Eure Preisverleihung ist verrückt, ich liebe sie. Danke an Dinah Rothenberg, Viola Funk, Denis Hürter, Jens Thiele, Merle Hönig, Marc Übel, Isabel Woop, Julius

Wußmann, Hakan Halaç und alle anderen von ACB Stories. Ich hätte nie gedacht, dass mein Nerd-Newsletter so lässig klingen kann. Danke an alle meine Freund:innen, die stundenlang mit mir in Kneipen und Chats über Titel- und Kapitelideen gegrübelt haben. Danke, Anna, für deinen leidenschaftlichen Blick auf alles, was mit dem Hypothalamus zu tun hat. Danke, Toni, für deine Geduld und deine Unterstützung. Und zuletzt: Danke, Mama, danke, Papa. Dafür, dass ihr das Buch *Medizin für die Bildung* im Bücherregal stehen hattet, das vor sechzehn Jahren meine Faszination fürs Gehirn ausgelöst hat. Und auch dafür: Egal, welche Idee ich verfolge, ich denke erst mal: »Das wird schon. Und wenn nicht, dann ist es auch nicht so schlimm.« Ihr habt mir diese Sicherheit gegeben. Auf ihr basiert alles.

Glossar

Acetylcholin: Ein Neurotransmitter, der unter anderem Muskelkontraktionen steuert und eine wichtige Rolle bei Aufmerksamkeit, Lernen und Gedächtnisbildung spielt.

Adenosin: Ein Molekül, das sich im Gehirn während des Wachzustands anreichert und Schlafdruck aufbaut.

Adenosintriphosphat: Ein Molekül, das als Hauptenergiespeicher in Zellen dient und viele biochemische Prozesse antreibt.

Adrenalin: Ein Hormon und Neurotransmitter, das bei Stress schnelle Energie bereitstellt, Herzschlag und Blutdruck erhöht.

Allostase: Ein dynamischer Prozess, durch den der Körper innere Stabilität (Homöostase) erhält, indem er sich flexibel an Belastungen anpasst.

Amygdala: Eine mandelförmige Struktur im Temporallappen, die bei der Verarbeitung von Emotionen, insbesondere Angst und Bedrohung, eine zentrale Rolle spielt.

Arbeitsgedächtnis: Das System, das Informationen kurzfristig speichert und bearbeitet, um komplexe Aufgaben wie Denken oder Problemlösen zu ermöglichen.

Astrozyten: Sternförmige Gliazellen, die Nervenzellen unterstützen, das chemische Gleichgewicht im Gehirn aufrechterhalten und an der Informationsverarbeitung beteiligt sind.

Auditiver Kortex: Der Bereich im Temporallappen, der Hörreize verarbeitet.

Autobiografisches Gedächtnis: Der Teil unseres Gedächtnisses, der persönliche Erlebnisse und Erfahrungen speichert.

Axon: Der lange Fortsatz einer Nervenzelle, der elektrische Signale zu anderen Zellen leitet.

Basalganglien: Tief im Gehirn liegende Kerngebiete, die Bewegungsselektion, motorisches Lernen und die Bildung von Gewohnheiten unterstützen.

BDNF (Brain-Derived Neurotrophic Factor): Ein Wachstumsfaktor, der die Entwicklung, das Überleben und die Plastizität von Nervenzellen fördert.

Beta-Amyloid: Ein Proteinfragment, das sich bei Alzheimerkrankheit in Form von Plaques im Gehirn ablagern kann.

Blut-Hirn-Schranke: Eine Barriere zwischen Blutkreislauf und Gehirn, die das Gehirn vor schädlichen Substanzen schützt und den Transport vieler Medikamente einschränkt.

Cingulärer Kortex: Ein Bereich des limbischen Systems, der an emotionaler Bewertung, Aufmerksamkeit, Schmerzverarbeitung und kognitiver Kontrolle beteiligt ist.

Cochlea: Ein spiralig gewundenes Organ im Innenohr, das Schallwellen in elektrische Signale umwandelt, die vom Gehirn als Töne interpretiert werden.

Corpus callosum: Ein dicker Nervenstrang, der die linke und rechte Gehirnhälfte miteinander verbindet und Informationsaustausch ermöglicht.

Cortisol: Ein Stresshormon, das von der Nebennierenrinde ausgeschüttet wird und viele Stoffwechsel- und Immunfunktionen beeinflusst.

Dopamin: Ein Neurotransmitter, der wichtig ist für Belohnung, Motivation und Bewegungssteuerung.

Elektroenzephalografie (EEG): Ein Verfahren, bei dem die elektrische Aktivität des Gehirns über Elektroden auf der Kopfhaut aufgezeichnet wird, um Muster wie Schlafphasen oder epileptische Anfälle zu analysieren.

Episodisches Gedächtnis: Der Teil des Langzeitgedächtnisses, der persönliche Erlebnisse mit Zeit- und Ortsangaben speichert.

fMRT (funktionelle Magnetresonanztomografie): Ein bildgebendes Verfahren, mit dem sich Veränderungen der Gehirnaktivität sichtbar machen lassen, indem der Sauerstoffgehalt im Blut gemessen wird.

Frontallappen: Der vordere Teil der Großhirnrinde, beteiligt an Planung, Problemlösen, Emotionen und Impulskontrolle.

GABA: Ein hemmender Neurotransmitter, der die Erregbarkeit von Nervenzellen im Gehirn dämpft.

Ghrelin: Ein Hormon, das hauptsächlich im Magen produziert wird und im Hypothalamus das Hungergefühl steigert.

Gliazellen: Nichtneuronale Zellen im Nervensystem, die strukturelle Unterstützung bieten, Nährstoffe liefern und an der Informationsverarbeitung beteiligt sind.

Globus Pallidus: Ein Teil der Basalganglien, der dabei hilft, Bewegungen zu koordinieren und Handlungen je nach Motivation zu steuern.

Glutamat: Ein erregender Neurotransmitter im Gehirn, der Lern- und Gedächtnisprozesse unterstützt.

Graue Materie: Hirngewebe, das hauptsächlich aus Nervenzellkörpern besteht, für die Informationsverarbeitung zuständig ist und sich wie eine dünne, gefaltete Decke über das Großhirn legt, aber auch tief im Gehirn (etwa in den Basalganglien) und im Rückenmark zu finden ist.

Großhirnrinde (auch Kortex genannt): Die äußere, stark gefaltete Schicht des Gehirns, die für Wahrnehmung, Bewusstsein, Sprache und abstraktes Denken verantwortlich ist.

HHN-Achse: Die hormonelle Verbindung zwischen Hypothalamus, Hypophyse und Nebennierenrinde, die besonders aktiv ist, wenn es zu einer Stresssituation kommt.

Hippocampus: Eine tief im Gehirn liegende Struktur, die entscheidend für das Speichern neuer Erinnerungen und das räumliche Gedächtnis ist.

Hirnstamm: Der unterste Teil des Gehirns, der lebenswichtige Funktionen wie Atmung, Herzschlag und Blutdruck steuert.

Homunculus: Eine schematische Darstellung, die zeigt, wie viele Nervenzellen im Gehirn für die einzelnen Körperteile zuständig sind, und damit, wie fein- oder grobmotorisch diese Körperteile sind.

Hormon: Ein biochemischer Botenstoff, der im Körper gebildet wird. Hormone übertragen Signale zwischen verschiedenen

Geweben, Organen und innerhalb des Gehirns und wirken dadurch wie Nachrichtenüberträger.

Hypophyse: Eine Hormondrüse im Gehirn, die zentrale Steuerfunktionen für Wachstum, Fortpflanzung und Stoffwechsel übernimmt.

Hypothalamus: Ein kleiner, aber zentraler Bereich des Gehirns, der hormonelle Prozesse, Körpertemperatur, Hunger, Durst und das Schlafverhalten steuert.

Inselrinde/Insula: Ein versteckt liegender Teil der Großhirnrinde, der an Körperwahrnehmung, Emotionen und Entscheidungsprozessen beteiligt ist.

Insulin: Ein Hormon der Bauchspeicheldrüse, das den Blutzuckerspiegel reguliert und gleichzeitig Zellwachstum sowie Stoffwechselprozesse beeinflusst.

Interozeption: Die Wahrnehmung innerer Körperzustände wie Herzschlag, Atmung oder Magenfüllung, die zur emotionalen Selbstwahrnehmung beiträgt.

Kleinhirn: Eine Struktur im hinteren Teil des Gehirns, die Bewegungskoordination, Gleichgewicht und Feinmotorik steuert.

Konsolidierung: Der Prozess, bei dem neu gelernte Informationen im Gehirn stabil gespeichert und in das Langzeitgedächtnis überführt werden.

Kortex (beziehungsweise Großhirnrinde): Die äußere, stark gefaltete Schicht des Gehirns, die für Wahrnehmung, Bewusstsein, Sprache und abstraktes Denken verantwortlich ist.

Kurzzeitgedächtnis: Ein Teil des menschlichen Gedächtnisses, der eine begrenzte Menge an Informationen (etwa vier bis sieben Einheiten) für wenige Sekunden bis Minuten verfügbar hält.

Langzeitgedächtnis: Der Speicher im Gehirn, in dem Informationen über längere Zeiträume hinweg abgelegt werden.

Leptin: Ein Hormon, das von Fettzellen produziert wird und im Gehirn das Sättigungsgefühl steuert.

Limbisches System: Ein Netzwerk tief im Inneren des Gehirns, das an der Verarbeitung von Emotionen, Gedächtnis und Motivation beteiligt ist.

Magnetresonanztomografie: Eine bildgebende Technik, die mithilfe von Magnetfeldern und Radiowellen detaillierte Aufnahmen von Organen und Geweben, insbesondere dem Gehirn, erzeugt.

Metaanalyse: Eine wissenschaftliche Methode, bei der Ergebnisse mehrerer Studien systematisch zusammengefasst und ausgewertet werden.

Mikroglia: Spezialisierte Immunzellen des zentralen Nervensystems, die für die Abwehr von Krankheitserregern und den Abbau von Zelltrümmern verantwortlich sind.

Motorkortex: Ein Bereich der Großhirnrinde, der Bewegungen des Körpers plant, steuert und ausführt.

Myelin: Eine fetthaltige Isolierschicht um Axone, die die Geschwindigkeit der Signalübertragung erhöht.

Neurodegenerative Erkrankungen: Krankheiten, bei denen Nervenzellen fortschreitend geschädigt werden oder absterben wie Alzheimer oder Parkinson.

Neurogenese: Die Bildung neuer Nervenzellen, die besonders im Hippocampus auch im Erwachsenenalter noch stattfindet.

Neuronen: Spezialisierte Zellen des Nervensystems, die Informationen in Form elektrischer und chemischer Signale weiterleiten und verarbeiten.

Neuropeptide: Kleine Eiweißmoleküle, die als Botenstoffe im Nervensystem wirken und vielfältige Körperfunktionen steuern.

Neuroplastizität: Die Fähigkeit des Gehirns, sich durch Lernen, Erfahrung oder nach Verletzungen strukturell und funktionell zu verändern.

Neurotransmitter: Chemische Botenstoffe, die Informationen zwischen Nervenzellen übertragen. Sie können entweder erregend (zum Beispiel Glutamat) oder hemmend (zum Beispiel GABA) sein.

Noradrenalin: Ein Neurotransmitter und Hormon, das Aufmerksamkeit, Wachheit und die Stressreaktion unterstützt.

Nucleus accumbens: Eine Struktur im Belohnungssystem des Gehirns, die Motivation, Freude und Suchtverhalten beeinflusst.

Nucleus arcuatus: Eine Region im Hypothalamus, die an der Regulation von Hunger, Sättigung und Hormonfreisetzung beteiligt ist.

Nucleus suprachiasmaticus: Eine kleine Struktur im Hypothalamus, die als Hauptsteuerzentrum für den Tag-Nacht-Rhythmus fungiert.

Nucleus tractus solitarii: Ein Kerngebiet im Hirnstamm, das sensorische Informationen aus inneren Organen empfängt und an andere Hirnregionen weiterleitet.

Okzipitallappen: Der hinterste Teil der Großhirnrinde, der hauptsächlich für die Verarbeitung visueller Informationen zuständig ist.

Opioide: Substanzen, die an spezielle Rezeptoren im Gehirn binden und starke Schmerzlinderung sowie Euphorie auslösen können.

Orexin: Ein Neuropeptid, das Wachheit, Appetit und den Energiehaushalt reguliert.

Oxytocin: Ein Hormon und Neurotransmitter, das/der soziale Bindungen, Vertrauen und Nähe fördert.

Präfrontaler Kortex: Der vorderste Teil der Großhirnrinde, beteiligt an komplexen Denkprozessen, Planung, Entscheidungsfindung und sozialer Verhaltenssteuerung.

Prämotorischer Kortex: Ein Bereich der Großhirnrinde, der Bewegungsabläufe vorbereitet und Bewegungspläne erstellt.

Primärer visueller Kortex: Der erste Bereich des visuellen Systems im Okzipitallappen, der bereits einfache Informationen des Gesehenen verarbeitet.

REM-Schlaf: Eine Schlafphase, in der das Gehirn besonders aktiv ist, intensive Träume entstehen und sich die Augen schnell unter den Lidern bewegen.

Rezeptoren: Spezialisierte Proteine auf Zelloberflächen oder im Zellinneren, die Signalmoleküle wie Hormone oder Neurotransmitter erkennen und daraufhin Prozesse im Inneren der Zelle auslösen.

Sensorisches Gedächtnis: Speichert für sehr kurze Zeit unmittelbare Sinneseindrücke und bildet die erste Stufe der Informationsverarbeitung.

Serotonin: Ein Neurotransmitter, der Einfluss auf Stimmung, Schlaf und Appetit hat.

Somatische Marker: Körperlich gespeicherte emotionale Signale, die unbewusst Entscheidungsprozesse beeinflussen und im ventromedialen präfrontalen Kortex verarbeitet werden.

Spiegelneuronen: Nervenzellen, die sowohl bei der Ausführung als auch beim Beobachten einer Handlung aktiv werden und möglicherweise soziale Kognition und Lernen unterstützen.

Striatum: Ein Teil der Basalganglien, der Bewegungen koordiniert und an der Verarbeitung von Belohnung und Motivation beteiligt ist.

Synapsen: Kontaktstellen zwischen Nervenzellen, an denen Informationen mittels chemischer Botenstoffe übertragen werden.

Temporallappen: Ein Bereich der Großhirnrinde seitlich am Kopf, der an der Verarbeitung von Hören, Sprache und Gedächtnis beteiligt ist.

Thalamus: Eine zentrale Umschaltstation im Gehirn, die Sinneseindrücke an die Großhirnrinde weiterleitet.

Vagusnerv: Ein Hirnnerv, der viele lebenswichtige Körperfunktionen wie Herzschlag, Atmung und Verdauung reguliert und eine zentrale Rolle bei der Stressverarbeitung spielt.

Vasopressin: Ein Hormon, das Wasserhaushalt und Blutdruck reguliert und soziale Verhaltensweisen beeinflusst.

Ventrales Putamen: Ein Teil der Basalganglien, der an Belohnung, Motivation und der Planung zielgerichteter Bewegungen beteiligt ist.

Ventrales tegmentales Areal: Ein Bereich im Mittelhirn, der Dopamin freisetzt, um uns zu belohnen oder zu motivieren.

Visueller Kortex: Der Teil des Okzipitallappens, der visuelle Informationen verarbeitet, die über Retina und Thalamus weitergeleitet werden.

Wernicke-Areal: Eine Region im linken Temporallappen, die wichtig ist für unser Sprachverständnis.

Quellenverzeichnis

3:00 Uhr: Du schläfst – und betrittst eine ganz andere Welt

Das Gehirn durchläuft verschiedene Schlafphasen im Laufe der Nacht: Le Bon, O., Lanquart, J.-P., Hein, M., & Loas, G. (2019). Sleep ultradian cycling: Statistical distribution and links with other sleep variables, depression, insomnia and sleepiness – A retrospective study on 2,312 polysomnograms. *Psychiatry Research,* 279, 140–147. https://doi.org/10.1016/j.psychres.2018.12.141

Die REM-Phasen werden im Laufe der Nacht länger: Feinberg, I., & Floyd, T.C. (1979). Systematic Trends Across the Night in Human Sleep Cycles. *Psychophysiology,* 16 (3), 283–291. https://doi.org/10.1111/j.1469-8986.1979.tb02991.x

Schnelle, zuckende Augenbewegungen markieren die REM-Schlafphase: Dement, W., & Kleitman, N. (1957). The relation of eye movements during sleep to dream activity: An objective method for the study of dreaming. *Journal of Experimental Psychology,* 53 (5), 339–346. https://doi.org/10.1037/h0048189

Während des REM-Schlafs sind diverse Hirnregionen aktiv: Dang-Vu, T.T., Schabus, M., Desseilles, M., Sterpenich, V., Bonjean, M., & Maquet, P. (2010). Functional neuroimaging insights into the physiology of human sleep. *Sleep,* 33 (12), 1589–1603. https://doi.org/10.1093/sleep/33.12.1589

Der präfrontale Kortex reduziert seine Aktivität während des REM-Schlafs: Muzur, A., Pace-Schott, E.F., & Hobson, J.A. (2002). The prefrontal cortex in sleep. *Trends in Cognitive Sciences,* 6 (11), 475–481. https://doi.org/10.1016/s1364-6613(02)01992-7

Die Hirnforschung hat das schlafende Gehirn in den vergangenen Jahrzehnten ausführlich untersucht: Walker, M. (2018). Das große Buch vom Schlaf: Die enorme Bedeutung des Schlafs – Beste Vorbeugung gegen Alzheimer, Krebs, Herzinfarkt und mehr. Goldmann Verlag

Die Hirnforschung hat maßgeblich zum Verständnis von Träumen beigetragen: Jandial, R. (2024). Warum wir träumen: Was uns das Gehirn im Schlaf über unser Leben offenbart (E. Liebl, Übers.). Rowohlt Verlag

Träume könnten durch zufällige neuronale Aktivitätsmuster im Hirnstamm entstehen: Hobson, J.A., & McCarley, R.W. (1977). The brain as a dream state generator: An activation-synthesis hypothesis of the dream process. *The American Journal of Psychiatry,* 134 (12), 1335–1348. https://doi.org/10.1176/ajp.134.12.1335

Träume greifen Aspekte des Wachlebens auf, aber tatsächliche Wiederholungen gibt es kaum: Fosse, M.J., Fosse, R., Hobson, J.A., & Stickgold, R.J. (2003). Dreaming and episodic memory: A functional dissociation? *Journal of Cognitive Neuroscience,* 15 (1), 1–9. https://doi.org/10.1162/089892903321107774

Wenn wir träumen, kombinieren wir autobiografische Erinnerungen miteinander: Horton, C.L., & Malinowski, J.E. (2015). Autobiographical memory and hyperassociativity in the dreaming brain: Implications for memory consolidation in sleep. *Frontiers in Psychology,* 6. https://doi.org/10.3389/fpsyg.2015.00874

Erlebnisse mit hohem emotionalem Gehalt haben eine deutlich höhere Wahrscheinlichkeit, in unseren Träumen aufzutauchen: Schredl, M. (2006). Factors Affecting the Continuity Between Waking and Dreaming: Emotional Intensity and Emotional Tone of the Waking-Life Event. *Sleep and Hypnosis,* 8 (1), 1–5

Durch neuronale Dekodierung können Forschende die Träume von Versuchspersonen lesen: Horikawa, T., Tamaki, M., Miyawaki, Y., & Kamitani, Y. (2013). Neural decoding of visual imagery during sleep. *Science* (New York, N.Y.), 340 (6132), 639–642. https://doi.org/10.1126/science.1234330

Schlaf hilft dem Gehirn dabei, Aufgaben zu lösen: Wagner, U., Gais, S., Haider, H., Verleger, R., & Born, J. (2004). Sleep inspires insight. *Nature,* 427 (6972), 352–355. https://doi.org/10.1038/nature02223

Wenn Versuchspersonen von einem Labyrinth träumen, steigt die Wahrscheinlichkeit, dass sie aus ihm herausfinden: Wamsley, E.J., & Stickgold, R. (2019). Dreaming of a learning task is associated with enhanced memory consolidation: Replication in an overnight sleep study. *Journal of Sleep Research,* 28 (1), e12749. https://doi.org/10.1111/jsr.12749

Teilnehmer:innen, die aus dem REM-Schlaf geweckt werden, lösen 32 Prozent mehr Anagramme als jene, die aus dem NREM-Schlaf geweckt werden: Walker, M.P., Liston, C., Hobson, J.A., & Stickgold, R. (2002). Cognitive flexibility across the sleep-wake cycle: REM-sleep enhancement of anagram problem solving. *Brain Research.* Cognitive Brain Research, 14 (3), 317–324. https://doi.org/10.1016/s0926-6410(02)00134-9

Träume beeinflussen unser emotionales Leben (zum Beispiel das Verarbeiten von Trennungen): Cartwright, R.D. (2010). The twenty-four hour mind: The role of sleep and dreaming in our emotional lives (S. xvi, 208). Oxford University Press

Wer von seiner Trennung träumt, kann sie besser verarbeiten: Cartwright, R.D., Kravitz, H.M., Eastman, C.I., & Wood, E. (1991). REM latency and the recovery from depression: Getting over divorce. *The American Journal of Psychiatry,* 148 (11), 1530–1535. https://doi.org/10.1176/ajp.148.11.1530

Schon eine Nacht Schlaf verändert das emotionale Gedächtnis: Sterpenich, V., Albouy, G., Darsaud, A., Schmidt, C., Vandewalle, G., Dang-Vu, T.T., Desseilles, M., Phillips, C., Degueldre, C., Balteau, E., Collette, F., Luxen, A., & Maquet, P. (2009). Sleep promotes the neural reorganization of remote emotional memory. *The Journal of Neuroscience: The Official Journal of* *the Society for Neuroscience,* 29 (16), 5143–5152. https://doi.org/10.1523/JNEUROSCI.0561-09.2009

Die Funktion von Albträumen könnte sein, Bedrohungen zu simulieren: Revonsuo, A. (2000). The reinterpretation of dreams: An evolutionary hypothesis of the function of dreaming. *Behavioral and Brain Sciences,* 23 (6), 877–901. https://doi.org/10.1017/S0140525X00004015

Albträume könnten entstehen, wenn unser System aus dem Gleichgewicht gerät: Levin, R., & Nielsen, T. (2009). Nightmares, Bad Dreams, and Emotion Dysregulation: A Review and New Neurocognitive Model of Dreaming. *Current Directions in Psychological Science,* 18 (2), 84–88. https://doi.org/10.1111/j.1467-8721.2009.01614.x

Kinder haben oftmals über Jahre hinweg Albträume: Schredl, M., Fricke-Oerkermann, L., Mitschke, A., Wiater, A., & Lehmkuhl, G. (2009). Longitudinal Study of Nightmares in Children: Stability and Effect of Emotional Symptoms. *Child Psychiatry and Human Development,* 40 (3), 439–449. https://doi.org/10.1007/s10578-009-0136-y

Albträume sollten nicht nur als Symptom, sondern als eigenständige psychische Größe gesehen werden: Schredl, M. (2010). Nightmares: An Under-Diagnosed and Undertreated Condition? *Sleep,* 33 (6), 733–734. https://doi.org/10.1093/sleep/33.6.733

Kinder haben öfter Albträume als Erwachsene: Schredl, M., & Pallmer, R. (1997). [Nightmares in children]. *Praxis der Kinderpsychologie und Kinderpsychiatrie,* 46 (1), 36–56

Wann Kinder anfangen zu träumen: Foulkes, D., Hollifield, M., Sullivan, B., Bradley, L., & Terry, R. (1990). REM Dreaming and Cognitive Skills at Ages 5–8: A Cross-sectional Study. *International Journal of Behavioral Development,* 13 (4), 447–465. https://doi.org/10.1177/016502549001300404

Wenn du einen Albtraum hattest, bist du in der Regel am nächsten Tag psychisch instabiler: Blagrove, M., & Fisher, S. (2009). Trait-state interactions in the etiology of nightmares. *Dreaming,* 19 (2), 65–74. https://doi.org/10.1037/a0016294

Krankenschwestern etwa haben nach einem stressigen Tag mehr Albträume und nach Albträumen stressigere Tage: Garcia, O., Slavish, D. C., Dietch, J. R., Messman, B. A., Contractor, A. A., Haynes, P. L., Pruiksma, K. E., Kelly, K., Ruggero, C., & Taylor, D. J. (2021). What goes around comes around: Nightmares and daily stress are bidirectionally associated in nurses. *Stress and Health: Journal of the International Society for the Investigation of Stress,* 37 (5), 1035–1042. https://doi.org/10.1002/smi.3048

Die Imagery Rehearsal Therapy kann gegen Albträume helfen: Germain, A., & Nielsen, T. (2003). Impact of imagery rehearsal treatment on distressing dreams, psychological distress, and sleep parameters in nightmare patients. *Behavioral Sleep Medicine,* 1 (3), 140–154. https://doi.org/10.1207/S15402010BSM0103_2

Psychologische Interventionen vor dem Schlafengehen können gegen Albträume helfen: Hansen, K., Höfling, V., Kröner-Borowik, T., Stangier, U., & Steil, R. (2013). Efficacy of psychological interventions aiming to reduce chronic nightmares: A meta-analysis. *Clinical Psychology Review,* 33 (1), 146–155. https://doi.org/10.1016/j.cpr.2012.10.012

Man kann Trauminhalte mit Bildgebungsverfahren sichtbar machen: Dresler, M., Koch, S. P., Wehrle, R., Spoormaker, V. I., Holsboer, F., Steiger, A., Sämann, P. G., Obrig, H., & Czisch, M. (2011). Dreamed movement elicits activation in the sensorimotor cortex. *Current Biology:* CB, 21 (21), 1833–1837. https://doi.org/10.1016/j.cub.2011.09.029

Die »Wake back to Bed«-Methode erhöht die Wahrscheinlichkeit, luzide zu träumen: Erlacher, D., & Stumbrys, T. (2020). Wake Up, Work on Dreams, Back to Bed and Lucid Dream: A Sleep Laboratory Study. *Frontiers in Psychology,* 11, 1383. https://doi.org/10.3389/fpsyg.2020.01383

Die »MILD«-Methode und Reality Checks helfen dabei, luzide zu träumen: Adventure-Heart, D. J., Delfabbro, P., Proeve, M., & Mohr, P. (2017). Reality testing and the mnemonic induction of lucid dreams: Findings from the national Australian lucid dream induction study. *Dreaming,* 27 (3), 206–231. https://doi.org/10.1037/drm0000059

6:30 Uhr: Du startest in den Tag

Der Nucleus suprachiasmaticus arbeitet wie ein eingebauter Zeitmanager: Herzog, E. D., Hermanstyne, T., Smyllie, N. J., & Hastings, M. H. (2017). Regulating the Suprachiasmatic Nucleus (SCN) Circadian Clockwork: Interplay between Cell-Autonomous and Circuit-Level Mechanisms. *Cold Spring Harbor Perspectives in Biology,* 9 (1), a027706. https://doi.org/10.1101/cshperspect.a027706

Der Hypothalamus reguliert zentrale Körperfunktionen wie Nahrungsaufnahme, Fortpflanzung, Körpertemperatur und den Schlaf-Wach-Rhythmus: Primeaux, S., Harrison-Bernard, L., & Barnes, M. (2020). Neurophysiology of the hypothalamus. In: D. W. Pfaff (Hrsg.), The human hypothalamus: Basic and clinical aspects (33–52). Springer. https://doi.org/10.1007/978-3-030-62187-2_4

Cortisol ist am Aufwachprozess beteiligt: Fries, E., Dettenborn, L., & Kirschbaum, C. (2009). The cortisol awakening response (CAR): Facts and future directions. *International Journal of Psychophysiology,* 72 (1), 67–73. https://doi.org/10.1016/j.ijpsycho.2008.03.014

Orexin spielt eine wichtige Rolle beim Schlafen und Wachsein: Ohno, K., & Sakurai, T. (2008). Orexin neuronal circuitry: Role in the regulation of sleep and wakefulness. *Frontiers in Neuroendocrinology,* 29 (1), 70–87. https://doi.org/10.1016/j.yfrne.2007.08.001

Adenosinrezeptoren beeinflussen den Schlaf-Wach-Zyklus: Porkka-Heiskanen, T. (1999). Adenosine in sleep and wakefulness. *Annals of Medicine,* 31 (2), 125–129. https://doi.org/10.3109/07853899908998788

Sprachbilder beeinflussen die Art und Weise, wie wir denken: Thibodeau, P.H., & Boroditsky, L. (2011). Metaphors we think with: The role of metaphor in reasoning. *PLOS ONE,* 6 (2). https://doi.org/10.1371/journal.pone.0016782

Wenn man auf Kaffee verzichtet, kann es zu Entzugserscheinungen kommen: Juliano, L.M., & Griffiths, R.R. (2004). A critical review of caffeine withdrawal: Empirical validation of symptoms and signs, incidence, severity, and associated features. *Psychopharmacology,* 176 (1), 1–29. https://doi.org/10.1007/s00213-004-2000-x

Wer Kaffee trinkt, steigert seinen Adrenalinspiegel: Debrah, K., Haigh, R., Sherwin, R., Murphy, J., & Kerr, D. (1995). Effect of acute and chronic caffeine use on the cerebrovascular, cardiovascular and hormonal responses to orthostasis in healthy volunteers. *Clinical Science,* 89 (5), 475–480. https://doi.org/10.1042/cs0890475

Auch Dopamin spielt bei der wachhaltenden Wirkung von Koffein eine Rolle: Garrett, B.E., & Griffiths, R.R. (1997). The role of dopamine in the behavioral effects of caffeine in animals and humans. *Pharmacology, Biochemistry, and Behavior,* 57 (3), 533–541. https://doi.org/10.1016/s0091-3057(96)00435-2

Es kommt sehr selten dazu, dass jemand eine tödliche Dosis Koffein zu sich nimmt: Banerjee, P., Ali, Z., Levine, B., & Fowler, D.R. (2014). Fatal caffeine intoxication: A series of eight cases from 1999 to 2009. *Journal of Forensic Sciences,* 59 (3), 865–868. https://doi.org/10.1111/1556-4029.12387

8:00 Uhr: Dein Gehirn will frühstücken – aber was?

Der Blutzuckerspiegel beeinflusst unseren Appetit: Inchauspé, J. (2022). Der Glukose-Trick: Mehr Energie, besserer Schlaf, weniger Heißhunger – die Glukose-Revolution für deine Gesundheit (A. Fröhlich, Übers.). Goldmann

47 Prozent der Frauen und 61 Prozent der Männer sind von Übergewicht betroffen: Starker A., Schienkiewitz A., Damerow S., & Kuhnert, R. Verbreitung von Adipositas und Rauchen bei Erwachsenen in Deutschland – Entwicklung von 2003 bis 2023. *J Health Monit,* 2025; 10 (1):e 12990. doi: 10.25646/12990

Die Zahl der Menschen mit Übergewicht soll sich seit 1980 in 73 Ländern mehr als verdoppelt haben: GBD 2015 Obesity Collaborators, Afshin, A., Forouzanfar, M.H., Reitsma, M.B., Sur, P., Estep, K., Lee, A., Marczak, L., Mokdad, A.H., Moradi-Lakeh, M., Naghavi, M., Salama, J.S., Vos, T., Abate, K.H., Abbafati, C., Ahmed, M.B., Al-Aly, Z., Alkerwi, A., Al-Raddadi, R., …,

& Murray, C. J. L. (2017). Health Effects of Overweight and Obesity in 195 Countries over 25 Years. *The New England Journal of Medicine,* 377 (1), 13–27. https://doi.org/10.1056/NEJMoa1614362

Ratten, bei denen nur der Hirnstamm aktiv ist, zeigen normales Essverhalten: Grill, H. J., & Norgren, R. (1978). Chronically decerebrate rats demonstrate satiation but not bait shyness. *Science* (New York, N. Y.), 201 (4352), 267–269. https://doi.org/10.1126/science.663655

Innerhalb des Hypothalamus gibt es spezialisierte Zellgruppen, die auf Hormone aus deinem Körper reagieren: Williams, G., Harrold, J. A., & Cutler, D. J. (2000). The hypothalamus and the regulation of energy homeostasis: Lifting the lid on a black box. *Proceedings of the Nutrition Society,* 59 (3), 385–396. https://doi.org/10.1017/S0029665100000434

Wenn du eine Diät machst, sinkt dein Leptinspiegel und dein Hypothalamus signalisiert, dass zu wenig Energie bereitgestellt wird: Cohen Jr., M. M. (2006). Role of leptin in regulating appetite, neuroendocrine function, and bone remodeling. *American Journal of Medical Genetics Part A,* 140A(5), 515–524. https://doi.org/10.1002/ajmg.a.31099

Bei Menschen mit Adipositas verhält sich der Leptinspiegel anders: Shaikh, M. G., Grundy, R. G., & Kirk, J. M. W. (2008). Hyperleptinaemia rather than fasting hyperinsulinaemia is associated with obesity following hypothalamic damage in children. *European Journal of Endocrinology,* 159 (6), 791–797. https://doi.org/10.1530/EJE-08-0533

Das Gehirn und uralte Schaltkreise spielen eine große Rolle bei unserem Essverhalten: Guyenet, S. J. (2017). The hungry brain: Outsmarting the instincts that make us overeat. Flatiron Books

Teile der Basalganglien fungieren als ein inneres Gaspedal, andere als eine Art Bremse, je nachdem, ob man lieber schnell oder lieber sicher entscheiden will: Ging-Jehli, N. R., Cavanagh, J. F., Ahn, M., Segar, D. J., Asaad, W. F., & Frank, M. J. (2025). Basal ganglia components have distinct computational roles in decision-making dynamics under conflict and uncertainty. *PLOS Biology,* 23 (1), e3002978. https://doi.org/10.1371/journal.pbio.3002978

Die Basalganglien arbeiten nach einer Art innerer Wahrscheinlichkeitsrechnung: Bogacz, R. (2015). Optimal Decision Making in the Cortico-Basal-Ganglia Circuit. 291–302. https://doi.org/10.1007/978-1-4939-2236-9_14

Je nach Situation werden bei der Entscheidungsfindung unterschiedliche Teile des Striatums aktiv: Chersi, F., Mirolli, M., Pezzulo, G., & Baldassarre, G. (2013). A spiking neuron model of the cortico-basal ganglia circuits for goal-directed and habitual action learning. *Neural Networks: The Official Journal of the International Neural Network Society,* 41, 212–224. https://doi.org/10.1016/j.neunet.2012.11.009

Teile des präfrontalen Kortex sind daran beteiligt, das Verhalten anderer Menschen zu simulieren: Herd, S. A., Krueger, K. A., Kriete, T. E., Huang,

T.-R., Hazy, T.E., & O'Reilly, R.C. (2013). Strategic Cognitive Sequencing: A Computational Cognitive Neuroscience Approach. *Computational Intelligence and Neuroscience,* 2013, 149329. https://doi.org/10.1155/2013/149329

Bereits wenige Stunden nach einer Mahlzeit mit viel gesättigtem Fett verändern sich im Hypothalamus die Gliazellen: Cansell, C., Stobbe, K., Sanchez, C., Le Thuc, O., Mosser, C.-A., Ben-Fradj, S., Leredde, J., Lebeaupin, C., Debayle, D., Fleuriot, L., Brau, F., Devaux, N., Benani, A., Audinat, E., Blondeau, N., Nahon, J.-L., & Rovère, C. (2021). Dietary fat exacerbates postprandial hypothalamic inflammation involving glial fibrillary acidic protein-positive cells and microglia in male mice. *Glia,* 69 (1), 42–60. https://doi.org/10.1002/glia.23882

Die Rolle von Gliazellen und anderen Zellarten bei der Entzündung vom Hypothalamus: Lee, C.H., Suk, K., Yu, R., & Kim, M.-S. (2020). Cellular Contributors to Hypothalamic Inflammation in Obesity. *Molecules and Cells,* 43 (5), 431–437. https://doi.org/10.14348/molcells.2020.0055

Je höher das Gewicht eines Menschen, desto stärker die strukturellen Veränderungen im Hypothalamus: Seong, J., Kang, J.Y., Sun, J.S., & Kim, K.W. (2019). Hypothalamic inflammation and obesity: A mechanistic review. *Archives of Pharmacal Research,* 42 (5), 383–392. https://doi.org/10.1007/s12272-019-01138-9

Entzündete Astrozyten beeinflussen die Ausschüttung des Neurotransmitters Glutamat: Chao, D.H.M., Kirchner, M.K., Pham, C., Foppen, E., Denis, R.G.P., Castel, J., Morel, C., Montalban, E., Hassouna, R., Bui, L.-C., Renault, J., Mouffle, C., García-Cáceres, C., Tschöp, M.H., Li, D., Martin, C., Stern, J.E., & Luquet, S.H. (2022). Hypothalamic astrocytes control systemic glucose metabolism and energy balance. *Cell Metabolism,* 34 (10), 1532–1547.e6. https://doi.org/10.1016/j.cmet.2022.09.002

Sowohl Zucker als auch Fett kann Dopaminbahnen stark aktivieren: Cruz, J.A.D.D., Coke, T., & Bodnar, R.J. (2016). Simultaneous Detection of c-Fos Activation from Mesolimbic and Mesocortical Dopamine Reward Sites Following Naive Sugar and Fat Ingestion in Rats. *Journal of Visualized Experiments (JoVE),* 114, e53897. https://doi.org/10.3791/53897

Katharine Montagu entdeckte Dopamin im Gehirn: Montagu, K.A. (1957). Catechol Compounds in Rat Tissues and in Brains of Different Animals. *Nature,* 180 (4579), 244–245. https://doi.org/10.1038/180244a0

Dopamin signalisiert Antizipation: Schultz, W., Dayan, P., & Montague, P.R. (1997). A neural substrate of prediction and reward. *Science* (New York, N.Y.), 275 (5306), 1593–1599. https://doi.org/10.1126/science.275.5306.1593

Dopamin ist nicht notwendig, um Genuss zu erleben: Berridge, K.C., & Robinson, T.E. (1998). What is the role of dopamine in reward: Hedonic impact, reward learning, or incentive salience? *Brain Research Reviews,* 28 (3), 309–369. https://doi.org/10.1016/S0165-0173(98)00019-8

Mäuse, deren Geschmackssinn künstlich ausgeschaltet wurde, entwickelten trotzdem eine Vorliebe für Zucker: Tan, H.-E., Sisti, A.C., Jin, H., Vignovich, M., Villavicencio, M., Tsang, K.S., Goffer, Y., & Zuker, C.S. (2020). The gut-brain axis mediates sugar preference. *Nature,* 580 (7804), 511–516. https://doi.org/10.1038/s41586-020-2199-7

Nach acht Wochen mit fett- und zuckerreichen Snacks verändert sich das Belohnungssystem in Bezug auf Lebensmittel: Edwin Thanarajah, S., DiFeliceantonio, A.G., Albus, K., Kuzmanovic, B., Rigoux, L., Iglesias, S., Hanßen, R., Schlamann, M., Cornely, O.A., Brüning, J.C., Tittgemeyer, M., & Small, D.M. (2023). Habitual daily intake of a sweet and fatty snack modulates reward processing in humans. *Cell Metabolism,* 35 (4), 571–584.e6. https://doi.org/10.1016/j.cmet.2023.02.015

Kinder haben angeborene Präferenzen für Süßes und Fettiges: Keskitalo, K., Knaapila, A., Kallela, M., Palotie, A., Wessman, M., Sammalisto, S., Peltonen, L., Tuorila, H., & Perola, M. (2007). Sweet taste preferences are partly genetically determined: Identification of a trait locus on chromosome 161. *The American Journal of Clinical Nutrition,* 86 (1), 55–63. https://doi.org/10.1093/ajcn/86.1.55

Unter bestimmten Bedingungen bevorzugen Ratten Zucker gegenüber Kokain: Lenoir, M., Serre, F., Cantin, L., & Ahmed, S.H. (2007). Intense Sweetness Surpasses Cocaine Reward. *PLOS ONE,* 2 (8), e698. https://doi.org/10.1371/journal.pone.0000698

Es scheint eine Suchtverlagerung von Alkohol auf Zucker möglich zu sein: Alarcon, R., Tiberghien, M., Trouillet, R., Pelletier, S., Luquiens, A., Ahmed, S.H., Nalpas, B., Alaux-Cantin, S., Naassila, M., & Perney, P. (2021). Sugar intake and craving during alcohol withdrawal in alcohol use disorder inpatients. *Addiction Biology,* 26 (2), e12907. https://doi.org/10.1111/adb.12907

Es gibt beim Menschen keine stichhaltigen neurobiologischen Belege dafür, dass Zucker süchtig macht: Westwater, M.L., Fletcher, P.C., & Ziauddeen, H. (2016). Sugar addiction: The state of the science. *European Journal of Nutrition,* 55 (2), 55–69. https://doi.org/10.1007/s00394-016-1229-6

Emotionale Esser haben nach einer Stresssituation einen erhöhten Ghrelinspiegel: Bouillon-Minois, J.-B., Trousselard, M., Thivel, D., Gordon, B.A., Schmidt, J., Moustafa, F., Oris, C., & Dutheil, F. (2021). Ghrelin as a Biomarker of Stress: A Systematic Review and Meta-Analysis. *Nutrients,* 13 (3), 784. https://doi.org/10.3390/nu13030784

Gestresste Rhesusaffen nehmen mehr Kalorien zu sich: Roman, K.M., Wilson, M.E., & Michopoulos, V. (2019). Social status predicts response to dietary cycling in female rhesus monkeys. *Appetite,* 132, 230–237. https://doi.org/10.1016/j.appet.2018.07.019

Cameron Sepah sagt in der *New York Times,* dass man die Formulierung eines »Dopamin-Detox« nicht wörtlich nehmen sollte: Bowles, N. (2019). How to Feel Nothing Now, in Order to Feel More Later. *The New York*

Times. Abgerufen am 29. April 2025. https://www.nytimes.com/2019/11/07/style/dopamine-fasting.html

Dopamin kann nicht einfach »verbraucht« oder durch ein Detox aufgefüllt werden: Dopamine and mental experience. Life's rewards: Linking dopamine, incentive learning, schizophrenia, and the mind. *Oxford Academic* (o. J.). Abgerufen am 29. April 2025. https://academic.oup.com/book/11060/chapter-abstract/159440865?redirectedFrom=fulltext

Nach der Fastenperiode kann es zu übermäßigem Belohnungssuchen kommen: Wallace, C. W., Loudermilt, M. C., & Fordahl, S. C. (2022). Effect of fasting on dopamine neurotransmission in subregions of the nucleus accumbens in male and female mice. *Nutritional Neuroscience,* 25 (7), 1338–1349. https://doi.org/10.1080/1028415X.2020.1853419

Isolation und Verzicht auf grundlegende Stimulation kann zu erhöhter Angst, Depression und einem Gefühl der Sinnlosigkeit führen: Desai, D., Patel, J., Saiyed, F., Upadhyay, H., Kariya, P., & Patel, J. (2024). A Literature Review on Holistic Well-Being and Dopamine Fasting: An Integrated Approach. *Cureus.* https://doi.org/10.7759/cureus.61643

Gesunde Essgewohnheiten entstehen, wenn sie immer wieder im selben Kontext ausgeführt werden: Gardner, Benjamin & Rebar, Amanda. (2019). Habit Formation and Behavior Change. *Psychology.* 10.1093/obo/9780199828340-0232

Essen ist auch eine Gewohnheitssache: Brewer, J. A. (2024). Hunger Habit: Wie wir mit unserem Gehirn zusammenarbeiten können, um ungesunde Essgewohnheiten zu überwinden. Vak Verlag

9:00 Uhr: Auf geht's zur Arbeit

Der Wissenschaftler Matthew Cobb schreibt über die Computermetapher des Gehirns: Cobb, M. (2020, Februar 27). Why your brain is not a computer. *The Guardian.* Abgerufen am 29. April 2025. https://www.theguardian.com/science/2020/feb/27/why-your-brain-is-not-a-computer-neuroscience-neural-networks-consciousness

Denken findet nicht nur im Gehirn statt: Paul, A. M. (2021). The extended mind: The power of thinking outside the brain. Mariner Books

Naturspaziergänge wirken sich auf die Stimmung, das Gefühl der Erholung und die Aufmerksamkeit aus: Pasanen, T., Johnson, K., Lee, K., & Korpela, K. (2018). Can Nature Walks With Psychological Tasks Improve Mood, Self-Reported Restoration, and Sustained Attention? Results From Two Experimental Field Studies. *Frontiers in Psychology,* 9, 2057. https://doi.org/10.3389/fpsyg.2018.02057

Wer durch Naturgebiete spazieren geht, erzielt eine um zwanzig Prozent höhere Punktzahl bei Tests des Arbeitsgedächtnisses: Berman, M. G., Jonides, J., & Kaplan, S. (2008). The cognitive benefits of interacting with nature. *Psychological Science,* 19 (12), 1207–1212. https://doi.org/10.1111/j.1467-9280.2008.02225.x

40 Sekunden auf eine Grünfläche zu blicken verbessert das Abschneiden bei Aufmerksamkeitstests: Lee, K. E., Williams, K. J. H., Sargent, L. D., Williams, N. S. G., & Johnson, K. A. (2015). 40-second green roof views sustain attention: The role of micro-breaks in attention restoration. *Journal of Environmental Psychology,* 42, 182–189. https://doi.org/10.1016/j.jenvp.2015.04.003

Spaziergänge helfen indirekt dabei, weniger zu grübeln: Lopes, S., Lima, M., & Silva, K. (2020). Nature can get it out of your mind: The rumination reducing effects of contact with nature and the mediating role of awe and mood. *Journal of Environmental Psychology,* 71, 101489. https://doi.org/10.1016/j.jenvp.2020.101489

Das Betrachten von Naturbildern hat messbare Effekte auf das emotionale Erleben: Golding, S. E., Gatersleben, B., & Cropley, M. (2018). An Experimental Exploration of the Effects of Exposure to Images of Nature on Rumination. *International Journal of Environmental Research and Public Health,* 15 (2), 300. https://doi.org/10.3390/ijerph15020300

Je grüner die Umgebung in den ersten zehn Lebensjahren, desto geringer das Risiko für psychische Krankheiten später: Engemann, K., Pedersen, C. B., Arge, L., Tsirogiannis, C., Mortensen, P. B., & Svenning, J.-C. (2019). Residential green space in childhood is associated with lower risk of psychiatric disorders from adolescence into adulthood. *Proceedings of the National Academy of Sciences,* 116 (11), 5188–5193. https://doi.org/10.1073/pnas.1807504116

Die Natur ist deshalb so beruhigend für uns, weil sie Aufmerksamkeit bindet, ohne uns anzustrengen: Kaplan, R., & Kaplan, S. (1989). The experience of nature: A psychological perspective. Cambridge University Press

Natürliche Umgebungen können durch vertraute Reize automatisch positive Emotionen auslösen, die unseren Stresspegel reduzieren: Ulrich, R. S. (1983). Aesthetic and Affective Response to Natural Environment. In: I. Altman & J. F. Wohlwill (Hrsg.), Behavior and the Natural Environment (85–125). Springer US. https://doi.org/10.1007/978-1-4613-3539-9_4

Die Verbundenheit zur Natur könnte angeboren sein: Wilson, E. O. (1984). Biophilia. The human bond with other species. Harvard University Press

Wer vom Krankenhausbett in die Natur blickt, könnte schneller genesen: Ulrich, R. S. (1984). View through a window may influence recovery from surgery. *Science* (New York, N. Y.), 224 (4647), 420–421. https://doi.org/10.1126/science.6143402

Das Schauen von Naturvideos lindert die Schmerzreaktion: Steininger, M. O., White, M. P., Lengersdorff, L., Zhang, L., Smalley, A. J., Kühn, S., & Lamm, C. (2025). Nature exposure induces analgesic effects by acting on nociception-related neural processing. *Nature Communications,* 16 (1), 2037. https://doi.org/10.1038/s41467-025-56870-2

Die Umfrage unter Berufspendlern: Olsson, L. E., Gärling, T., Ettema, D., Friman, M., & Fujii, S. (2013). Happiness and Satisfaction with Work Commute. *Social Indicators Research,* 111 (1), 255–263. https://doi.org/10.1007/s11205-012-0003-2

Bereits einzelne körperliche Aktivitäten wie dreißig Minuten zügiges Gehen können die Stimmung und Schlafqualität verbessern: Fox, K. R. (1999). The influence of physical activity on mental well-being. *Public Health Nutrition,* 2 (3A), 411–418. https://doi.org/10.1017/s1368980099000567

Menschen, die sich länger Tageslicht aussetzen, haben ein geringeres Risiko, Depressionen zu bekommen und Antidepressiva nehmen zu müssen: Burns, A. C., Saxena, R., Vetter, C., Phillips, A. J. K., Lane, J. M., & Cain, S. W. (2021). Time spent in outdoor light is associated with mood, sleep, and circadian rhythm-related outcomes: A cross-sectional and longitudinal study in over 400,000 UK Biobank participants. *Journal of Affective Disorders,* 295, 347–352. https://doi.org/10.1016/j.jad.2021.08.056

Körperliche Aspekte sind in unserer Sprache eingebunden: Lakoff, G., & Johnson, M. (1999). Philosophy in the flesh: The embodied mind and its challenge to Western thought. Basic Books

Somatische Marker sind körperlich verankerte Gefühlssignale, die das Gehirn bei Entscheidungen unbewusst leiten: Damasio, A. R. (1994). Descartes' error: Emotion, reason, and the human brain. G. P. Putnam's Sons

Unser Körper nimmt Muster wahr, die unser Verstand noch gar nicht durchschaut hat: Bechara, A., Damasio, H., Tranel, D., & Damasio, A. R. (1997). Deciding Advantageously Before Knowing the Advantageous Strategy. *Science,* 275 (5304), 1293–1295. https://doi.org/10.1126/science.275.5304.1293

Menschen, die besser darin sind, ihre Herzschläge korrekt zu erkennen, zeigen feinfühligere emotionale Reaktionen: Garfinkel, S. N., Manassei, M. F., Hamilton-Fletcher, G., In den Bosch, Y., Critchley, H. D., & Engels, M. (2016). Interoceptive dimensions across cardiac and respiratory axes. *Philosophical Transactions of the Royal Society of London. Series B, Biological Sciences,* 371 (1708), 20160014. https://doi.org/10.1098/rstb.2016.0014

Menschen, die ihren eigenen Herzschlag besonders präzise wahrnehmen können, sind emotional stabiler: Garfinkel, S. N., Tiley, C., O'Keeffe, S., Harrison, N. A., Seth, A. K., & Critchley, H. D. (2016). Discrepancies between dimensions of interoception in autism: Implications for emotion and anxiety. *Biological Psychology,* 114, 117–126. https://doi.org/10.1016/j.biopsycho.2015.12.003

Emotionen sind Reaktionen auf körperliche Zustände: Barrett, L. F. (2017). Wie Gefühle entstehen: Eine neue Sicht auf unsere Emotionen (B. Reitz, Übers.). S. Fischer Verlag

Wenn der Vagusnerv gut zwischen Aktivierung und Deaktivierung umschalten kann, können wir unsere Emotionen besser regulieren: Porges, S. W. (1995). Cardiac vagal tone: A physiological index of stress. *Neuroscience &*

Biobehavioral Reviews, 19 (2), 225–233. https://doi.org/10.1016/0149-7634(94)00066-A

Menschen mit stärkerer Insula-Aktivität berichten von intensiveren Emotionen: Terasawa, Y., Shibata, M., Moriguchi, Y., & Umeda, S. (2013). Anterior insular cortex mediates bodily sensibility and social anxiety. *Social Cognitive and Affective Neuroscience,* 8 (3), 259–266. https://doi.org/10.1093/scan/nss108

Bei Menschen mit Angststörungen reagiert die Insula oft über: Stein, M.B., Simmons, A.N., Feinstein, J.S., & Paulus, M.P. (2007). Increased Amygdala and Insula Activation During Emotion Processing in Anxiety-Prone Subjects. *American Journal of Psychiatry,* 164 (2), 318–327. https://doi.org/10.1176/ajp.2007.164.2.318

Wer seine Aufmerksamkeit trainiert, kann seine inneren Signale besser wahrnehmen: Farb, N.A.S., Segal, Z.V., & Anderson, A.K. (2013). Mindfulness meditation training alters cortical representations of interoceptive attention. *Social Cognitive and Affective Neuroscience,* 8 (1), 15–26. https://doi.org/10.1093/scan/nss066

Im Schnitt verbringen Kinder und Jugendliche 10,5 Stunden am Tag in der Sitzposition: Huber, G., & Köppel, M. (2017). Analyse der Sitzzeiten von Kindern und Jugendlichen zwischen 4 und 20 Jahren. *Deutsche Zeitschrift für Sportmedizin,* 2017 (04), 101–106. https://doi.org/10.5960/dzsm.2017.278

Die Aufforderung, sich nicht zu bewegen, führt bei kognitiven Tests zu den schlechtesten Leistungen: Langhanns, C., & Müller, H. (2018). Effects of trying »not to move« instruction on cortical load and concurrent cognitive performance. *Psychological Research,* 82 (1), 167–176. https://doi.org/10.1007/s00426-017-0928-9

Während des Gehens kann die Leistung in kognitiven Aufgaben ansteigen: Roe, E., McIntyre, J., da Costa, K.G., Cantelon, J.A., Brunyé, T.T., & Giles, G.E. (2024). One hour walk improves inhibitory control and increases prefrontal cortex activation. *Brain and Cognition,* 182, 106237. https://doi.org/10.1016/j.bandc.2024.106237

Verständliche Hintergrundgespräche beeinträchtigten die Leistung signifikant stärker als unverständliches Murmeln oder Stille: Sörqvist, P., Nöstl, A., & Halin, N. (2012). Disruption of writing processes by the semanticity of background speech. *Scandinavian Journal of Psychology,* 53 (2), 97–102. https://doi.org/10.1111/j.1467-9450.2011.00936.x

Wer während des Arbeitens nebenbei nur eine Hälfte eines Gesprächs hört, wird stärker abgelenkt als bei vollständigen Dialogen: Emberson, L.L., Lupyan, G., Goldstein, M.H., & Spivey, M.J. (2010). Overheard cell-phone conversations: When less speech is more distracting. *Psychological Science,* 21 (10), 1383–1388. https://doi.org/10.1177/0956797610382126

Menschen denken in größeren Räumen kreativer als in kleinen: Chan, J. & Nokes-Malach, T. (2016). Situative Creativity: Larger Physical Spaces Facilitate Thinking of Novel Uses for Everyday Objects. *The Journal of Problem Solving*. 9.10.7771/1932-6246.1184

Welche räumlichen Eigenschaften unsere Kreativität verbessern: Lee, J. H., & Lee, S. (2023). Relationships between physical environments and creativity: A scoping review. *Thinking Skills and Creativity,* 48, 101276. https://doi.org/10.1016/j.tsc.2023.101276

Menschen scheinen in Büros mit persönlicher Kontrolle über Licht, Temperatur oder Sichtschutz effizienter zu arbeiten: Lee, S. Y., & Brand, J. L. (2005). Effects of control over office workspace on perceptions of the work environment and work outcomes. *Journal of Environmental Psychology,* 25 (3), 323–333. https://doi.org/10.1016/j.jenvp.2005.08.001

Bei routinierter Arbeit kann Musik die Effektivität erhöhen: Fox, J. G., & Embrey, E. D. (1972). Music – An aid to productivity. *Applied Ergonomics,* 3 (4), 202–205. https://doi.org/10.1016/0003-6870(72)90101-9

Songs mit Text beeinträchtigen die Leistung bei schwierigen oder komplexen Aufgaben: Souza, A. S., & Barbosa, L. C. L. (2023). Should We Turn off the Music? Music with Lyrics Interferes with Cognitive Tasks. *Journal of Cognition,* 6 (1). https://doi.org/10.5334/joc.273

Je mitreißender die Musik ist, desto schlechter ist sie für die Konzentration: Thompson, W. F., Schellenberg, E. G., & Letnic, A. K. (2012). Fast and loud background music disrupts reading comprehension. *Psychology of Music,* 40 (6), 700–708. https://doi.org/10.1177/0305735611400173

Die kognitive Leistung wird von Musik, die wir kennen und mögen, negativer beeinflusst als von Musik, die wir nicht mögen: Avila, C., Furnham, A., & McClelland, A. (2012). The influence of distracting familiar vocal music on cognitive performance of introverts and extraverts. *Psychology of Music,* 40 (1), 84–93. https://doi.org/10.1177/0305735611422672

13.30 Uhr: Ein kurzer Mittagsschlaf und ein schlechtes Meeting

Die Gehirnaktivität nimmt zwischen dreizehn und sechzehn Uhr ab: Hodkinson, D. J., O'Daly, O., Zunszain, P. A., Pariante, C. M., Lazurenko, V., Zelaya, F. O., Howard, M. A., & Williams, S. C. R. (2014). Circadian and homeostatic modulation of functional connectivity and regional cerebral blood flow in humans under normal entrained conditions. *Journal of Cerebral Blood Flow and Metabolism: Official Journal of the International Society of Cerebral Blood Flow and Metabolism,* 34 (9), 1493–1499. https://doi.org/10.1038/jcbfm.2014.109

Schon ein kurzes Nickerchen genügt, damit man sich besser merken kann, was man kurz vorher gelernt hat: Lahl, O., Wispel, C., Willigens, B., & Pietrowsky, R. (2008). An ultra short episode of sleep is sufficient to promote declarative memory performance. *Journal of Sleep Research,* 17 (1), 3–10. https://doi.org/10.1111/j.1365-2869.2008.00622.x

Mittagsschlaf wirkt sich positiv auf unser relationales Gedächtnis aus: Lau, H., Tucker, M. A., & Fishbein, W. (2010). Daytime napping: Effects on human direct associative and relational memory. *Neurobiology of Learning and Memory,* 93 (4), 554–560. https://doi.org/10.1016/j.nlm.2010.02.003

Die Länge des Mittagsschlafs beeinflusst, welche Auswirkungen er hat: Lovato, N., & Lack, L. (2010). The effects of napping on cognitive functioning. *Progress in Brain Research,* 185, 155–166. https://doi.org/10.1016/B978-0-444-53702-7.00009-9

Kurze Mittagsschläfchen reduzieren das Risiko von Gedächtnis- und Denkproblemen um fast fünfzig Prozent: Kitamura, K., Watanabe, Y., Nakamura, K., Takano, C., Hayashi, N., Sato, H., & Someya, T. (2021). Short daytime napping reduces the risk of cognitive decline in community-dwelling older adults: A 5-year longitudinal study. *BMC Geriatrics,* 21 (1), 474. https://doi.org/10.1186/s12877-021-02418-0

Die Länge des Mittagsschlafes hat Auswirkungen auf seine Folgen: Dutheil, F., Danini, B., Bagheri, R., Fantini, M. L., Pereira, B., Moustafa, F., Trousselard, M., & Navel, V. (2021). Effects of a Short Daytime Nap on the Cognitive Performance: A Systematic Review and Meta-Analysis. *International Journal of Environmental Research and Public Health,* 18 (19), 10212. https://doi.org/10.3390/ijerph181910212

Wenn du sowieso schon schlecht einschläfst, könnten Mittagsschläfchen tagsüber das Problem noch verstärken: Dijk, D.-J. (2015). Napping: When sleep is bad for you? *Journal of Sleep Research,* 24 (5), 475–475. https://doi.org/10.1111/jsr.12352

Vokabellernen funktioniert besser in sozialen Kontexten: Jeong, H., Li, P., Suzuki, W., Sugiura, M., & Kawashima, R. (2021). Neural mechanisms of language learning from social contexts. *Brain and Language,* 212, 104874. https://doi.org/10.1016/j.bandl.2020.104874

Gruppen von Studierenden, die sich austauschen, erzielen bessere Resultate in direkten Wissenstests und erinnern sich Wochen später genauer an die Inhalte: Rodina, O., Gladkova, L., & Selivanova, O. (2019). University students' social interaction type specifics in the learning process. *SHS Web of Conferences,* 69, 00093. https://doi.org/10.1051/shsconf/20196900093

Wenn man die Wason-Auswahl-Aufgabe zu einem sozialen Rätsel macht, schneiden die Versuchspersonen deutlich besser ab: Cosmides, L. (1989). The logic of social exchange: Has natural selection shaped how humans reason? Studies with the Wason selection task. *Cognition,* 31 (3), 187–276. https://doi.org/10.1016/0010-0277(89)90023-1

Brainstorming soll laut Alex Osborn die Kreativität ankurbeln: Osborn, A. F. (1948). Your creative power: How to use imagination to brighten life, to get ahead. Scribner

Allein arbeitende Personen finden etwa doppelt so viele Lösungen wie Brainstorming-Gruppen: Taylor, D. W., Berry, P. C., & Block, C. H. (1958).

Does group participation when using brainstorming facilitate or inhibit creative thinking? *Administrative Science Quarterly,* 3, 23–47. https://doi.org/10.2307/2390603

Introvertierte scheinen etwas mehr Zeit zu brauchen, um Informationen zu verarbeiten, als Extrovertierte: Stenberg, G., Wendt, P.E., & Risberg, J. (1993). Regional cerebral blood flow and extraversion. *Personality and Individual Differences,* 15 (5), 547–554. https://doi.org/10.1016/0191-8869(93)90338-4

Menschen entscheiden sich für bewährte Ideen, weil sie risikoärmer sind: Mueller, J.S., Melwani, S., & Goncalo, J.A. (2012). The bias against creativity: Why people desire but reject creative ideas. *Psychological Science,* 23 (1), 13–17. https://doi.org/10.1177/0956797611421018

Wie gemeinsames Nachdenken gelingen kann: Nemeth, C.J., Personnaz, B., Personnaz, M., & Goncalo, J.A. (2004). The liberating role of conflict in group creativity: A study in two countries. *European Journal of Social Psychology,* 34 (4), 365–374. https://doi.org/10.1002/ejsp.210

18:00 Uhr: Ab ins Fitnessstudio

Affen aktivieren die gleichen Nervenzellen im prämotorischen Kortex, wenn sie eine Handlung selbst ausführen und wenn sie jemand anderen bei dieser Handlung beobachten: di Pellegrino, G., Fadiga, L., Fogassi, L., Gallese, V., & Rizzolatti, G. (1992). Understanding motor events: A neurophysiological study. *Experimental Brain Research,* 91 (1), 176–180. https://doi.org/10.1007/BF00230027

Rugbyspieler, die eine Bewegung beobachtet haben, können sie danach besser selbst ausführen: Faelli, E., Strassera, L., Pelosin, E., Perasso, L., Ferrando, V., Bisio, A., & Ruggeri, P. (2019). Action Observation Combined With Conventional Training Improves the Rugby Lineout Throwing Performance: A Pilot Study. *Frontiers in Psychology,* 10. https://doi.org/10.3389/fpsyg.2019.00889

Golfspieler:innen, die sich Bewegungen vorgestellt haben, können sie danach besser selbst ausführen: McNeill, E., Ramsbottom, N., Toth, A.J., & Campbell, M.J. (2020). Kinaesthetic imagery ability moderates the effect of an AO+MI intervention on golf putt performance: A pilot study. *Psychology of Sport and Exercise,* 46, 101610. https://doi.org/10.1016/j.psychsport.2019.101610

Mentales Training funktioniert unter bestimmten Voraussetzungen am besten: Schuster, C., Hilfiker, R., Amft, O., Scheidhauer, A., Andrews, B., Butler, J., Kischka, U., & Ettlin, T. (2011). Best practice for motor imagery: A systematic literature review on motor imagery training elements in five different disciplines. *BMC Medicine,* 9 (1), 75. https://doi.org/10.1186/1741-7015-9-75

Bereits vier Wochen Sport wirken sich positiv auf exekutive Funktionen aus: Nouchi, R., Taki, Y., Takeuchi, H., Sekiguchi, A., Hashizume, H., Nozawa, T., Nouchi, H., & Kawashima, R. (2014). Four weeks of combination exercise training improved executive functions, episodic memory, and processing speed in healthy elderly people: Evidence from a randomized controlled trial. *AGE,* 36 (2), 787–799. https://doi.org/10.1007/s11357-013-9588-x

Bewegung im Alter hilft gegen kognitiven Abbau: Xiong, J., Ye, M., Wang, L., & Zheng, G. (2021). Effects of physical exercise on executive function in cognitively healthy older adults: A systematic review and meta-analysis of randomized controlled trials: Physical exercise for executive function. *International Journal of Nursing Studies,* 114, 103810. https://doi.org/10.1016/j.ijnurstu.2020.103810

Menschen mit ADHS sind aufmerksamer, wenn sie sich bewegen: Rassovsky, Y., & Alfassi, T. (2019). Attention Improves During Physical Exercise in Individuals With ADHD. *Frontiers in Psychology,* 9. https://doi.org/10.3389/fpsyg.2018.02747

Bewegung sorgt dafür, dass mehr BNDF ausgeschüttet wird: Hötting, K., & Röder, B. (2013). Beneficial effects of physical exercise on neuroplasticity and cognition. *Neuroscience & Biobehavioral Reviews,* 37 (9, Part B), 2243–2257. https://doi.org/10.1016/j.neubiorev.2013.04.005

Emotionale und physiologische Flexibilität sind die Grundlage für unsere Anpassungsfähigkeit: Raichlen, D. A., & Alexander, G. E. (2017). Adaptive Capacity: An evolutionary-neuroscience model linking exercise, cognition, and brain health. *Trends in Neurosciences,* 40 (7), 408–421. https://doi.org/10.1016/j.tins.2017.05.001

Die World Health Organization schätzt, dass 3,5 Millionen Fälle von Depressionen in Europa bis 2050 vermeidbar wären: OECD & World Health Organization (2023). Step Up! Tackling the Burden of Insufficient Physical Activity in Europe. *OECD.* https://doi.org/10.1787/500a9601-en

Bereits eine dreißigminütige Ausdauersession steigert die ANP-Konzentration: Ströhle, A., Feller, C., J. Strasburger, C., Heinz, A., & Dimeo, F. (2006). Anxiety modulation by the heart? Aerobic exercise and atrial natriuretic peptide. *Psychoneuroendocrinology,* 31 (9), 1127–1130. https://doi.org/10.1016/j.psyneuen.2006.08.003

Bewegung reduziert die Angstempfindlichkeit: Smits, J. A.J., Berry, A. C., Rosenfield, D., Powers, M. B., Behar, E., & Otto, M. W. (2008). Reducing anxiety sensitivity with exercise. *Depression and Anxiety,* 25 (8), 689–699. https://doi.org/10.1002/da.20411

Sport reduziert die Symptome bei diagnostizierter Angststörung: Herring, M. P., Jacob, M. L., Suveg, C., Dishman, R. K., & O'Connor, P. J. (2011). Feasibility of Exercise Training for the Short-Term Treatment of Generalized Anxiety Disorder: A Randomized Controlled Trial. *Psychotherapy and Psychosomatics,* 81 (1), 21–28. https://doi.org/10.1159/000327898

Bewegung hilft hei Depressionen: Heissel, A., et al. (2023). Exercise as Medicine for Depressive Symptoms? A Systematic Review and Meta-Analysis with Meta-Regression. *British Journal of Sports Medicine,* 2023, https://doi.org/10.1136/bjsports-2022-106282

Bewegung kann bis zu 1,5-mal effektiver gegen Depressionen, Angststörung und Stress sein als Medizin oder Therapie: Singh, B., Olds, T., Curtis, R., Dumuid, D., Virgara, R., Watson, A., Szeto, K., O'Connor, E., Ferguson, T., Eglitis, E., Miatke, A., Simpson, C. E., & Maher, C. (2023). Effectiveness of physical activity interventions for improving depression, anxiety and distress: An overview of systematic reviews. *British Journal of Sports Medicine,* 57 (18), 1203–1209. https://doi.org/10.1136/bjsports-2022-106195

Regelmäßiger Sport lässt Nervenzellen im Hippocampus wachsen: Warner-Schmidt, J. L., & Duman, R. S. (2006). Hippocampal neurogenesis: Opposing effects of stress and antidepressant treatment. *Hippocampus,* 16 (3), 239–249. https://doi.org/10.1002/hipo.20156

Menschen mit psychischen Störungen bewegen sich im Schnitt weniger als alle anderen Gruppen: Barker, J., Smith Byrne, K., Doherty, A., Foster, C., Rahimi, K., Ramakrishnan, R., Woodward, M., & Dwyer, T. (2019). Physical activity of UK adults with chronic disease: Cross-sectional analysis of accelerometer-measured physical activity in 96 706 UK Biobank participants. *International Journal of Epidemiology,* 48 (4), 1167–1174. https://doi.org/10.1093/ije/dyy294

Routinen helfen, wenn man regelmäßig Sport treiben möchte: Gärling, T. (1992). The importance of routines for the performance of everyday activities. *Scandinavian Journal of Psychology,* 33 (2), 170–177. https://doi.org/10.1111/j.1467-9450.1992.tb00896.x

Ein klarer Plan mit spezifischen, erreichbaren Zielen fördert die langfristige Einhaltung von Bewegung: Garber, C. E., Blissmer, B., Deschenes, M. R., Franklin, B. A., Lamonte, M. J., Lee, I.-M., Nieman, D. C., Swain, D. P., & American College of Sports Medicine (2011). American College of Sports Medicine position stand. Quantity and quality of exercise for developing and maintaining cardiorespiratory, musculoskeletal, and neuromotor fitness in apparently healthy adults: Guidance for prescribing exercise. *Medicine and Science in Sports and Exercise,* 43 (7), 1334–1359. https://doi.org/10.1249/MSS.0b013e318213fefb

Wenn man regelmäßig Sport treiben möchte, sollte man sich einen Trainingspartner suchen: Lachman, M. E., Lipsitz, L., Lubben, J., Castaneda-Sceppa, C., & Jette, A. M. (2018). When Adults Don't Exercise: Behavioral Strategies to Increase Physical Activity in Sedentary Middle-Aged and Older Adults. *Innovation in Aging,* 2 (1), igy007. https://doi.org/10.1093/geroni/igy007

Vielfalt in der Bewegung sorgt dafür, dass man länger am Ball bleibt: Romas, J. A., & Sharma, M. (2017). In: Romas, J.A., & Sharma, M. (Hrsg.), Practical Stress Management (Seventh Edition), Chapter 8: Regular Physical Activity and Exercise, 155–168. Academic Press. https://doi.org/10.1016/B978-0-12-811295-3.00008-5

Man sollte die Intensität beim Training in kleinen Schritten steigern: Howlett, N., Trivedi, D., Troop, N. A., & Chater, A. M. (2019). Are physical activity interventions for healthy inactive adults effective in promoting behavior change and maintenance, and which behavior change techniques are effective? A systematic review and meta-analysis. *Translational Behavioral Medicine,* 9 (1), 147–157. https://doi.org/10.1093/tbm/iby010

Kleine Belohnungen helfen dabei, Sport über einen längeren Zeitraum zu treiben: Dunn, A. L., Marcus, B. H., Kampert, J. B., Garcia, M. E., Kohl, H. W., & Blair, S. N. (1999). Comparison of lifestyle and structured interventions to increase physical activity and cardiorespiratory fitness: A randomized trial. *JAMA,* 281 (4), 327–334.

Selbstkontrolle ist uns bei anderen wichtiger als bei uns selbst: Lieberman, M. D. (2013). Social: Why our brains are wired to connect. Crown Publishers

Wenn ein Bild mit Augen über der Kaffeekasse hängt, zahlen Mitarbeiter mehr Geld ein: Bateson, M., Nettle, D., & Roberts, G. (2006). Cues of being watched enhance cooperation in a real-world setting. *Biology Letters,* 2 (3), 412–414. https://doi.org/10.1098/rsbl.2006.0509

Kinder, die sich selbst im Spiegel sehen, nehmen sich weniger Süßigkeiten an Halloween: Beaman, A. L., Klentz, B., Diener, E., & Svanum, S. (1979). Self-awareness and transgression in children: Two field studies. *Journal of Personality and Social Psychology,* 37 (10), 1835–1846. https://doi.org/10.1037/0022-3514.37.10.1835

Walter Mischel hält es selbst für unseriös, anhand von Tests im Kindesalter zu Selbstkontrolle etwas über den Erfolg im späteren Leben auszusagen: Jötten, F. (2015) Belohnungsaufschub: »Selbstkontrolle kann man lernen«. Abgerufen am 26. April 2025. *Spektrum der Wissenschaft.* https://www.spektrum.de/news/selbstkontrolle-kann-man-lernen/1370046

Unter Stress arbeitet der präfrontale Kortex schlechter: Arnsten, A. F. T. (2009). Stress signalling pathways that impair prefrontal cortex structure and function. Nature reviews. *Neuroscience,* 10 (6), 410–422. https://doi.org/10.1038/nrn2648

Selbstkontrolle hängt zum Teil von den Genen ab: Willems, Y. E., Boesen, N., Li, J., Finkenauer, C., & Bartels, M. (2019). The heritability of self-control: A meta-analysis. *Neuroscience & Biobehavioral Reviews,* 100, 324–334. https://doi.org/10.1016/j.neubiorev.2019.02.012

Willenskraft kann kognitive Ressourcen verbrauchen: Baumeister, R. F., Bratslavsky, E., Muraven, M., & Tice, D. M. (1998). Ego depletion: Is the active self a limited resource? *Journal of Personality and Social Psychology,* 74 (5), 1252–1265. https://doi.org/10.1037/0022-3514.74.5.1252

Man kann Willenskraft trainieren wie einen Muskel: Bäuerlein, T. (2024). Kann ich Willenskraft trainieren wie einen Muskel? Abgerufen am 26. April

2025. *Krautreporter.* https://krautreporter.de/sinn-und-konsum/5345-kann-ich-willenskraft-trainieren-wie-einen-muskel

Zucker wirkt sich auf kognitive Kontrolle aus: Gailliot, M.T., Baumeister, R.F., DeWall, C.N., Maner, J.K., Plant, E.A., Tice, D.M., Brewer, L.E., & Schmeichel, B.J. (2007). Self-control relies on glucose as a limited energy source: Willpower is more than a metaphor. *Journal of Personality and Social Psychology,* 92 (2), 325–336. https://doi.org/10.1037/0022-3514.92.2.325

Willenskraft ist nur eine begrenzte Ressource, wenn man daran glaubt, dass es so sei: Job, V., Dweck, C.S., & Walton, G.M. (2010). Ego depletion – is it all in your head? Implicit theories about willpower affect self-regulation. *Psychological* Science, 21 (11), 1686–1693. https://doi.org/10.1177/0956797610384745

Die Wirkung von Glukose auf die Selbstkontrolle hängt davon ab, was Menschen über Willenskraft glauben: Job, V., Walton, G.M., Bernecker, K., & Dweck, C.S. (2013). Beliefs about willpower determine the impact of glucose on self-control. *Proceedings of the National Academy of Sciences of the United States of America,* 110 (37), 14837–14842. https://doi.org/10.1073/pnas.1313475110

Willenskraft kann man im Gehirn untersuchen: Walton, G., & Dweck, C. (2011, November 26). Opinion. Willpower: It's in Your Head. *The New York Times.* Abgerufen am 26. April 2025. https://www.nytimes.com/2011/11/27/opinion/sunday/willpower-its-in-your-head.html

Menschen mit einer ausgeprägten aMCC-Struktur und -Funktion haben mehr Durchhaltevermögen im Leben: Touroutoglou, A., Andreano, J., Dickerson, B.C., & Barrett, L.F. (2020). The Tenacious Brain: How the Anterior Mid-Cingulate Contributes to Achieving Goals. *Cortex; a journal devoted to the study of the nervous system and behavior,* 123, 12–29. https://doi.org/10.1016/j.cortex.2019.09.011

Wer regelmäßig durch äußere Zwänge zur Selbstkontrolle gezwungen wird, trainiert diese Fähigkeit unbewusst: Wang, J., Rao, Y., & Houser, D.E. (2017). An experimental analysis of acquired impulse control among adult humans intolerant to alcohol. *Proceedings of the National Academy of Sciences of the United States of America,* 114 (6), 1299–1304. https://doi.org/10.1073/pnas.1610902114

Der aMCC scheint sein Volumen zu erhöhen, wenn wir Dinge tun, die uns schwerfallen: Margulies, D.S., & Uddin, L.Q. (2019). Network convergence zones in the anterior midcingulate cortex. *Handbook of Clinical Neurology,* 166, 103–111. https://doi.org/10.1016/B978-0-444-64196-0.00007-8

Gute Gewohnheiten helfen bei Aufgaben, die Selbstkontrolle erfordern: Galla, B.M., & Duckworth, A.L. (2015). More than Resisting Temptation: Beneficial Habits Mediate the Relationship between Self-Control and Positive Life Outcomes. *Journal of personality and social psychology,* 109 (3), 508–525. https://doi.org/10.1037/pspp0000026

20:00 Uhr: Endlich ein Feierabendbier mit deinem besten Freund

Wenn du in Gesellschaft bist, ist es wahrscheinlicher, dass du lachst: Smoski, M. J., & Bachorowski, J.-A. (2003). Antiphonal Laughter in Developing Friendships. *Annals of the New York Academy of Sciences,* 1000 (1), 300–303. https://doi.org/10.1196/annals.1280.030

Über die Relevanz von Inkongruenz bei Humor: Forabosco, G. (1992). Cognitive aspects of the humor process: The concept of incongruity. *International Journal of Humor Research,* 5 (1–2), 45–68. https://doi.org/10.1515/humr.1992.5.1-2.45

Lachen und Humor haben neurobiologische, soziale und psychologische Grundlagen: Weems, S. (2014). Ha! The science of when we laugh and why. Basic Books

Humor könnte eine Art Fehlerdetektor des Gehirns sein: Hurley, M. M., Dennett, D. C., & Adams, R. B., Jr. (2011). Inside jokes: Using humor to reverse-engineer the mind. MIT Press

Je lustiger Personen Cartoons finden, desto stärker die Aktivierung der Regionen, die Dopamin ausschütten: Mobbs, D., Greicius, M. D., Abdel-Azim, E., Menon, V., & Reiss, A. L. (2003). Humor Modulates the Mesolimbic Reward Centers. *Neuron,* 40 (5), 1041–1048. https://doi.org/10.1016/S0896-6273(03)00751-7

Die Sprache von Frauen ist systematisch durch soziale Machtverhältnisse geprägt: Lakoff, R. (1975). Language and woman's place. Harper & Row

Bestimmte Hirnregionen reagieren bei Frauen stärker auf Witze als bei Männern: Azim, E., Mobbs, D., Jo, B., Menon, V., & Reiss, A. L. (2005). Sex differences in brain activation elicited by humor. *Proceedings of the National Academy of Sciences of the United States of America,* 102 (45), 16496–16501. https://doi.org/10.1073/pnas.0408456102

Der Dopaminspiegel im sogenannten *Nucleus accumbens* steigt, wenn wir Alkohol trinken: Di Chiara, G. (1997). Alcohol and Dopamine. *Alcohol Health and Research World,* 21 (2), 108–114.

Alkohol manipuliert Neurotransmitter: Tabakoff, B., & Hoffman, P. L. (2013). The Neurobiology of Alcohol Consumption and Alcoholism: An Integrative History. *Pharmacology, biochemistry, and behavior,* 113, https://doi.org/10.1016/j.pbb.2013.10.009

Alkohol stört die Funktion im Hippocampus: Mira, R. G., Tapia-Rojas, C., Pérez, M. J., Jara, C., Vergara, E. H., Quintanilla, R. A., & Cerpa, W. (2019). Alcohol impairs hippocampal function: From NMDA receptor synaptic transmission to mitochondrial function. *Drug and Alcohol Dependence,* 205, 107628. https://doi.org/10.1016/j.drugalcdep.2019.107628

Alkohol kann verhindern, dass Kurzzeiterinnerungen zu Langzeiterinnerungen werden: White, A. M. (2003). What happened? Alcohol, memory blackouts, and the brain. *The Journal of the National Institute on Alcohol Abuse and Alcoholism,* 27 (2), 186–196

Welche Faktoren den Blutalkoholspiegel beeinflussen: Mitchell, M. C., Teigen, E. L., & Ramchandani, V. A. (2014). Absorption and Peak Blood Alcohol Concentration After Drinking Beer, Wine, or Spirits. *Alcoholism, Clinical and Experimental Research,* 38 (5), 1200–1204. https://doi.org/10.1111/acer.12355

Frauen sind anfälliger für Filmrisse als Männer: Rose, M. E., & Grant, J. E. (2010). Alcohol-induced blackout. Phenomenology, biological basis, and gender differences. *Journal of Addiction Medicine,* 4 (2), 61–73. https://doi.org/10.1097/ADM.0b013e3181e1299d

Schon ein bis zwei alkoholische Getränke am Tag können die Gehirnmasse reduzieren: Daviet, R., Aydogan, G., Jagannathan, K., Spilka, N., Koellinger, P. D., Kranzler, H. R., Nave, G., & Wetherill, R. R. (2022). Associations between alcohol consumption and gray and white matter volumes in the UK Biobank. *Nature Communications,* 13 (1), 1175. https://doi.org/10.1038/s41467-022-28735-5

Wenn man aufhört, Alkohol zu trinken, erholen sich manche Hirnregionen wieder: Bartels, C., Kunert, H.-J., Stawicki, S., Kröner-Herwig, B., Ehrenreich, H., & Krampe, H. (2007). Recovery of hippocampus-related functions in chronic alcoholics during monitored long-term abstinence. *Alcohol and Alcoholism* (Oxford, Oxfordshire), 42 (2), 92–102. https://doi.org/10.1093/alcalc/agl104

21:00 Uhr: Du erinnerst dich an deinen ersten Schwarm

Dopamin beeinflusst diverse Lebensbereiche: Lieberman, D. Z., & Long, M. E. (2018). The molecule of more: How a single chemical in your brain drives love, sex, and creativity – and will determine the fate of the human race. BenBella Books

Infos zur Multidimensionalen Eifersuchtsskala: Pfeiffer, S., & Wong, P. (1989). Multidimensional Jealousy. *Journal of Social and Personal Relationships.* 6. 181–196. https://doi.org/10.1177/026540758900600203

2021 gab es laut Bundeskriminalamt 143.016 Fälle von Gewalt in Partnerschaften: BKA – Partnerschaftsgewalt – Kriminalstatistische Auswertung – Partnerschaftsgewalt – Kriminalstatistische Auswertung – Berichtsjahr 2021 (o. A.). Abgerufen am 26. April 2025, https://www.bka.de/SharedDocs/Downloads/DE/Publikationen/JahresberichteUndLagebilder/Partnerschaftsgewalt/Partnerschaftsgewalt_2021.html?nn=63476

Schon Babys zeigen Anzeichen für Eifersucht: Bradley, B. S. (2010). Jealousy in infant-peer trios: From narcissism to culture. In*:* Handbook of jealousy: Theory, research, and multidisciplinary approaches (192–234). Wiley Blackwell. https://doi.org/10.1002/9781444323542.ch10

Männliche Affen zeigen eine erhöhte Aktivität im cingulären Kortex, wenn sie eifersüchtig sind: Maninger, N., Mendoza, S. P., Williams, D. R., Mason, W. A., Cherry, S. R., Rowland, D. J., Schaefer, T., & Bales, K. L. (2017). Imaging, Behavior and Endocrine Analysis of »Jealousy« in a Monogamous Primate. *Frontiers in Ecology and Evolution,* 5, 119. https://doi.org/10.3389/fevo.2017.00119

Gehirnaktivität bei Patienten mit Othello-Syndrom nach einem Schlaganfall: Luauté, J.-P., Saladini, O., & Luauté, J. (2008). Neuroimaging correlates of chronic delusional jealousy after right cerebral infarction. *The Journal of Neuropsychiatry and Clinical Neurosciences,* 20 (2), 245–247. https://doi.org/10.1176/jnp.2008.20.2.245

Männer und Frauen zeigen verschiedene Gehirnaktivierungsmuster als Reaktion auf sexuelle und emotionale Untreue: Takahashi, H., Matsuura, M., Yahata, N., Koeda, M., Suhara, T., & Okubo, Y. (2006). Men and women show distinct brain activations during imagery of sexual and emotional infidelity. *NeuroImage,* 32 (3), 1299–1307. https://doi.org/10.1016/j.neuroimage.2006.05.049

Geschlechterunterschiede scheinen in gleichberechtigten und gebildeten Gesellschaften abzunehmen: Ralsmark, H. (2017). Education, norms, and gender equality. https://gupea.ub.gu.se/handle/2077/52759

Wenn wir zurückgewiesen werden, ähnelt die Aktivität im Gehirn der von körperlichen Schmerzen: Eisenberger, N. I. (2012). The pain of social disconnection: Examining the shared neural underpinnings of physical and social pain. *Nature Reviews Neuroscience,* 13 (6), 421–434. https://doi.org/10.1038/nrn3231

Schmerzmittel kann sozialen Schmerz reduzieren: Dewall, C. N., Macdonald, G., Webster, G. D., Masten, C. L., Baumeister, R. F., Powell, C., Combs, D., Schurtz, D. R., Stillman, T. F., Tice, D. M., & Eisenberger, N. I. (2010). Acetaminophen reduces social pain: Behavioral and neural evidence. *Psychological Science,* 21 (7), 931–937. https://doi.org/10.1177/0956797610374741

Romantische Liebe nutzt subkortikale Belohnungs- und Motivationssysteme, um sich auf ein bestimmtes Individuum zu konzentrieren: Aron, A., Fisher, H., Mashek, D. J., Strong, G., Li, H., & Brown, L. L. (2005). Reward, motivation, and emotion systems associated with early-stage intense romantic love. *Journal of Neurophysiology,* 94 (1), 327–337. https://doi.org/10.1152/jn.00838.2004

Gehirnaktivitäten von Menschen, die verlassen wurden, ähneln denen von Menschen, die auf Kokainentzug waren: Fisher, H. E., Brown, L. L., Aron, A., Strong, G., & Mashek, D. (2010). Reward, addiction, and emotion regulation systems associated with rejection in love. *Journal of Neurophysiology,* 104 (1), 51–60. https://doi.org/10.1152/jn.00784.2009

Verabreichtes Oxytocin fördert die Ausbildung einer Partnerpräferenz bei weiblichen Präriemäusen: Williams, J. R., Insel, T. R., Harbaugh, C. R.,

& Carter, C. S. (1994). Oxytocin administered centrally facilitates formation of a partner preference in female prairie voles (Microtus ochrogaster). *Journal of Neuroendocrinology,* 6 (3), 247–250. https://doi.org/10.1111/j.1365-2826.1994.tb00579.x

Bei einer Manipulation der Vasopressinrezeptoren werden männliche Wühlmäuse treuer: Pitkow, L. J., Sharer, C. A., Ren, X., Insel, T. R., Terwilliger, E. F., & Young, L. J. (2001). Facilitation of affiliation and pair-bond formation by vasopressin receptor gene transfer into the ventral forebrain of a monogamous vole. *The Official Journal of the Society for Neuroscience,* 21 (18), 7392–7396. https://doi.org/10.1523/JNEUROSCI.21-18-07392.2001

22:00 Uhr: Noch kurz lesen vor dem Schlafengehen

Wenn du könntest, würdest du dein Handy wahrscheinlich etwa 31 Prozent weniger nutzen: Allcott, H., Gentzkow, M., & Song, L. (2021). Digital Addiction (Working Paper No. 28936). *National Bureau of Economic Research.* https://doi.org/10.3386/w28936

45 Prozent unseres täglichen Verhaltens laufen automatisch ab: Neal, D. T., Wood, W., & Quinn, J. M. (2006). Habits – A Repeat Performance. *Current Directions in Psychological Science,* 15 (4), 198–202. https://doi.org/10.1111/j.1467-8721.2006.00435.x

Gewohnheiten als automatische Verhaltensmuster haben einen festen neurologischen Ablauf: Duhigg, C. (2013). Die Macht der Gewohnheit: Warum wir tun, was wir tun (K. Fröhlich, Übers.). Siedler

Angst vor sozialem Ausschluss, Langeweile und fehlende Selbstregulation lassen Menschen zum Smartphone greifen: Liu, C., & Ma, J. (2020). Social support through online social networking sites and addiction among college students: The mediating roles of fear of missing out and problematic smartphone use. *Current Psychology,* 39 (6), 1892–1899. https://doi.org/10.1007/s12144-018-0075-5

Durch Lesen werden Verbindungen zwischen Hirnregionen verstärkt: Berns, G. S., Blaine, K., Prietula, M. J., & Pye, B. E. (2013). Short- and Long-Term Effects of a Novel on Connectivity in the Brain. *Brain Connectivity,* 3 (6), 590–600. https://doi.org/10.1089/brain.2013.0166

Beim Lesen entstehen neue Verbindungen in der weißen Materie: Ben-Shachar, M., Dougherty, R. F., & Wandell, B. A. (2007). White matter pathways in reading. *Current Opinion in Neurobiology,* 17 (2), 258–270. https://doi.org/10.1016/j.conb.2007.03.006

Lesen kann die Stressreaktion reduzieren: Jin, P. (1992). Efficacy of Tai Chi, brisk walking, meditation, and reading in reducing mental and emotional stress. *Journal of Psychosomatic Research,* 36 (4), 361–370. https://doi.org/10.1016/0022-3999(92)90072-a

Mütter, die ihren Kindern regelmäßig schon ab dem sechsten Lebensmonat vorlesen, haben ein messbar niedrigeres Stresslevel: Canfield, C. F., Miller, E. B., Shaw, D. S., Morris, P., Alonso, A., & Mendelsohn, A. (2020). Beyond Language: Impacts of Shared Reading on Parenting Stress and Early Parent-Child Relational Health. *Developmental Psychology,* 56 (7), 1305–1315. https://doi.org/10.1037/dev0000940

Der Okzipitallappen ist besonders aktiv, wenn wir lesen: Richardson, F. M., Seghier, M. L., Leff, A. P., Thomas, M. S. C., & Price, C. J. (2011). Multiple Routes from Occipital to Temporal Cortices during Reading. *Journal of Neuroscience,* 31 (22), 8239–8247. https://doi.org/10.1523/JNEUROSCI.6519-10.2011

Studierende, die viel lesen, sind kreativer: Wang, A. Y. (2012). Exploring the relationship of creative thinking to reading and writing. *Thinking Skills and Creativity,* 7 (1), 38–47. https://doi.org/10.1016/j.tsc.2011.09.001

Lesen hat Auswirkungen auf unser Arbeitsgedächtnis: Peng, P., Barnes, M., Wang, C., Wang, W., Li, S., Swanson, H. L., Dardick, W., & Tao, S. (2018). A meta-analysis on the relation between reading and working memory. *Psychological Bulletin,* 144 (1), 48–76. https://doi.org/10.1037/bul0000124

Schon acht Wochen lang zu lesen verbessert das episodische sowie das Arbeitsgedächtnis bei älteren Menschen: Stine-Morrow, E. A. L., McCall, G. S., Manavbasi, I., Ng, S., Llano, D. A., & Barbey, A. K. (2022). The Effects of Sustained Literacy Engagement on Cognition and Sentence Processing Among Older Adults. *Frontiers in Psychology,* 13, 923795. https://doi.org/10.3389/fpsyg.2022.923795

Lesen scheint das Risiko zu verringern, an Demenz zu erkranken: Wang, M., Fan, C., Han, Y., Wang, Y., Cai, H., Zhong, W., Yang, X., Wang, Z., Wang, H., & Han, Y. (2025). Associations of modifiable dementia risk factors with dementia and cognitive decline: Evidence from three prospective cohorts. *Frontiers in Public Health,* 13, 1529969. https://doi.org/10.3389/fpubh.2025.1529969

Wer mehr liest, hat einen größeren Wortschatz: Duff, D., Tomblin, J. B., & Catts, H. (2015). The Influence of Reading on Vocabulary Growth: A Case for a Matthew Effect. *Journal of Speech, Language, and Hearing Research (JSLHR),* 58 (3), 853–864. https://doi.org/10.1044/2015_JSLHR-L-13-0310

Lesen von emotional aufgeladenen Geschichten aktiviert im Gehirn dieselben Systeme, die auch bei echter Empathie im sozialen Kontakt aktiv werden: Hsu, C.-T., Conrad, M., & Jacobs, A. M. (2014). Fiction feelings in Harry Potter: Haemodynamic response in the mid-cingulate cortex correlates with immersive reading experience. *Neuroreport,* 25 (17), 1356–1361. https://doi.org/10.1097/WNR.0000000000000272

Maryanne Wolf erzählt von ihren Leseroutinen und wichtigen Erkenntnissen aus der Hirnforschung zum Lesen: Klein, E. (Host) (2022, November).

This is your brain on deep reading [Audio podcast episode]. In: The Ezra Klein Show. *The New York Times Opinion*. Abgerufen am 9. April 2025. https://www.nytimes.com/2022/11/22/opinion/ezra-klein-podcast-maryanne-wolf.html

Lesen aktiviert Regionen im ganzen Gehirn: Buchweitz, A., Mason, R. A., Tomitch, L. M.B., & Just, M. A. (2009). Brain activation for reading and listening comprehension: An fMRI study of modality effects and individual differences in language comprehension. *Psychology & Neuroscience,* 2 (2), 111–123

Wir schneiden bei Verständnistests schlechter ab, wenn wir schnell gelesen haben: Ackerman, R., & Goldsmith, M. (2011). Metacognitive regulation of text learning: On screen versus on paper. *Journal of Experimental Psychology. Applied,* 17 (1), 18–32. https://doi.org/10.1037/a0022086

Die bloße Anwesenheit eines Handys kann bereits ablenken: Skowronek, J., Seifert, A., & Lindberg, S. (2023). The mere presence of a smartphone reduces basal attentional performance. *Scientific Reports,* 13 (1), 9363. https://doi.org/10.1038/s41598-023-36256-4

Die tiefere Informationsverarbeitung läuft beim Lesen und Hören in ähnlichen Arealen ab: Deniz, F., Nunez-Elizalde, A. O., Huth, A. G., & Gallant, J. L. (2019). The Representation of Semantic Information Across Human Cerebral Cortex During Listening Versus Reading Is Invariant to Stimulus Modality. *Journal of Neuroscience,* 39 (39), 7722–7736. https://doi.org/10.1523/JNEUROSCI.0675-19.2019

Wer Informationen hört, statt liest, erinnert sich anschließend schlechter an die Informationen: Varao Sousa, T. L., Carriere, J. S. A., & Smilek, D. (2013). The way we encounter reading material influences how frequently we mind wander. *Frontiers in Psychology,* 4, 892. https://doi.org/10.3389/fpsyg.2013.00892

Informationen zweimal zu lesen hilft dabei, sich an die Informationen zu erinnern: Margolin, S. J., & Snyder, N. (2018). It may not be that difficult the second time around: The effects of rereading on the comprehension and metacomprehension of negated text. *Journal of Research in Reading,* 41 (2), 392–402. https://doi.org/10.1111/1467-9817.12114

23:00 Uhr: Zeit zu schlafen – diesmal wirklich

Menschen, die unter Schlaflosigkeit leiden, weisen abends einen höheren Cortisolspiegel auf: Rodenbeck, A., Huether, G., Rüther, E., & Hajak, G. (2002). Interactions between evening and nocturnal cortisol secretion and sleep parameters in patients with severe chronic primary insomnia. *Neuroscience Letters,* 324 (2), 159–163. https://doi.org/10.1016/s0304-3940(02)00192-1

Wer besser schläft, kann sich besser von stressigen Ereignissen erholen: Chue, A. E., Gunthert, K. C., Kim, R. W., Alfano, C. A., & Ruggiero, A. R. (2018). The role of sleep in adolescents' daily stress recovery: Negative affect spillover and positive affect bounce-back effects. *Journal of Adolescence,* 66, 101–111. https://doi.org/10.1016/j.adolescence.2018.05.006

Schlafmangel hat Auswirkung auf den Leptin- und den Ghrelinspiegel: Spiegel, K., Tasali, E., Penev, P., & Cauter, E. V. (2004). Brief Communication: Sleep Curtailment in Healthy Young Men Is Associated with Decreased Leptin Levels, Elevated Ghrelin Levels, and Increased Hunger and Appetite. *Annals of Internal Medicine,* 141 (11), 846–850. https://doi.org/10.7326/0003-4819-141-11-200412070-00008

Schlafmangel führt zu ungesünderem Essverhalten: Bombarda, A., St-Onge, M., Seixas, A., Williams, N., Jean-Louis, G., Killgore, W. D., Wills, C. C., & Grandner, M. A. (2020). Sleep Duration and Timing Associated with Eating Behaviors: Data from NHANES 2015–2016. *Sleep,* 43 (Supplement_1), A90–A91. https://doi.org/10.1093/sleep/zsaa056.233

Bereits eine Stunde weniger Schlaf führt zu einer höheren Kalorienaufnahme bei Kindern: Morrison, S., Jackson, R., Haszard, J. J., Galland, B. C., Meredith-Jones, K. A., Fleming, E. A., Ward, A. L., Elder, D. E., Beebe, D. W., & Taylor, R. W. (2023). The effect of modest changes in sleep on dietary intake and eating behavior in children: Secondary outcomes of a randomized crossover trial. *The American Journal of Clinical Nutrition,* 117 (2), 317–325. https://doi.org/10.1016/j.ajcnut.2022.10.007

Schlafmangel wirkt sich negativ auf kognitive Fähigkeiten aus: Goel, N., Rao, H., Durmer, J., & Dinges, D. (2009). Neurocognitive Consequences of Sleep Deprivation. *Seminars in Neurology,* 29 (04), 320–339. https://doi.org/10.1055/s-0029-1237117

Das Gehirn versucht bei Schlafmangel, durch Kompensation die Leistung aufrechtzuerhalten: Drummond, S. P., Brown, G. G., Gillin, J. C., Stricker, J. L., Wong, E. C., & Buxton, R. B. (2000). Altered brain response to verbal learning following sleep deprivation. *Nature,* 403 (6770), 655–657. https://doi.org/10.1038/35001068

Schlafmangel mindert die emotionale Intelligenz: Killgore, W. D. S., Kahn-Greene, E. T., Lipizzi, E. L., Newman, R. A., Kamimori, G. H., & Balkin, T. J. (2008). Sleep deprivation reduces perceived emotional intelligence and constructive thinking skills. *Sleep Medicine,* 9 (5), 517–526.

Schlafmangel erhöht das Risiko für neurodegenerative Erkrankungen: Xie, L., Kang, H., Xu, Q., Chen, M. J., Liao, Y., Thiyagarajan, M., O'Donnell, J., Christensen, D. J., Nicholson, C., Iliff, J. J., Takano, T., Deane, R., & Nedergaard, M. (2013). Sleep drives metabolite clearance from the adult brain. *Science* (New York, N. Y.), 342 (6156), 373–377. https://doi.org/10.1126/science.1241224

Schlafentzug wirkt sich auf präfrontale Hirnfunktionen aus: Thomas, M., Sing, H., Belenky, G., Holcomb, H., Mayberg, H., Dannals, R., Wagner, H., Thorne, D., Popp, K., Rowland, L., Welsh, A., Balwinski, S., & Redmond, D. (2000). Neural basis of alertness and cognitive performance impairments during sleepiness. Effects of 24 h of sleep deprivation on waking human regional brain activity. *Journal of Sleep Research,* 9 (4), 335–352. https://doi.org/10.1046/j.1365-2869.2000.00225.x

Schlafmangel kann zu Gedächtnisproblemen führen: Sirota, A., Csicsvari, J., Buhl, D., & Buzsáki, G. (2003). Communication between neocortex and hippocampus during sleep in rodents. *Proceedings of the National Academy of Sciences of the United States of America,* 100 (4), 2065–2069. https://doi.org/10.1073/pnas.0437938100

Schlafmangel wirkt sich negativ auf die synaptische Erholung aus: Tononi, G., & Cirelli, C. (2006). Sleep function and synaptic homeostasis. *Sleep Medicine Reviews,* 10 (1), 49–62. https://doi.org/10.1016/j.smrv.2005.05.002

Schlafmangel stört die Balance wichtiger Neurotransmitter wie Dopamin: Volkow, N. D., Wang, G.-J., Telang, F., Fowler, J. S., Logan, J., Wong, C., Ma, J., Pradhan, K., Tomasi, D., Thanos, P. K., Ferré, S., & Jayne, M. (2008). Sleep deprivation decreases binding of $[^{11}C]$raclopride to dopamine D_2/D_3 receptors in the human brain. *The Official Journal of the Society for Neuroscience,* 28 (34), 8454–8461. https://doi.org/10.1523/JNEUROSCI.1443-08.2008

Schlafmangel beeinträchtigt auch den Glukosestoffwechsel im Gehirn: Wu, J. C., Gillin, J. C., Buchsbaum, M. S., Hershey, T., Hazlett, E., Sicotte, N., & Bunney, W. E. (1991). The effect of sleep deprivation on cerebral glucose metabolic rate in normal humans assessed with positron emission tomography. *Sleep,* 14 (2), 155–162

Die Amygdala wird durch Schlafmangel überaktiv: Yoo, S.-S., Gujar, N., Hu, P., Jolesz, F. A., & Walker, M. P. (2007). The human emotional brain without sleep – A prefrontal amygdala disconnect. *Current Biology,* 17 (20), R877–R878. https://doi.org/10.1016/j.cub.2007.08.007

Das Leben des Brain – der Newsletter

Du würdest eigentlich gern weiterlesen? Das kannst du! In meinem Newsletter *Das Leben des Brain* verschicke ich jeden Freitag Erkenntnisse aus Neurowissenschaft und Psychologie, die du kennen solltest. Wenn du den QR-Code scannst, kannst du den Newsletter abonnieren: